EN CHINE

EN CHINE

MOEURS ET INSTITUTIONS

HOMMES ET FAITS

PAR

MAURICE COURANT

Ancien Interprète de la Légation de France à Péking
Secrétaire Interprète pour les langues chinoise et japonaise
Maître de Conférences à l'Université de Lyon
Professeur près la Chambre de commerce de Lyon

PARIS

FÉLIX ALCAN, ÉDITEUR

ANCIENNE LIBRAIRIE GERMER BAILLIÈRE ET Cⁱᵉ

108 BOULEVARD SAINT-GERMAIN, 108

—

1901

Tous droits réservés

TABLE DES MATIÈRES

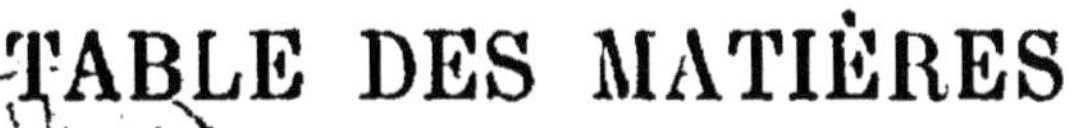

AVERTISSEMENT

Le présent volume est formé de quelques articles qui, depuis 1897, ont paru dans divers périodiques : *Revue des Deux Mondes*, *Revue de Paris*, *Annales des Sciences politiques*, *Revue internationale de l'Enseignement*, *Journal des Débats*. L'auteur a pensé qu'à l'heure où le problème chinois préoccupe la plus grande partie du globe, ces études présenteraient peut-être au public quelque intérêt et, s'éclairant les unes les autres, jetteraient quelque lumière sur la civilisation si mal connue du grand empire asiatique, sur ses rapports avec le reste du monde.

La Chine n'est pas une contrée comme la France ou l'Allemagne, mais un monde comme l'Europe; s'étendant de la zone torride aux steppes glacés de la Mongolie, peuplée de races diverses, dépourvue de centralisation, elle n'a d'unité que par sa civilisation; les grandes lignes de la société sont les mêmes du sud au nord, mais avec une infinité de divergences de détail. Par là sont accrues les chances d'erreur, les difficultés d'appréciation. Une enquête méthodique relative à la Chine et à ses habitants n'a jusqu'ici été faite que sur un petit nombre de points ; faudrait-il donc attendre la fin d'une telle enquête pour essayer de comprendre cette civilisation et de lui assigner une place parmi les civilisations humaines ? Nous ne le pouvons pas, puisque nous sommes en relations avec la Chine ; il faut connaître et juger, puisqu'il faut agir.

Nous devrons donc grouper les faits connus, tâcher de les ramener à des formules simples qui nous induiront peut-être à de nouvelles constatations ; nous devrons aussi être prêts à mettre de côté nos théories, chaque fois qu'elles se heurteront à une réalité, ne pas oublier qu'une société n'est pas construite comme un théorème de géométrie, qu'elle est formée d'êtres sensitifs, incessamment variables ; en même temps, nous ne perdrons jamais de vue que nous faisons une œuvre provisoire, commandée par les circonstances, heureux si la future science des sociétés y peut trouver quelques matériaux à utiliser.

Ecully, mai 1901.

EN CHINE

MŒURS ET INSTITUTIONS. — HOMMES ET FAITS

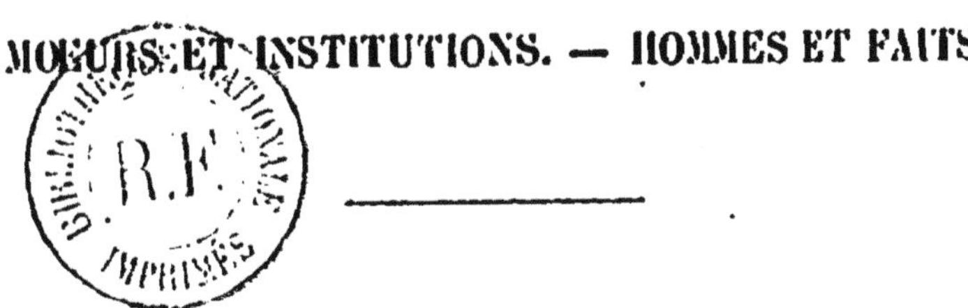

DE L'UTILITÉ DES ÉTUDES CHINOISES

A quoi servent les études chinoises ? Il y a une quinzaine
d'années, à l'époque où M. Chavannes, aujourd'hui professeur au Collège de France, moi-même et deux condis-
ciples aujourd'hui disparus, nous sommes rencontrés aux
cours de l'École des Langues Orientales, on n'eût pas songé
à poser cette question. Apprendre le chinois, on l'admettait
implicitement, ne pouvait être que la préparation professionnelle de quelques interprètes ; pour tout autre, c'était
la marque d'un esprit au moins bizarre. Il ne venait pas à
l'idée que les Chinois, avec leurs formes sociales et leur
histoire, sont dignes de l'attention du penseur ; et le problème de l'exploitation de la Chine sous la direction de
l'Occident apparaissait à peine à l'esprit de quelques
hommes d'action. Aujourd'hui il suffit d'ouvrir un journal
quotidien ou un catalogue de librairie pour lire le mot
Chine à chaque page. Puisque des faits ont surgi qui ont
tracé un nouveau cours à l'opinion, puisque des disciples

plus nombreux, divers d'origine et de formation, s'adonnent aux études chinoises dirigées plus sérieusement, essayons, non pas d'énumérer tous les domaines de la pensée et de l'action où elles peuvent jeter quelque lumière, mais de préciser seulement, sur un petit nombre de points, ce que nous sommes en droit d'attendre d'elles.

Les immenses vallées du Yang-tseu et du fleuve Jaune, celles plus étroites, vastes encore, de la rivière de Canton et du Pei-ho appartiennent à la civilisation chinoise, trois cents millions d'hommes y sont façonnés par elle; mais l'aire où domine son influence est plus que double de celle où elle règne sans conteste : le Japon, la Corée, l'Annam ont reçu son empreinte; son empire politique ou moral s'est affirmé, avec une énergie différente suivant les temps et les lieux, avec des succès variés, chez les peuples du nord, Tongouses, Mongols et Turks, dans l'Asie centrale jusqu'à la mer Caspienne et à la Perse, à travers le Tibet jusque dans l'Inde. Le développement social et intellectuel de la Chine ayant précédé celui de tous ses voisins, seuls les historiens chinois nous dévoilent à demi les origines des peuples de l'Asie orientale, des races qui occupent le nord de l'Himalaya et l'est du Pamir, les hautes vallées sibériennes et les déserts mongols, les îles asiatiques et malaises du Pacifique ainsi que les forêts de l'Indo-Chine. Les découvertes récentes des stèles de l'Orkhon, de Bodh-gayà, d'autres encore nous ont fourni sur les lieux les preuves matérielles de l'extension des Chinois dans les siècles de notre moyen-âge; nous y avons appris à connaître a puissance de peuples à peine entrevus jusqu'alors, nous y avons vu se préciser les rapports de la Chine et de l'Inde bouddhique. Mais, dans ce champ à peine exploré de l'archéologie, il reste à faire une moisson, dont nous ne pouvons même pas soupçonner la richesse : et qui dira qu'il est sans intérêt d'étudier de plus près ces races turkes et mongoles dont les hordes ont plusieurs fois dévasté le monde slave, latin et germanique, y ont laissé des populations entières comme trace de leur passage ? et comment la patrie de Burnouf serait-elle indifférente à l'histoire du bouddhisme, dont les œuvres chinoises ont déjà précisé, permettront peut-être de préciser encore davantage la chronologie ? Laissons maintenant les voisins de la Chine et entrons dans la Chine même : nous y trouvons une civilisation vieille de trente siècles, qui a eu avec l'Occident plus de rapports qu'on n'imagine d'habitude, mais qui a absorbé ses emprunts et les a rendus méconnaissables par la force d'une conception originale, jamais asservie au modèle étranger ; un autre trait marquant de cette civilisation, c'est la continuité de son développement, non sans déviation ni retour en arrière, mais sans rupture comparable à celles qu'ont été notre moyen-âge, puis notre renaissance. Certes, il y a là un ensemble de faits qui doit retenir le regard de l'historien ; mais la persistance d'une société qui a si longtemps maintenu ses principes essentiels, culte des ancêtres et forme de la famille, qui a su les adapter à des circonstances politiques aussi différentes que l'autonomie et l'asservissement à des races étrangères, l'éparpillement de la féodalité et l'unité d'un grand empire administratif, qui a traversé les régimes sociaux et économiques les plus divers pour la liberté individuelle et la tenure des terres, pour l'institution militaire et l'organisation industrielle et commerciale, cette persistance est sans doute en elle-même un fait qui mérite d'arrêter la réflexion et, si les sciences sociales n'y doivent peut-être pas chercher des solutions à préconiser, du moins elles y trou-

veront matière à des comparaisons abondantes et instruc-
tives.

Pour pénétrer dans tout ce domaine, il nous faut des
hommes qui sachent le chinois ; mais j'arrive à des considérations pratiques et immédiates, qui nous imposent également de connaître le chinois, langue universelle de
l'Extrême-Orient, comme le latin l'a été de l'Europe. Les
traités conclus depuis 1842, l'ouverture du canal de Suez
et la construction du transsibérien, la vapeur, le télégraphe,
rapprochent ces deux parties du monde, la chrétienne et
la chinoise, séparées jadis par les mers et les steppes, par
les mois de voyage ; quelles que soient les craintes de nos
économistes, les méfiances et les violences des conservateurs chinois, on ne conçoit pas comment pourrait se
briser l'unité plus vaste qui a été formée au xixe siècle. Jadis,
les quelques Européens résidant en Chine n'avaient avec
la mère-patrie que des relations rares et irrégulières ;
aujourd'hui, un petit nombre de jours les sépare de nous,
ils ne sont plus retranchés de notre monde, mais rattachés
à lui par mille liens, ils continuent d'en faire partie par les
intérêts et par les affections. La France, spécialement, a
dans l'Asie orientale des commerçants, trop peu nombreux,
faisant toutefois un chiffre d'affaires important et représentant une part considérable de la richesse, de l'activité
nationales : elle doit en multiplier le nombre, faciliter leurs
transactions et surtout les armer du mieux possible pour
la lutte contre nos concurrents. Nous avons en Chine des
missionnaires français et protégés : le protectorat exercé
glorieusement dans l'Orient musulman n'a pas été pour
nous sans profit ; puisque nous en avons assumé la charge
dans le monde chinois, nous sommes tenus d'en remplir
toutes les obligations et, bien que les circonstances écono-

.tiques ne soient plus celles des siècles passés, nous pouvons trouver là, non seulement honneur, mais avantages de divers genres. Un protectorat d'une autre espèce, celui de l'Annam, avec l'administration totale de la Cochinchine et du Tonkin, nous met en contact immédiat et journalier avec les Chinois, nos voisins, et aussi avec une population formée par la civilisation chinoise et que nous nous sommes engagés à faire vivre en paix et prospérité. Pour traiter en Chine et en Indo-Chine les affaires de nos nationaux et de nos protégés, nous avons des fonctionnaires de divers ordres, administrateurs, officiers, interprètes, diplomates. Personne ne me contredira, je pense, si je dis qu'à tous ces Français il faut, pour réussir dans leurs missions diverses, une connaissance approfondie du milieu où ils agissent, du monde où ils sont appelés à vivre et qui est si différent de celui d'où ils viennent.

Sans doute, je ne prétends pas que tous nos officiers en Indo-Chine, tous nos diplomates en Chine connaissent la langue du pays ; ce but serait difficile à atteindre et il n'est pas à souhaiter qu'il soit atteint. Mais les résidents, les interprètes, en rapports quotidiens avec les indigènes, ne peuvent s'acquitter de leurs fonctions qu'en pénétrant dans des formes de pensée étrangères, il leur faut savoir sérieusement la langue, il leur faut connaître aussi tout un système d'habitudes, de traditions, de conditions sociales dont l'analogue n'existe pas en France ; ce n'est pas assez de posséder le vocabulaire et la grammaire, il faut se faire une éducation complète, dirai-je une âme ? d'Asiatique, et cela sans laisser atteindre en soi l'éducation, l'esprit européens. Les langues de la Chine et de l'Indo-Chine sont professées, l'histoire, la géographie, les coutumes de ces nations sont exposées à Paris par des maîtres autorisés. Le corps des interprètes, formé par ces études, a déjà rendu de longs et utiles services à la diplomatie ; quoi qu'il ait déjà fait, on devra lui demander davantage encore ; et pour cela, il ne s'agira pas seulement de lui accorder la considération dont il est digne, de l'employer de manière à lui faire utiliser le plus possible de ses connaissances, à le mettre à même d'en acquérir chaque jour de nouvelles ; il sera nécessaire en outre de lui inculquer dès le premier jour, avec les rudiments de la langue et la méthode de travail, la connaissance de l'histoire, des mœurs et de la pensée chinoises. On le fait déjà, peut-être le pourra-t-on faire davantage. Ainsi compris, le rôle des interprètes est de première importance, par l'influence qu'ils peuvent acquérir sur les indigènes auprès desquels ils sont les représentants des idées européennes ; leur place doit d'ailleurs croître avec la multiplication des grandes entreprises industrielles, c'est-à-dire des points de contact, comme aussi avec les transformations politiques qui s'annoncent. Mais ce rôle ne peut être joué, cette place ne peut être tenue que grâce à une formation pratique dirigée par une méthode scientifique rigoureuse.

J'ai hâte d'arriver à un autre point sur lequel l'attention s'est portée depuis quelques années. La sinologie a déjà rendu des services à certaines industries ; il suffit de rappeler les notices et ouvrages de Stanislas Julien sur la ramie, la porcelaine, les mûriers et vers à soie ; mais elle doit faire autre chose encore. Le commerce en Chine s'est fait jusqu'ici au moyen de *compradors*, indigènes parlant quelque peu l'anglais ou plutôt ce jargon mixte que l'on nomme *pidgin english*, et servant d'intermédiaires obligés entre les maisons européennes et les maisons chinoises ; employé par un commerçant étranger qui lui donne habituellement des appointements fixes et une commission sur les affaires conclues, le *comprador* doit tous ses soins aux intérêts de son patron ; non seulement sa connaissance du marché lui permet de faire le commerce pour son propre compte, bien plus sa position moyenne entre deux parties incapables de s'entendre directement l'expose à de dangereuses tentations auxquelles il est loin de toujours résister ; majorations de prix, pots-de-vin reçus, renseignements fournis à la partie adverse trouvent place, d'ailleurs, plus souvent au détriment de l'étranger que du commerçant chinois. Les maisons européennes ont donc intérêt à se passer d'intermédiaires toujours coûteux, parfois dangereux, et les maisons chinoises n'ont pas avantage à les maintenir, car à elles aussi ils sont onéreux. A l'époque où le commerce de Chine donnait aux princes-marchands des bénéfices considérables, on pouvait négliger ces détails ; il n'en est plus ainsi. Pourquoi les Français n'apprendraient-ils pas le chinois pour aller faire des affaires en Chine, comme on apprend l'anglais ou le russe pour aller en Russie ou en Angleterre représenter des maisons de commerce ? Avec une intelligence moyenne et de l'application, un jeune homme peut, en un petit nombre de mois, se mettre en mesure de rendre des services par sa connaissance de la langue : d'abord il surveillera le *comprador* et le tiendra en bride, plus tard peut-être, il le rendra superflu ; si l'on sait s'y prendre, le *comprador* disparaîtra, non pas en un jour, mais graduellement, et l'on entrera en rapports directs avec les grandes maisons chinoises, ainsi que plus d'une le désire. D'ailleurs, tout est plus facile à celui qui parle le chinois, il trouve naturellement accès auprès des mandarins, sans passer par les interprètes indigènes qui ne forment pas encore une classe, à la différence des *compradors* : or toute

maison importante a sans cesse affaire avec les mandarins,
soit pour des litiges ou des questions de douane, soit pour
des commandes officielles. Des Allemands ont les premiers
compris l'avantage de parler directement aux Chinois ; il
en est qui se sont mis courageusement au travail, malgré
des circonstances rebutantes, et qui, parlant la langue, connaissant les hommes, ont pénétré jusqu'auprès des vice-rois ;
des affaires lucratives, parfois des fortunes édifiées en quelques années, ont récompensé leur initiative. Les yeux se sont
déjà ouverts en France sur l'importance économique de la
Chine et sur la place qu'y occupent nos concurrents : la Mission lyonnaise dirigée par M. Rocher, puis par M. Brenier,
a rapporté des provinces qu'elle a parcourues une moisson
de documents dont une partie a été publiée (1) ; ces publications, confirmant et précisant les vues que j'indique, in-
sistent sur la nécessité en Chine de parler chinois. En Angleterre, en Allemagne on arrive aux mêmes conclusions. Ce
n'est pas seulement au commerçant, c'est à l'industriel que
ces conditions nouvelles s'imposent : la Chine a cessé d'être
uniquement le marché du thé et de la soie ; le traité de
Simonoséki et le traité de commerce de 1896, dont toutes
les Puissances sont appelées à profiter par la clause de la
nation la plus favorisée, autorisent les étrangers à élever
des manufactures sur le sol chinois ; grâce au bon marché
de la main-d'œuvre indigène et à l'incapacité de diriger qui
caractérise les Chinois, ce sera une source de profits pour
les industriels étrangers, mais ils devront avoir des collaborateurs parlant chinois. Diverses entreprises, anglaises,
japonaises, ont été fondées ; il faut que l'industrie française

(1) Chambre de commerce de Lyon, *la Mission lyonnaise d'exploration commerciale en Chine*, 1895-1897, 1 vol. in-4, avec cartes et
planches, Lyon, 1898.

prenne aussi là sa place. Parlerai-je des mines concédées de tous côtés, des chemins de fer à l'étude ou en construction, des postes impériales dont une convention réserve l'organisation à la France (5 avril 1898) ? tout cela exigera un personnel étranger parlant chinois ; et ce personnel sera requis en nombre de plus en plus grand, à mesure que les rapports économiques se développeront ; on ne saurait habituellement se faire entendre en Chine en parlant turc, ainsi qu'il est arrivé récemment à un ingénieur français dans la province du Yun-nan ; les musulmans sont nombreux en Chine, il est vrai, mais bien peu savent d'autre idiome que leur langue maternelle.

Voilà en quelques mots quelle est l'utilité des études chinoises. Ce que j'ai dit du chinois, je le dirais aussi, dans une certaine mesure, d'autres langues de l'Extrême-Orient ; nous avons, par exemple, en Annam et au Japon, des intérêts de nature et d'importance diverses, qui ne doivent être négligés ni les uns ni les autres et qui gagneront à être défendus et représentés par des hommes connaissant bien la langue et les mœurs nationales. Il ne faut oublier d'ailleurs ni que l'industrie étrangère n'a rien à faire au Japon, en raison du grand développement économique du pays, ni que l'annamite est sans utilité en dehors de l'Indo-Chine orientale : en somme, le chinois est toujours la langue principale de l'Extrême-Orient, parce que c'est la civilisation chinoise qui a modelé les peuples de toute cette région du globe.

LES COMMERÇANTS ET LES CORPORATIONS

Le commerce a en Chine une place importante, beaucoup d'Européens diraient que c'est la première place, et à cette assertion ils ajouteraient l'éloge de la droiture, de la solidité des grandes maisons chinoises. Mais qui sont les commerçants ? comment sont constituées ces maisons ? quel rôle joue la classe commerçante dans la nation et dans l'État ? c'est ce que l'on sait moins, et c'est ce que je me propose de rechercher.

I

Dans une rue de Péking, les marchands frappent l'oreille et attirent l'œil de tous côtés. A chaque pas, on rencontre des hommes ou de jeunes garçons portant un éventaire chargé des friandises populaires, petits gâteaux au riz ou grains de pastèques, patates chaudes en hiver, *soan-mei-thang* (1) en été ; le barbier fait retentir ses plats de

(1) Sirop de prunes glacé.

cuivre, un autre agite son tambourin à grelots ; puis, ce sont les appels des porteurs d'eau, des *coulis* qui charrient les paniers d'huile sur des brouettes. Aux places fréquentées, sur les boulevards et aux portes de la ville, le tumulte est étourdissant et la foule difficile à fendre. Aux marchands ambulants, il faut joindre les fiacres qui stationnent, les diseurs d'histoires, les faiseurs de tours, dont la voix retentit au milieu d'un cercle de badauds, les marchands de vieilles hardes qui étalent leur fonds sordide sur une natte grossière, les restaurateurs en plein vent qui débitent leurs fritures et leurs vermicelles ; il y faudrait ajouter mille autres métiers forains, et tout un grouillement de foule, dont nos boulevards à Noël peuvent donner l'idée.

Ce ne sont là que les infiniment petits du commerce et, en Chine comme en Europe, ces métiers de la rue montrent la moindre partie du développement économique. Toutefois il est plus juste de comparer la Chine aux pays voisins qu'à l'Occident : or, loin d'être un trait général des sociétés d'Extrême-Orient, l'importance du commerce est un caractère spécial à la Chine. Seoul, qui a copié de si près les capitales chinoises, a aussi ses éventaires portatifs, ses étalages en plein vent : mais la boutique n'y existe guère que sous cette forme, c'est une cahute faite de matériaux mal joints, une galerie de bois placée devant la maison, empiétant sur la rue. La boutique vraiment japonaise ne vaut pas mieux, la propreté à part, que la boutique coréenne : c'est toujours une simple annexe au logement, parfois une maison privée à peine aménagée pour cette nouvelle destination. Quant au magasin vaste et bien construit, approprié aux affaires et signalé au public par une enseigne bien visible, il n'est ni coréen, ni japonais d'ancien style. En Corée comme dans le Japon féodal, le marchand est un homme de classe inférieure, taillable à merci, vivant à distance respectueuse du *ryang-pan* ou blotti sous la protection onéreuse du daimyô ; l'état social trouve son expression dans le mode de construction, dans l'aspect de la ville. En Chine, au contraire, loin de se cacher, le commerce s'étale ; quelques pas dans une rue montrent une suite continue de devantures et de comptoirs, et cette place en vue qu'ils occupent aujourd'hui, il semble que les marchands l'aient depuis longtemps ; quelques siècles avant notre ère, le marché où se réunissent et où habitent les commerçants, est, d'après les rites, une partie essentielle de la capitale, au même titre que l'autel des dieux protecteurs, le temple des ancêtres et le palais du roi : culte, monarchie et commerce étaient dès lors les trois termes où se résumait la vie urbaine. Aujourd'hui, les boutiques se montrent plus que les yamens et que les bonzeries. Elles sont signalées par des enseignes voyantes, il en est d'horizontales au-dessus de la porte, de verticales suspendues aux deux bouts de la devanture ou dressées sur des piédestaux de pierre ; elles sont habituellement en bois, fond rouge ou fond d'or, avec le nom du magasin en grands caractères laqués noirs ; il en est de parlantes, des bottes or et noir pour les bottiers, des ligatures de sapèques pour les banques, des panaches rouges pour les chapeliers. Certaines devantures servent tout entières d'enseignes ; celles des grands magasins de thé sont en bois sculpté, ajouré, une dentelle d'or représentant quelque montagne célèbre où des génies cueillent les pousses parfumées et dégustent aux sons de la musique le délicieux breuvage. Les restaurants ont souvent leur cuisine large ouverte, enseigne odorante et appétissante ; il faut la traverser pour arriver aux salles.

Il est des enseignes qui se font discrètes : tel grand marchand d'antiquités a ses magasins dans une maison d'apparence bourgeoise, s'ouvrant sur la rue par une porte de dimensions et de forme ordinaires, en bois uni rehaussé d'or, de rouge, de vert ; si vous entrez, vous ne trouvez pas une boutique, mais des salons meublés de confortables fauteuils, ornés de jades, de cloisonnés, de porcelaines, que l'on vous montre avec complaisance et que l'on vous cède pour un bon prix avec la plus grande politesse. Enfin beaucoup de magasins ne sont fermés que par des châssis en bois garnis de papier, ou s'ouvrent en plein, séparés de la rue par un simple comptoir où s'accoude le commis.

Si l'enseigne variée et brillante est de nature à attirer les chalands, l'étalage à la devanture est négligé et n'offre rien de comparable aux rues parisiennes. Le marchand chinois veut qu'on sache son existence, il ne dédaigne pas de montrer son capital dans les dorures et les ornements de son enseigne, il se rappelle au public par des affiches grandiloquentes, mais il désire beaucoup moins d'exposer sa marchandise, de la faner au soleil, de la livrer aux regards des imitateurs et des mendiants. Aussi l'aspect intérieur est-il bien moins engageant que l'enseigne ; d'habitude la façade est étroite, le terrain s'étend en profondeur, de sorte qu'un plus grand nombre de boutiques donnent sur la rue ; la construction à étages, qui ménagerait la place, n'est pas usitée, les croyances populaires s'opposant à ce qu'on mette plus d'un étage au-dessus du rez-de-chaussée.

Le magasin comprend donc quatre ou cinq pièces médiocrement éclairées, de forme rectangulaire, mais situées irrégulièrement les unes derrière les autres, réunies et séparées par des cours et des passages. De pareilles constructions seraient peu propres à l'habitation ; le Chinois, auquel il faut sa maison bien close, avec sa cour et son grand arbre, avec la pièce principale orientée au sud, ne s'y sentirait pas à l'aise. Aussi ces constructions n'ont-elles d'autre destination que le commerce ; rien n'y est fait pour le plaisir des yeux, dallage simple, murs tendus de papier commun, comptoirs et rayons de bois brunis par l'usage ; le mobilier se compose de tables carrées en bois verni rouge, de fauteuils droits à gauche et à droite des tables, de tabourets carrés ; quelques coussins, des théières et des tasses, des *pi-thong* pour les pinceaux, des abaques complètent l'assortiment. Tout est propre, mais usé, noirci et poli de vétusté ; même chez les plus riches marchands de soie ou de thé, règne une simplicité qui, à nos yeux, touche à la pauvreté. Les marchandises sont soigneusement empaquetées par crainte de la poussière, le grand fléau du nord ; lorsque le commis aveint un article, il époussette soigneusement le paquet avant de l'ouvrir. Tous les paquets sont rangés sur les rayons ou dans des coffres, munis d'étiquettes annonçant les articles et leur prix, étiquettes qui sont écrites en signes abrégés, connus des seuls marchands et variant d'un commerce à un autre : grâce à ce bon ordre, le commis trouve toujours sans tarder l'objet qu'on lui demande. N'oublions pas de noter dans un coin une petite niche, au fond de laquelle est collée l'image du dieu de la richesse ou de tout autre patron céleste ; matin et soir, on s'incline et on lui offre une allumette d'encens ; les jours de fête, ou lui sert un repas plus copieux.

C'est dans ce magasin qu'évoluent les commis, assez nombreux ; dans une boutique de moyenne importance, il est rare d'en trouver moins d'une demi-douzaine. Ils sont tous semblables ; entre les patrons, commis, courtiers, apprentis, porteurs, l'œil a peine à saisir une différence ; même similitude d'une boutique à la voisine, d'un commerce à un autre. Il n'y a pas de livrée comme celle des commissionnaires de nos grands magasins ou comme le costume spécial de plusieurs corporations japonaises. Le Chinois, en effet, ne connaît d'autre costume distinctif que l'uniforme officiel ; le mandarin dans la vie privée, le laboureur ou l'artisan endimanchés, le marchand, le domestique ont toujours vêtements de même coupe, de couleurs analogues ; chez les marchands ordinaires, chez les gens de moyenne aisance, c'est toujours la longue robe de toile bleue, parfois presque noire, parfois blanche ou grise en été ; par-dessus, on porte le *khan-kiui-eul*, sorte de caraco sans manches, et enfin une pèlerine, le *ma-koa-eul*, que l'on met surtout en tenue de cérémonie ou pour sortir en hiver ; la petite calotte de satin noir à bouton rouge complète l'habillement, sauf pendant les chaleurs de l'été. L'uniformité du costume correspond à celle de la société, où il n'y a pas de castes et à peine de classes.

Les manières et le langage ne sont pas moins unis ; patrons et commis, commis entre eux s'abordent avec ces inclinations peu accentuées, ces saluts de mains de la politesse quotidienne ; ils se parlent dans ce style semi-familier, semi-respectueux, habituel à toutes les conversations entre amis ou entre gens se connaissant à peine, pourvu que des relations rituelles ne soient pas en jeu, des rapports hiérarchiques pas en question. Pas de génuflexions, pas de ces formules d'une humilité excessive qui donnent l'idée du servage ou de la servilité. A l'égard de l'acheteur, on use de la même politesse moyenne ; encore faut-il ici faire quelques distinctions. L'acheteur sans importance, qui vient en passant, est traité poliment, mais sans prévenance ; on le reçoit dans la première pièce, on le sert et on l'expédie. Pour le client habituel, pour le personnage de marque, on use de déférence ; on l'introduit dans une des salles du fond, on le fait asseoir à la place d'honneur auprès d'une table, on lui sert du thé, on lui apporte du feu pour sa pipe ; un ou deux des premiers commis causent avec lui et n'oublient pas de débuter par ces formules d'urbanité qui sont dues même à un inférieur à qui l'on veut témoigner quelque estime ; ils s'informent de ses ordres et s'empressent de faire apporter ce qu'il désire ; ils deviennent prévenants, lui montrent les nouveautés ou les raretés que l'on a en magasin ; ils font l'article, ce qu'ils dédaignent avec l'acheteur de passage. Lorsque le *la-jen* (1) s'en va, on le reconduit jusqu'à sa chaise, comme un homme bien élevé reconduit un visiteur, et on lui adresse les formules d'adieu qui conviennent à son rang, avec cette parfaite courtoisie, parfois un peu humble, où celui qui parle n'oublie cependant jamais qu'il est un homme comme son interlocuteur.

Ces patrons et ces commis, d'extérieur si semblable, sont unis par la communauté de la vie. Il est de règle que tous soient nourris par la maison ; à cet effet, toute maison de commerce a un cuisinier qui prépare les repas communs et sert, deux fois par jour, les vermicelles et macaroni, les choux salés, la volaille ou le porc, qui forment le fond de la nourriture pour la classe moyenne dans le nord. Chacun mange sur le coin d'une table, sur un comptoir, là où il se trouve, l'usage d'une pièce spéciale comme salle à manger étant inconnu en Extrême-Orient.

La plupart des commis couchent aussi dans le magasin ; le

____

(1) Grand homme, titre d'un haut personnage officiel, Excellence.

lit chinois, en effet, se compose d'un oreiller et de quelques couvertures, le tout facile à empaqueter et à transporter ; le jour, tout cela se met dans un coin ; le soir venu, chacun déroule son couchage et l'étend où bon lui semble. Les gens mariés retournent rarement chez eux, leur habitation étant souvent située dans un quartier éloigné ou en province. Les chefs de la maison partagent habituellement la vie de leurs inférieurs ; comme le commerce chinois n'emploie pas de femmes, bien des difficultés sont supprimées pour la vie et le logement. Ouvertes à quatre ou cinq heures du matin, en été, les boutiques ont leur moment d'animation avant dix heures ; les affaires reprennent pour quelques heures quand la chaleur du jour est passée ; elles cessent en toute saison avec le coucher du soleil. Si le Chinois n'est pas noctambule, sans doute à cause de l'éclairage défectueux, les boutiquiers, comme le peuple de Péking, aiment, pendant les soirs d'été, à chercher un peu de fraîcheur sur le seuil des maisons. La rue est étroite, de rares piétons circulent ; on cause entre voisins, on conte des histoires, on se délecte à fumer la pipe, à jouer du *hou-khin* ou du *san-sien* (1). Cette oisiveté pleine de bonhomie, après la journée accablante, rapproche patrons et commis ; c'est là que la simplicité de manières qui règne dans la classe commerçante apparaît le mieux. En hiver, la boutique ouvre plus tard, les affaires importantes se traitent le matin, mais le flot des visiteurs est pressé surtout aux heures que le soleil attiédit. La veillée est vite terminée, car on ne se soucie pas d'user de la graisse d'éclairage et du combustible ; la vie chinoise, plus naturelle que la nôtre, suit d'assez près le cours du soleil.

(1) Sortes de violon et de guitare.

Maurice COURANT. — En Chine.   2

II

Il nous faut maintenant entrer dans ce monde des commis
dont nous avons vu en gros l'existence quotidienne. C'est,
vers dix ou douze ans qu'un père amène à la boutique un
jeune garçon pour en faire un apprenti. A cet âge, l'enfant
sait écrire, il connaît la plupart des caractères des Quatre
Livres et des petits traités élémentaires, sans guère en savoir le sens; il sait des phrases apprises par cœur et retenues au hasard, il n'ignore pas pratiquement les principes
de morale, respect des supérieurs, observation des rites,
qui sont la base de la société chinoise; mais il n'a aucune
notion de religion (cela ne s'enseigne qu'aux bonzes et
aux *tao-chi*), ni de morale théorique ou d'histoire (c'est
affaire aux lettrés), ni de droit usuel (cela concerne les clercs
des yamens), ni de géographie (personne ne s'en inquiète),
ni même de calcul, ce qui est plus étonnant. Il est vrai que
le jeune apprenti va s'habituer à manier l'abaque et qu'il
le fera avec dextérité. Mais, en somme, c'est une âme neuve,
que le milieu seul va former complètement. L'influence de
la famille disparaît, en effet, le jour où commence l'apprentissage; il n'est pas d'usage que le père, s'il est lui-même
un marchand, garde son fils dans sa boutique, peut-être par
souvenir du précepte classique qui défend au père d'instruire lui-même son fils, plus probablement parce que le fils
du patron, trop bien traité, n'apprendrait rien et serait au
milieu des autres apprentis, dans une situation à part,
blessante pour l'instinct d'égalité si vif chez les Chinois de
toute condition : le Chinois sent le besoin d'une supériorité

hiérarchique bien définie, il supporte difficilement la faveur même motivée que l'on témoigne à un égal. Un marchand place donc son fils dans une maison avec laquelle il est en relations, faisant le même commerce ou un commerce différent. Si l'on voit souvent une maison transmise de père en fils, il n'est pas exceptionnel qu'elle sorte bientôt de la famille qui l'a fondée ; l'hérédité des métiers, pour être fréquente, n'est cependant de règle que dans quelques industries où chaque famille garde jalousement ses secrets ; non seulement le fils adopte une autre branche de négoce que le père, mais souvent un fils artisan devient marchand. La distinction du négoce et de la fabrication, qui a constitué deux castes dans la Chine antique, n'est plus aujourd'hui pour chaque homme qu'un fait personnel et transitoire ; il ne subsiste aucune barrière entre artisans et marchands, et à peine davantage entre ces deux classes, que le langage tient encore pour inférieures, et les cultivateurs, la seconde caste de jadis. Sans doute, la placidité naturelle aux paysans chinois, les durs travaux qui les écrasent, leur enlèvent souvent le désir et le moyen de changer de condition ; mais le petit commerce de colportage se fait en Chine avec un si mince capital que bien des gens, paysans un jour, hommes de peine (*coulis*) au port ouvert l'hiver, pendant le chômage, achètent ensuite un éventaire, des paniers, quelques marchandises, tout naturellement et sans y penser. Très souvent une famille de cultivateurs aisés envoie un ou deux de ses fils à la ville voisine en apprentissage. De même, les clercs de yamen, classe intermédiaire entre les mandarins et le peuple, copistes, secrétaires, garçons de bureau, sont journellement en rapports d'affaires avec les commerçants et font volontiers apprendre le commerce à quelques-uns de leurs enfants. Seuls, les fils de fonctionnaires seraient difficiles à trouver dans les boutiques; c'est que l'éducation littéraire, purement phraséologique, les rend impropres au maniement des affaires, bien plus à toute sorte de vie pratique; d'ailleurs le lettré (et est lettré quiconque a été candidat aux examens ou a seulement étudié pour se présenter) doit dédaigner l'argent; on cite dans l'antiquité chinoise, aussi bien qu'en Corée, de beaux traits de désintéressement; je doute que les lettrés d'aujourd'hui soient unanimes dans le mépris du vil métal, ils ont du moins conservé le dédain du commerce et le tiennent pour une occupation dégradante. Mais c'est là une opinion mondaine (si je puis employer ce mot en parlant de la Chine, où la société mondaine n'existe pas); la loi, la coutume même sont plus équitables; il n'est pas de promotion où le fils de quelque marchand ne soit reçu bachelier pour la valeur de ses compositions; si parfois les lettrés de race lui font sentir son infériorité originelle, comme les journaux en relataient récemment un exemple au Ngan-lou-fou (Hou-pei), le fait est rare et on le remarque. La classe commerçante, par ses origines et par ses issues, touche donc à toutes les classes de la société et communique librement avec elles, elle n'est plus une caste, et depuis longtemps ; ce qui distingue les hommes en Chine, c'est le genre de vie, le métier, la fortune, ce n'est pas la naissance.

Le jeune apprenti, présenté par son père ou par des répondants, est désormais dans la main du patron. Pendant ses trois ans d'apprentissage, habillé par sa famille qu'il voit rarement, il vit dans la boutique, y est nourri et y couche; le patron doit le soigner s'il tombe malade, mais il a toute autorité sur lui, une autorité paternelle, avec presque autant d'étendue que celle même du père chinois : il n'est pas inquiété, si le jeune homme désobéissant meurt des suites d'un châtiment trop rude. Aussi voit-on parfois se noyer des apprentis trop paresseux ou vraiment trop maltraités. A cette discipline purement commerciale, à cette vie sevrée de tout autre intérêt, le jeune homme acquiert une tournure d'esprit spéciale, et c'est là ce qui contribue le plus à faire des marchands une classe stable, ayant ses tendances à part. Lorsque l'apprenti, au bout des trois ans, est reconnu capable, le père apporte un cadeau d'une valeur appropriée à ses moyens, le fils se prosterne devant le patron et lui exprime ses remerciements; la cérémonie se termine par un banquet offert par l'apprenti et où l'on convie quelques commerçants amis, quelques gens du métier ; il est rare qu'une circonstance solennelle ne soit pas accompagnée de réjouissances culinaires. Dès lors, le jeune homme est libre de travailler où et comme il l'entend ; mais il n'est jamais délié de ses obligations envers son ancien patron : il doit lui marquer sa reconnaissance par des visites, par des cadeaux aux époques rituelles de l'année, il doit l'aider même de sa bourse, le soigner, assister à ses funérailles.

Désormais le nouveau compagnon s'engage librement, moyennant salaire, là où il trouve de l'emploi, chez son ancien patron ou chez un autre, ou dans une autre ville. Selon ce qu'il a d'intelligence et de chance, il restera toute sa vie dans cette position subalterne ou il s'élèvera plus haut. Le chef des commis, celui qui commande dans la boutique, porte le nom de *Tchang-koei-li*, à peu près équivalent à caissier ; c'est lui, en effet, qui détient l'argent, comme fait le patron dans les petites maisons de commerce françaises. Le *Tchang-koei-li* est souvent patron, c'est-à-dire qu'il fait les affaires avec son capital et qu'il les dirige en personne. Mais un homme qui, ayant été longtemps commis, a des connaissances techniques et de l'habileté, trouve facilement un bailleur de fonds qui lui confie de l'argent à faire valoir; il ne s'agit pas d'un prêt, mais d'une association où chacun a sa part des risques et des bénéfices. Celui qui fournit le capital s'appelle le maître, *tong-kia*; celui qui, donnant son travail et son expérience, est seul à diriger l'affaire, s'appelle encore *tchang-koei-li*; pour nous il est un gérant; chaque année, à la douzième lune, après les comptes et inventaires annuels, le bénéfice qui ressort est partagé entre le maître et le gérant. Outre ces deux cas simples, il s'en trouve naturellement de plus compliqués, combinaisons des premiers; plusieurs capitalistes peuvent fournir les fonds, plusieurs gérants diriger la maison de concert; un ou plusieurs des gérants peuvent concourir à former le capital. Mais toujours ceux qui ne sont que bailleurs de fonds s'abstiennent de s'immiscer dans la direction de la maison qui incombe aux seuls gérants; et toujours, à la fin de l'année ou à l'issue de périodes fixées par contrat, les bénéfices sont répartis en raison des capitaux et des services, suivant une proportion fixée par l'acte d'association.

Les bailleurs de fonds ne sont pas des commerçants. Cette distinction n'a, du reste, pas d'importance juridique en Chine, où il n'existe pas de droit spécialement commercial; elle n'a d'intérêt que pour la constitution de la classe commerçante : un mandarin, qui croirait déroger en faisant du négoce, ne fait pas difficulté de fournir des capitaux à des affaires commerciales, pourvu qu'il en puisse tirer des bénéfices. Les gérants, au contraire, devant être hommes d'expérience, sont toujours des hommes de boutique, qui ont été successivement apprentis et commis; entre le chef de la maison et le dernier venu des apprentis, il y a une différence de rang hiérarchique, mais pas de condition sociale. L'aristocratie des gérants sort, par la sélection du mérite, des rangs inférieurs de la population marchande; elle ne lui est pas étrangère, elle a même éducation, mêmes habitudes, même langage, même costume. La communauté du culte rendu à l'esprit protecteur de la boutique par les chefs et par les subalternes, les banquets semi-rituels, que tous partagent plusieurs fois dans l'année, les étrennes qui sont données, sont autant d'expressions du lien d'union, bien plus fort qu'un simple contrat. L'autorité des uns sur les autres est toujours tempérée par cette bonhomie, cette simplicité patriarcale qui règne partout en Chine entre gens de même classe, par cette modération des manières due à la pratique invétérée des rites, par ce souci de maintenir l'égalité entre gens de même rang qui n'est pas tant inné au supérieur que bien plutôt imposé par un vif sentiment de justice de la part des inférieurs. Ainsi mitigée, l'autorité des chefs n'en est pas moins très grande : j'ai dit que sur les apprentis elle remplace et elle égale presque l'autorité paternelle. Elle est moindre à l'égard des commis, qui sont engagés librement, habituellement pour une année, de douzième lune en douzième lune; elle est cependant réelle, car l'obligation du respect, de l'obéissance de l'inférieur au supérieur est, dans toutes les relations sociales, admise avec une force inconnue en Europe.

Sauf le cas de violences graves, de vol (et même alors pas toujours), il n'est pas d'autorité qui s'interpose entre patrons et commis; la corporation des patrons n'intervient pas habituellement dans les questions de personnel purement intérieures, propres à chaque maison; les commis ne forment pas d'association, n'ont pas de lien entre eux; les rapports sont bien plus étroits entre un commis et son patron qu'entre les employés de deux maisons différentes. Toutefois le besoin d'égalité réelle entre gens de même classe et de même rang, le droit que chacun s'arroge de surveiller ce qui se passe chez le voisin, expression d'un profond sentiment de solidarité, empêchent dans une même ville les inégalités flagrantes de traitement et de salaire, sauf celles qui sont sanctionnées par un usage établi.

La stabilité de la classe marchande maintenue par son unité de formation et par le sentiment hiérarchique qui y domine, la longue durée des circonstances économiques et des conditions sociales, qui n'ont pas changé sensiblement depuis le xvie siècle jusqu'au milieu du xixe, ont permis à un grand nombre de maisons d'atteindre une longévité remarquable. On en cite, à Péking, qui ont survécu au bouleversement, passager d'ailleurs, qui a accompagné la chute des Ming et l'avènement de la dynastie mantchoue (1644) : de ce nombre est le Lou-pi-kiu, situé dans la ville chinoise, à l'est et à peu de distance de Tshien men (1), et dont l'enseigne est due à un calligraphe célèbre du xvie siècle ; cette maison est encore renommée pour les vins de riz et les friandises qu'elle importe du sud. Un beaucoup plus grand nombre datent du xviie et du xviiie siècle : ainsi les magasins de thé de la famille Fang, du Ngan-hoei ; le Oen-mei-tchai faisant commerce d'horlogerie, très florissant avant l'ouverture des ports et qui appartient toujours à la famille chrétienne Yang ; ainsi le Phi-tsan-kong, magasin de pilules de la famille Phi, qui existe depuis plus de deux cents ans, le Nei-hing-long de la famille Sou, où tous les grands

____

(1) Principale porte faisant communiquer la ville tartare et la ville chinoise.

personnages, y compris l'Empereur, achetaient leurs bottes au xviiie siècle et qui, il y a peu d'années, occupait encore plus de cent employés; ainsi, enfin les quatre grandes banques, Heng-ho, Heng-li, Heng-yuen, Heng-hing, les plus importantes de la capitale, fondées dans l'ère Khang-hi (1662-1722) par un nommé Fang de Ning-po, et qui pour la première fois ont fermé leurs caisses pendant les troubles de l'été dernier. Péking n'a d'ailleurs pas la spécialité de ces vieilles et solides maisons, il s'en trouve dans chaque ville importante, comme le Fan-yong-ho, magasin de soieries à Thien-tsin: comme le Tchhen-ho-tshi, pharmacie des Tchhen à Canton. La plupart de ces maisons portent le nom de la famille qui en est propriétaire : c'est, en effet, qu'elles se transmettent de père en fils, que les gendres y sont souvent associés à la direction et qu'elles ne sortent pas de la lignée du fondateur. De pareils exemples de stabilité sont à coup sûr rares en Europe, où les fortunes se font et se défont plus vite et où peu de gens restent dans la condition paternelle ; il existe ainsi une aristocratie de commerçants peu nombreux, qui joignent la fortune à la pratique héréditaire des affaires et dont les fils sont souvent entrés dans la carrière officielle ; cette aristocratie est importante, surtout par son expérience commerciale, par ses traditions d'honorabilité, par l'influence d'exemple et de richesse qu'elle exerce sur tout le commerce chinois. L'organisation de pareilles maisons ne diffère pas de celle des maisons plus récentes; les apprentis, les commis y sont dans la même situation; triés avec plus de soin, ils n'y sont que mieux traités et souvent ils y passent toute leur vie, deviennent associés, après avoir été hommes de confiance du père servent de conseillers au fils et assurent la perpétuité des traditions.

III

Ce n'est pas seulement aux conditions générales de la société ou à celles qui sont propres à la classe commerçante que tient la durée remarquable d'un aussi grand nombre de maisons; leur stabilité, leur bon renom ont aussi pour cause l'organisation spéciale qui les réunit par groupes. Il est habituel, en effet, que toutes les maisons ayant une même spécialité forment une association que j'appellerai corporation (*hang* ou *kong-so* suivant les cas); je me réserve d'indiquer quelques exceptions à ces règles. Les corporations, qui paraissent dater d'au moins trois siècles, sont difficiles à étudier; diverses de type, formées par les intéressés seuls, sans que l'État ait eu ni à leur donner des règles ni à les autoriser, elles existent par la force de la coutume, et vivent conformément à leurs traditions; bien que quelques-unes aient des règlements écrits et peut-être des archives, elles trouvent habituellement inutile de communiquer les uns ou les autres au public. Celui qui est curieux de se faire une idée de ces corps, est à peu près réduit à démêler leurs principes parmi les exemples de leur action qui parviennent à sa connaissance; sans ignorer ce qu'un semblable procédé a d'insuffisant, je dois donc me borner à donner des exemples et à en tirer des conclusions, forcément un peu vagues et un peu générales.

La corporation fixe pour chaque denrée le prix minimum de vente et veille par des agents secrets à ce qu'aucun magasin ne se contente d'un prix plus bas; elle arrête ainsi à une certaine limite l'effet de la concurrence et empêche la dépréciation des marchandises, nuisible à toute la corporation. Le public est seul à souffrir de l'existence du minimum, mais il ne paraît pas s'en apercevoir, et le gouvernement n'intervient que pour le prix des grains, en fixant un maximum et vendant au besoin les grains tirés de ses greniers. C'est encore la corporation, pour les banques et les monts-de-piété, qui décide le taux des intérêts à payer ou à recevoir, la nature des garanties ou des monnaies à accepter; en un mot, elle fixe les règles générales des transactions et défend les intérêts communs de tous les associés. Si l'un d'eux est impliqué dans une affaire judiciaire d'intérêt général, la corporation le soutient souvent de son crédit et de ses fonds. Voici un fait qui se présente de temps en temps. Un pauvre diable, n'ayant plus rien à mettre au mont-de-piété, se coupe le doigt, ou telle autre partie du corps, et vient pour l'engager ; le mont-de-piété refuse le prêt, l'homme se plaint de la dureté des prêteurs, ameute la foule, que la vue du sang excite, une bagarre est imminente, où le mont-de-piété risque d'être pillé. L'auteur d'un pareil désordre doit être châtié, toute la corporation soutient celui chez qui le fait s'est passé, et verse cent taëls (1) pour les frais du procès. La corporation prend aussi en main les intérêts lésés de plusieurs associés. En 1883, la corporation des marchands de thé de Han-kheou, ayant eu à se plaindre des exigences de certaines maisons étrangères, relativement à une bonification sur les poids, leur demanda de désigner un arbitre étranger qui serait chargé de surveiller les pesées; malgré l'évidente bonne foi de la corporation et la modération de sa requête, les étrangers refusèrent. Toutes

1, Au change actuel, moins de 100 francs.

les transactions furent suspendues, l'autorité officielle déclara qu'elle ne pouvait obliger les marchands à vendre contre leur désir ; au bout de quelque temps, les maisons étrangères cédèrent une à une, malgré les retentissantes déclarations qu'elles avaient d'abord faites.

Comme elles défendent les intérêts de leurs membres, les corporations surveillent aussi les agissements de ceux-ci ; elles s'opposent aux fraudes qui nuiraient au bon renom de l'association ; bien plus, les orfèvres en argent pur ne tolèrent pas que l'un d'eux vende des bijoux en alliage, même au su du client. Quelques corporations veillent à l'acquittement régulier des droits de production et d'octroi, et par là méritent les bonnes grâces du fisc. A Changhaï, celle des négociants en cotonnades étrangères, bien que les marchandises importées sur les concessions européennes ne doivent acquitter que les droits de douane, trouve prudent de payer aux bureaux du *li-kin* un abonnement (7.150 taëls) pour ce qu'elle vend en ville ; elle paie un autre abonnement (12.000 taëls) pour ce qu'elle envoie à Sou-tcheou ; mais elle se rembourse de ses avances par des taxes perçues sur tous les membres, qui sont même astreints à présenter leurs livres aux chefs de la corporation. Une situation analogue existe à Hong-kong, territoire anglais, au plus grand profit des *li-kin* de Canton. Les autorités du Koang-tong, du Koang-si, du Kiang-sou et d'autres provinces méridionales et centrales, ont, depuis quelques années, affermé à des corporations ou à des syndicats composés de membres des corporations, de *compradors* et de mandarins, le *li-kin* des cotonnades, des filés de coton, du pétrole pour telles ou telles préfectures ; les corporations y gagnent, avec l'appui officiel, le moyen d'imposer et d'étendre leur monopole de fait, la facilité d'accroître leurs ressources par les profits réalisés aux dépens des consommateurs et des négociants non associés. Quelques corporations, pour mieux maintenir la stabilité des maisons, défendent toutes ventes et tous achats fictifs : la plus grande partie des opérations de bourse et bon nombre d'opérations commerciales, qui nous semblent toutes simples, ne seraient pas tolérées. Il y a quelques années, l'usage de marchés à terme s'était cependant introduit au marché à l'argent de Péking ; un censeur, voyant là une forme de jeu, signala le fait, et ces opérations furent interdites par le gouvernement, exemple bien rare d'intervention officielle. C'est par suite des mêmes préoccupations que la corporation des banquiers s'enquiert du total des billets émis par ses membres ; tout banquier, tout changeur même est libre d'en émettre, et les précautions exigées par la loi, n'étant pas prises sérieusement, restent illusoires ; la corporation a, pour arrêter les émissions exagérées, un seul moyen qui est infaillible : si une maison se laisse entraîner et risque de compromettre le bon renom, surtout le capital des autres associés, un mot d'ordre est donné, tous les billets sont à la fois jetés dans le public, et la banque imprudente ne tarde pas à suspendre ses paiements et à disparaître.

La corporation maintient encore sa réputation et ses bons rapports avec les pouvoirs publics par des dépenses de faste ou de charité. Chaque hiver, elle verse une somme pour l'ouverture de ces fourneaux où l'on distribue aux pauvres de Péking une bouillie claire de riz ou de millet ; en cas de famine, d'inondation, les cotisations des corporations ne se font pas attendre, ce qui n'empêche pas les commerçants notables de contribuer largement en leur propre nom. De même une corporation ou plusieurs réunies offrent une bannière avec inscription louangeuse, ou un parasol d'honneur, au mandarin qui a su se faire apprécier de ses administrés ; elles prennent part à la réfection de la route où doit passer un cortège impérial ; elles font porter des bannières dans les processions et cérémonies religieuses populaires.

Un culte spécial est sinon l'une des raisons d'être, du moins l'un des liens de la corporation. Chacune a son patron ; pour l'une, c'est le dieu de la richesse, pour l'autre, Koan Yu, dieu de la guerre ; pour d'autres un esprit de compétence plus limitée, tel que Lou Pan, merveilleux mécanicien du temps de Confucius, aujourd'hui révéré par les charpentiers. Adoré dans chaque boutique par tous les patrons et commis, le génie protecteur a ses fêtes célébrées par toute la corporation à dates fixes. Pour les unes on offre, dans chaque magasin, un sacrifice, c'est-à-dire des mets et de l'encens, après quoi un banquet, auquel l'esprit est censé avoir pris part, réunit les chefs et les employés ; pour les autres, plus rares, le sacrifice, plus copieux, se fait dans un temple ; le banquet des patrons prend place dans une vaste salle, où des acteurs leur jouent des pièces historiques entremêlées de scènes comiques contemporaines. La fête se prolonge tout le jour, quelquefois davantage ; l'on s'y divertit, on boit, on parle aussi d'affaires privées, et l'on agite les questions qui intéressent la corporation. Au sacrifice et au banquet, à la religion et aux réjouissances, la Chine joint habituellement la représentation théâtrale et l'assemblée de discussion. Cette religion ne comporte sans doute rien que l'on puisse appeler de la foi, mais elle est toujours présente à l'esprit du Chinois, il pense qu'il est bon de se mettre en règle avec des personnages doués d'une puissance mystérieuse et que l'on contente non sans frais, mais en s'amusant soi-même.

Le calendrier, ainsi ponctué par les fêtes spéciales de la

corporation, l'est encore par les grandes fêtes populaires où le culte général et le culte du patron ont leur place marquée côte à côte ; ce sont les fêtes du renouvellement de l'année, du 5e jour de la 5e lune, du 15e jour de la 8e lune. On les appelle les trois termes, et ce sont en effet les dates d'échéance pour les marchands comme pour la population. Il n'est pas utile que j'insiste sur tout le mouvement des paiements et des recouvrements, sur tous les règlements de comptes et d'inventaires, qui les précèdent et font de la 12e lune particulièrement la période de grande activité commerciale. Le 30 de la 12e lune, dernier jour de l'année, tout est achevé, les boutiques ferment, et pendant quatre ou cinq jours on ne trouve plus à acheter même les victuailles les plus usuelles ; le petit commerce reprend le premier, mais les vacances des grandes maisons se prolongent jusque vers le 15. Pendant ce temps de repos, les premiers jours sont réservés aux cérémonies de famille ; le 3 ou le 4, les commis se réunissent dans les magasins, les patrons dans la salle de la corporation, et l'on festoie, sans jamais oublier d'offrir aux dieux des viandes et des gâteaux, avec des fruits, du vin, du thé et de l'encens.

Pour maintenir l'ordre entre les membres de la corporation, gens du même métier, sans cesse en rapports d'affaires, il faut aux syndics un pouvoir d'arbitrage ; pour assurer le fonctionnement de la corporation même, il lui faut une caisse commune. Cette double conclusion découle nécessairement de tous les faits qui m'ont été rapportés ; mais ce sont là des questions tout intérieures, propres aux marchands et qui n'arrivent guère à la connaissance du public. Aussi n'ai-je pu avoir sur ces deux points que des affirmations très nettes, mais peu détaillées(1). Les chefs de

---

(1) La corporation des marchands de cotonnades étrangères.

la corporation interviennent dans les litiges des membres, arrêtent les manœuvres malhonnêtes que l'un pourrait tenter contre l'autre ; sans véritable autorité judiciaire, ils agissent comme arbitres, ainsi qu'il arrive fréquemment en Chine. Quant à la caisse, elle est alimentée par des cotisations et par des amendes ; elle peut aussi contracter des emprunts, puisque les marchands de sel de Thien-tsin sont encore tenus d'intérêts pour diverses dettes contractées par la corporation au xviiie siècle.

IV

Il est d'ailleurs naturel que sur ces deux points, comme sur beaucoup d'autres, on rencontre entre les corporations de grandes différences ; elles se sont constituées, je l'ai dit, à des époques diverses, indépendamment les unes des autres ; il n'y a donc accord que sur les lignes essentielles. Après avoir indiqué les principes généraux, je vais noter maintenant quelques détails d'organisation, avec quelques exceptions aux règles communes. Le prix minimum fixé par l'assemblée n'est pas dans toutes les corporations également impératif ; ainsi chez les marchands de fourrures, le prix, discuté au début de l'hiver, ne lie pas les membres. Les pharmaciens n'ont pas de cours de la corporation. Dans

(Chang-haï) exige de ses membres un droit annuel qui varie de 30 à 100 taëls ; elle publie chaque semaine le cours qu'elle fixe pour les marchandises, *Weekly piece goods price list* (*the Blackburn China-Mission*, 1 vol. in-8. Blackburn, 1898. II, pp. 108 et 109). Droit d'entrée, droit annuel, souscriptions diverses semblent être des conditions générales (*id.*, II, p. 310).

presque toutes les branches du commerce, toutes les maisons font partie de la corporation sur un pied de quasi-égalité ; sans doute les grandes banques l'emportent toujours sur les changeurs, mais il n'y a pas de dissimilitude d'affaires ni de situation. Pour le commerce des thés, il en est autrement : il existe à Péking deux ou trois magasins d'importation, tenus par les familles Fang et Oou du Ngan-hoei ; seuls ils fixent les prix, déterminent l'équivalence des poids (la livre, pour le thé, est de 4 onces au lieu de 16) et conduisent la corporation ; en effet, les patrons des boutiques de vente emploient tout leur capital à payer une devanture dorée et sculptée qui vaut parfois deux ou trois mille taëls (1) ; les marchandises sont déposées entre leurs mains par l'un ou l'autre des importateurs, auquel la devanture sert de gage ; ainsi toute la corporation est dans la main des Fang et des Oou. C'est là une situation spéciale et qui n'a pas d'analogue, même pour les autres commerces d'importation de produits méridionaux, tels que la soie ou le riz. Si le commerce, y compris celui de la librairie et de la pharmacie, est presque indépendant de toute action officielle, cependant les maisons d'équarrissage, les seules où l'on abatte bœufs, chevaux, chameaux, doivent être autorisées par le gouvernement. Il n'en existe que cinq à Péking : peut-être y a-t-il à cela un motif religieux, le gros bétail étant réservé aux sacrifices impériaux ; de plus, à diverses époques, il a été interdit de donner la mort aux animaux et, encore aujourd'hui, en cas de sécheresse, la fermeture des abattoirs est ordonnée à titre de pénitence publique.

Les monts-de-piété ont également besoin d'une autorisation officielle, ils paient des droits sur leurs opérations

---

(1) Approximativement de 8.000 à 12.000 francs.

Maurice Courant. — En Chine.

aux autorités locales et ils sont classés en trois catégories suivant l'importance de leurs affaires. L'intervention de l'administration peut s'expliquer ici par diverses considérations. Les monts-de-piété de la première classe reçoivent en dépôt des autorités locales une somme variant de deux mille à dix mille taëls (1) sur laquelle ils paient des intérêts; en augmentant leur capital et leur permettant d'étendre leurs affaires, l'administration, toujours demeurée paternelle dans son langage et même dans ses actes, pense faire œuvre de philanthropie et venir en aide à là population. Le mont-de-piété, en effet, n'a rien du prêteur sur gages qui ne songe qu'à dépouiller ses victimes; il est une institution de crédit à laquelle non seulement le Chinois pauvre, mais celui de la classe moyenne, ont constamment recours; aux uns, il donne de quoi vivre deux ou trois jours, attendre un gain inespéré; aux autres, il fournit le moyen de subvenir aux frais d'un enterrement, de monter un petit commerce; il sert de lieu de dépôt pour un objet difficile à garder : quelques personnes y mettent leurs fourrures pendant l'été et font fructifier l'argent qui leur est prêté en échange. Péking a une vingtaine de monts-de-piété fondés au xviiie siècle par l'Intendance de la Cour et demandant un intérêt réduit; il en a un très grand nombre d'autres appartenant à des particuliers : un homme du Chan-si en possède jusqu'à cinquante, beaucoup de capitalistes en ouvrent à la fois trois ou quatre. Il en est de même dans tout l'Empire, et il n'est pas de bourgade qui ne compte un ou deux établissements de ce genre. Par leur nombre, par la modicité des intérêts (2) (1 à 3 p. 100 par mois, suivant la valeur du gage

(1) Environ de 8.000 à 40.000 francs.
(2) Ici et plus loin je ne donne des chiffres que sous toutes ré-

et sa nature), par la durée des prêts (trois ans), par les facilités du rachat possible à tout moment sans délai contre restitution de la somme prêtée et des intérêts (encore en calculant ceux-ci néglige-t-on toute fraction de mois de cinq jours et au-dessous), par la réduction des intérêts échus pour les retraits opérés à la douzième lune (par là on donne facilité aux pauvres gens d'avoir leurs meilleurs vêtements, leurs parures pour les fêtes de la nouvelle année), par le taux élevé du remboursement en cas de perte du gage (double de l'estimation), ces institutions de crédit rendent les plus grands services au peuple chinois; elles sont nécessaires à sa vie, et l'on s'explique que, par une dérogation à ses habitudes, l'administration les surveille et les favorise. La corporation reste, d'ailleurs, maîtresse chez elle, sauf sur les deux ou trois points indiqués; elle fixe, suivant ses intérêts, les conditions des transactions et recourt, en temps de crise, pour forcer la main aux mandarins, aux mêmes moyens que toutes les autres associations : nous verrons tout à l'heure quels ils sont.

La Chine a, d'autre part, à l'usage des capitalistes, gros et petits, de nombreux établissements de crédit qui se rapprochent beaucoup plus des nôtres; on peut les ramener à trois types principaux, boutiques de change, banques, banques de traites. Ces dernières se trouvent à Péking et dans les grandes villes commerçantes, où elles se sont beaucoup développées depuis une cinquantaine d'années : presque toutes sont aux mains d'hommes du Chan-si, la province où se recrute surtout l'armée de la banque chinoise; elles font d'abord le commerce des traites pour toute

serves; exacts pour Péking il y a quelques années, ils sont susceptibles de beaucoup de variations.

la Chine et pour quelques-unes de ses dépendances, sans
en avoir le monopole, puisque plusieurs grandes banques
générales et les commerçants les plus importants faisaient
déjà les mêmes opérations; mais elles ont régularisé cette
branche de la banque, l'ont étendue à un plus grand nombre
de localités et ont presque complètement supprimé les
transports d'argent en nature entre les centres de la Chine
propre (1). Leur chiffre d'affaires, considérable, leur permet d'apporter dans leurs transactions beaucoup de largeur et de traiter leurs clients avec magnificence. Outre la
vente des traites, elles font des avances, sur caution personnelle seulement, aux maisons solides de la place, le taux
variant d'habitude entre 7 et 12 p. 100 par an; elles n'acceptent de dépôts que des mandarins (5 ou 6 p. 100 d'intérêt par an) et seulement par obligeance, pour entretenir
avec eux de bonnes relations; pour la même raison, elles
font des avances aux mandarins en titre ou en expecta-
tive et sont chargées de toucher les appointements sur lesquels elles opèrent une retenue; elles font aussi quelques
opérations pour le gouvernement. Tout le personnel est
originaire du Chan-si, autant que possible du même district,
du même village que les chefs de la maison. Quand un
employé est envoyé dans une succursale, habituellement
pour trois ans, il est défrayé de tout par la maison, mais ne
reçoit pendant cette période aucun salaire; il laisse au
village sa femme et ses enfants sous la main des chefs de
la banque qui les entretiennent, il ne correspond avec sa
famille que par l'intermédiaire de ces derniers; sa mission

(1) Péking, Thien-tsin, Chang-hai, Oou-hou, Han-kheou, Cha-chi,
Tchhong-khing, Tchheng-tou, Siu-tcheou, Tchhang-cha, Nan-tchhang,
Koei-yang, Yun-nan, Canton. D'après la note de M. L. Sculfort (*Mis-
sion lyonnaise*, II, p. 417).

achevée, il rentre à la maison-mère, rend ses comptes et est ou largement récompensé ou condamné à une amende ; en ce dernier cas, sa famille n'est relâchée qu'après paiement intégral ; s'il ne paie pas, les chefs de son clan le font, dit-on, enterrer vif et remboursent ; faute de quoi leurs propriétés sont confisquées et ils sont chassés du district (1).

Les changeurs, dans un cercle d'opérations restreint, font des affaires plus variées : sur le change de l'argent en sapèques et sur l'opération inverse, ils prennent en général 2 p. 100, qui ne sont pas calculés, mais pesés, en ajoutant dans l'un ou l'autre plateau de légers poids additionnels. Ils émettent des billets, sans aucune surveillance, comme je l'ai dit, et prêtent à 2 p. 100 par mois en temps normal, l'encaisse qui doit garantir ces billets, faisant ainsi double bénéfice, mais s'exposant à ne pouvoir rembourser à vue ; aussi est-il bon de ne pas conserver longtemps des billets de banque. En province, une maison n'accepte d'habitude que ses propres billets ; à Tchhong-khing, on n'en émet pas ; à Péking, quelques signatures connues sont reçues partout, après examen d'un expert, qui appose son sceau sur le billet déclaré bon, touche une rétribution pour chaque vérification et est pécuniairement responsable de ses erreurs. Un bénéfice moins honnête est réalisé par l'achat des petites sapèques, c'est-à-dire de pièces fausses que l'on mélange dans les ligatures de sapèques officielles ; on en tolère 5 ou 6 sur 100. Si, d'ailleurs, le client se plaint, le changeur feint l'ignorance et rend de la bonne

____

(1) Il y a par exemple à Tchhong-khing 16 ou 17 banques du Chansi et une analogue appartenant à un homme du Yun-nan (*the Blackburn Ch. Mission*, II, p. 216, etc. ; *Mission lyonnaise*, II, p. 417).

monnaie en place de la mauvaise. Les grandes banques s'interdisent de tels profits, mais, bien que maitresses de la corporation, elles ferment les yeux sur ces pratiques des changeurs. Au change, à l'émission, elles joignent les prêts garantis par caution, par dépôt de titres fonciers et sur lesquels elles ne prennent souvent que 1 ou 1 1/2 p. 100 par mois; 1 p. 100 est le taux habituel pour les emprunts des administrations; en temps de crise, le taux monte jusqu'à 10 p. 100 par mois. Enfin les banques reçoivent des dépôts, portant intérêt généralement à 1 p. 100, vendent des traites et spéculent sur le cours de l'argent.

Les grandes banques, en acceptant ou refusant les billets de telle maison, en précipitant sur le marché l'argent ou les sapèques (1), règnent dans la corporation et ont dans leurs mains tout le sort du marché; les quatre Héng, que j'ai cités, par la masse de leur encaisse, la solidité de leur crédit, le nombre de leurs succursales ou correspondants, n'ont pas d'égaux, au moins dans la Chine du Nord. Toutes les opérations de bourse se font au marché à l'argent, qui se tient chaque jour dans la partie sud-ouest de la ville chinoise, en pleine rue, auprès d'un temple taoïste; la réunion a lieu de bon matin, en été tout est fini à six heures; les valeurs à vendre, billets ou traites, argent, or, ou sapèques, sont étalées sur le sol, toutes les opérations étant réelles. Chacune des maisons de Péking est représentée, et personne n'a garde de manquer, de peur qu'on le croie en fuite. Dès que le cours est fixé, les uns le télégraphient à leurs correspondants de province, les autres lâchent un pigeon qui va le porter à la maison principale dans la ville

____

(1) Dans quelques localités, le numéraire est très rare; à Nieou-tchoang, la plupart des affaires se soldent par chèques et sont réglées par des virements de comptes.

tartare. De plus, les courriers de la corporation, au nombre de sept ou huit, le répandent chez les changeurs et les banquiers ; ces courriers sont en même temps des agents à la dévotion des syndics, ils connaissent le chiffre d'émission de chaque maison, savent si tel patron est vraiment malade ou se dissimule, et, par leurs rapports, décident des boycottages et des déconfitures. Tout se passe, d'ailleurs, en pleine liberté, sans surveillance de l'État, sans impôt sur les transactions, sans autre ingérence que l'interdiction des marchés fictifs. Les corporations des banques provinciales ont des règles semblables : assemblées régulières où chacun doit assister, dépôt par chaque maison d'une somme fixée dans les caisses de la corporation, détermination des taux, monnaies, délais de paiement, amendes imposées aux contrevenants, encouragements pécuniaires à la délation (1).

Le commerce des grains est organisé d'une manière analogue ; la bourse est de même le domaine presque exclusif de la corporation des marchands, l'État n'intervenant qu'en cas de famine dans la région ; elle est d'ailleurs moins importante que celle des valeurs, les cours ne sont fixés que les 2 et 16 de chaque mois, et c'est seulement à la deuxième et à la huitième lune qu'ont lieu les variations considérables : c'est, en effet, au printemps et à l'automne que les fonctionnaires, recevant leurs bons d'appointements en grains, les négocient sans tarder ; du nombre des bons négociés, des stocks disponibles, ainsi que des prévisions de l'année, dépendent la hausse et la baisse.

Outre les corporations marchandes, il existe aussi des corporations d'artisans ; les brodeurs et les fabricants de

____

(1) *The Blackburn China Mission*, II, p. 247.

cloisonnés, les tanneurs et les charpentiers ont les leurs ; il est vrai que ces métiers touchent au commerce de détail autant qu'à l'industrie. Comme exemple de corporation industrielle importante, on peut citer celle des tisseurs de soie de Tchheng-tou dont les règlements très exclusifs datent du XVIIe siècle ; elle se réserve la fabrication de tous les tissus riches ; toute tentative d'établir dans un autre district un atelier tissant ces produits de monopole est immédiatement arrêtée par refus de travail de la part des fabricants ; le propriétaire de deux métiers peut former un apprenti, celui qui a quatre métiers peut prendre deux apprentis ; jamais il n'est possible d'en employer plus de deux ; l'apprenti se loue pour trois ans, mais le contrat n'étant pas réciproque, il peut être renvoyé sans indemnité à la fin de la première année, si le patron trouve ses aptitudes insuffisantes. On voit à quel point ces règles favorisent les petits chefs d'ateliers auxquels les fabricants plus importants font des commandes. Le tissage des soieries ordinaires n'est pas monopolisé et procure un supplément de gains à beaucoup de paysans et de citadins, qui travaillent en famille.

Les voituriers et les bateliers qui, jusqu'à l'ouverture du chemin de fer, avaient le monopole des transports entre Péking et la province, sans former une association régulière, se réunissent dans des auberges, les uns près de Tshien men, les autres hors de Tong-pien men (1), ils établissent des règles dont on s'écarte peu pour les prix à demander, les charges à admettre par bête ou par véhicule ; il en est de même à Thong-tcheou pour les bateliers du Pei-ho. Les barbiers de Péking n'ont pas non plus une

____

(1) Petite porte du nord-est de la ville chinoise.

corporation, mais ils forment une société, qui se réunit chaque année pour un sacrifice et un banquet ; à Oen-tcheou, les barbiers s'étant syndiqués ont obtenu d'être désormais admis aux examens (1). Les porteurs de chaise ne sont pas syndiqués à Péking ; à Thien-tsin, sur la concession française, ils ont au contraire une association, qui maintient les prix avec un soin jaloux et ne permet pas qu'aucun membre soit employé hors de son tour ; les traîneurs de *zinrikcha* à Chang-hai, les maçons à Ning-po, sans être constitués régulièrement, ont, en 1898, révélé leur bonne entente par des troubles. Chaque ville a ainsi ses corporations, ses associations, qui ne sont pas semblables à celles de la ville voisine.

Certains marchands, faisant un commerce régulier, n'ont pas formé d'association ; ainsi, à Péking, les marchands de volailles, de poteries, de porcelaines ; au contraire, si les paysans, qui viennent vendre leurs légumes, trafiquent isolément du mieux qu'ils peuvent, lorsqu'ils portent leurs fruits au marché, ils acceptent une organisation dont on a oublié l'origine : chaque année, à l'apparition de chaque sorte de fruits, le *king-ki* du marché, d'accord avec les marchands, en fixe pour la saison le prix minimum ; c'est aussi le *king-ki* qui fait la police du marché ; la charge de *king-ki* est la propriété de celui qui l'exerce, il l'a achetée de son prédécesseur et il la vendra à son successeur par contrat privé ; c'est une situation de fait que personne ne conteste ; au marché aux azeroles, la charge est héréditaire. Souvent le monopole de la corporation se complique

(1) A. Hauchecorne, *la Classe marchande et le Commerce indigène en Chine (Bulletin de la Société de géographie commerciale du Havre, 1901).*

d'une question de provincialisme ; on sait que le Chinois tient pour un étranger tout homme qui est né dans un autre district, à plus forte raison dans une autre province ; ceux, au contraire, qui sont de même origine, se soutiennent toujours ; ainsi certains commerces ont été monopolisés par les gens d'une province ; la plupart des banquiers sont originaires du Chan-si, tous les grands marchands de thé à Péking viennent du Ngan-hoei ; les gens du Chan-tong ont à Péking trois spécialités : ils sont les seuls à saigner les porcs et à en débiter la viande ; ils sont aussi seuls porteurs d'eau, chacun a son puits sur la voie publique, son abreuvoir pour chevaux et mules, son quartier où il vend l'eau sans permettre aux habitants de se fournir ailleurs. Ce sont là des privilèges consacrés par l'usage, défendus ardemment par leurs détenteurs et que l'autorité fait respecter au besoin.

Des associations sont formées même par les *coulis* qui manipulent les marchandises sur les quais des ports ouverts, population flottante, misérable, souvent divisée en groupes qui se réservent chacun une portion d'un quai ; même par les mendiants, et les corporations de ceux-ci ne sont peut-être ni les moins curieuses ni les moins puissantes, mais elles touchent de trop loin au commerce pour que j'en parle ici.

V

Ces détails montrent par quelle variété de formes les corporations assurent toutes le même résultat, l'organisation du travail ; l'on voit aussi combien elles s'étendent au delà du commerce, combien elles sont mêlées à la vie de la population et combien sont puissantes les tendances qui les ont produites et les maintiennent. Le Chinois, en effet, est essentiellement sociable; la naissance le met dans une famille étroitement unie, seule agissante et dont il n'est qu'un fragment; la terre qu'il possède le fait membre d'une commune rurale; l'émigration le jette dans une association de compatriotes, nés dans la même province, souvent dans le même district; l'empreinte dont le marque l'apprentissage en fait le membre d'une classe et, s'il est patron, d'une corporation, non pas un homme vivant par soi et pour soi. Il n'a pas l'habitude de l'indépendance, il n'en a pas l'idée. Isolé, il ne vit qu'à demi; une affinité puissante le soude à ses semblables, comme l'affinité chimique soude les molécules de l'oxygène et de l'hydrogène; doué de plus de passivité que d'énergie, il vit, il pense en groupes. Aussi l'autorité de la corporation, loin d'être étrange pour le commerçant, est un besoin pour lui. Et par une conséquence de ce consentement universel, la corporation a le droit de requérir l'obéissance de ses membres, de contraindre ceux qui, par hasard, seraient récalcitrants à entrer dans son sein. Pour vaincre leurs résistances, elle n'a qu'à les laisser livrés à eux-mêmes; sevrés de tous rapports avec les autres maisons semblables, ils sont abandonnés à leurs propres forces en face du public, c'est-à-dire des associations de nature différente qui forment la société chinoise; il faudrait pour résister à cette mise à l'index une énergie remarquable et des circonstances particulièrement favorables. Le boycottage est également employé contre un membre que l'on veut chasser de la corporation et faire disparaître de la place; un autre moyen moins extrême usité contre les délinquants ordinaires, c'est de les inviter dans une maison de thé et de les y garder à vue jusqu'à soumission ; en fait, personne ne trouve communément avantage à entamer de pareilles luttes. Parfois le commerçant fait preuve d'une grande énergie contre la corporation ; mais c'est alors pour en forcer l'entrée, pour se soumettre à la règle habituelle ; pareil cas se présente lorsqu'un homme d'une province se trouve en face de gens d'une autre province détenant le monopole du même négoce qu'il veut établir ; alors la lutte est vive, elle va jusqu'aux rixes, au bris de devantures, au pillage de marchandises ; peut-être, bien rarement d'ailleurs, l'isolé finira-t-il, à force de patience, d'adresse, et pourvu qu'il ne manque pas de ressources, par se faire sa place. Il est soutenu, dans ce cas, par le respect même de la règle à laquelle il veut se soumettre, et aussi par les défauts intimes communs à presque toutes les associations chinoises.

Celles-ci, en effet, par suite de leur origine populaire, instinctive et traditionnelle, n'ont pas une constitution précise. On y délibère, mais le vote où les voix se comptent n'y est pas connu : il n'est donc pas question de minorité ou de majorité ; pour qu'une décision soit prise, il faut la quasi-unanimité. On arrive à la réunir plus facilement qu'on ne pourrait croire, car il y a toujours un petit nombre de personnages influents, qui se mettent d'accord à l'avance et qui entraînent tous les autres ; mais il va de soi que pour des questions personnelles, pour repousser l'adhésion d'un nouveau membre désireux de se soumettre aux coutumes, l'accord est plus difficile à obtenir. Le désaccord finit par profiter à l'étranger, car il ne s'agit pas de voter son admission en forme, mais de tolérer son commerce ; les rapports d'affaires s'établissent peu à peu, et finalement, il est membre associé par habitude, par prescription, pourrait-on dire; la patience sans égale du Chinois est une qualité de premier ordre pour ce mode d'acquisition. Le même manque de précision dans les règles se fait sentir quand il s'agit des chefs de corporation. Toute corporation a les siens, ils ne sont pas élus, puisqu'on ne sait ce qu'est le vote, ils sont désignés par une sorte d'unanimité parmi les membres les plus riches, les plus âgés, les plus influents. L'influence peut tenir à bien des causes, souvent elle dépend, en Chine comme ailleurs, de la facilité d'élocution; on sait, d'autre part, quel respect les Chinois ont pour la vieillesse; et quant à la richesse, outre qu'elle est considérée en tous pays, elle est particulièrement requise pour un chef de corporation, qui doit souvent dépenser de ses deniers personnels pour l'utilité et l'amusement de ses associés. Il y a presque toujours plusieurs chefs, car il est plus facile de s'entendre sur plusieurs noms à la fois que sur un seul; d'ailleurs, la direction n'est presque jamais unique en Chine, pas plus dans les ministères ou dans les magasins que dans les associations d'aucun genre. Ces syndics ont le maniement des fonds; ils sont appelés à agir pour les associés lorsqu'il s'agit d'exercer le pouvoir de juridiction, d'intervention dont j'ai parlé; mais leur autorité est singulièrement vague, ils n'ont même pas les pouvoirs d'un président d'assemblée qui donne la parole, dirige la discussion, clôt la séance; ils sont en réalité les hommes d'affaires de l'association, les représentants officieux des membres influents.

Il faut d'ailleurs noter que ces vices constitutifs sont moins sensibles dans la plupart des corporations que dans les autres associations; les patrons sont, en général, gens avisés, connaissant leurs intérêts; ils forment dans le commerce une aristocratie d'intelligence, au milieu de laquelle se détachent les chefs héréditaires de grandes maisons anciennes, des quatre Heng, par exemple, parmi les banquiers de Péking ; on est assez disposé à les suivre, et il serait parfois difficile de faire autrement. Aussi voit-on que les corporations sont capables d'action suivie ; la multiplicité des questions qu'elles tranchent, fixation du prix des denrées, du taux de l'intérêt, surveillance des émissions de billets, action commune dans les procès, emprunts, suppose qu'après avoir discuté, elles savent adopter un avis unique. Pour écarter tous les gens d'autres provinces, comme font certaines d'entre elles, pour maintenir les petits marchands de thé dans la dépendance des grands, il faut plus qu'une résolution éphémère, il faut de la suite dans les idées ; des affaires comme celle des marchands de thé de Han-kheou contre les Européens (et on en pourrait citer d'autres analogues et plus récentes à Hong-kong, Soa-tao et ailleurs), comme celle encore des commerçants de Soa-tao et de la douane en 1881 (celle-ci offre des caractères si spéciaux que j'y reviendrai tout à l'heure) décèlent des vues très nettes, une véritable politique.

La corporation, par ses attributions complexes, tient lieu de nos associations syndicales, de nos chambres de commerce, de nos tribunaux commerciaux. Sa juridiction, qui reste toujours commerciale, pour n'être ni officielle ni obligatoire, n'en a pas moins de force et d'étendue, qu'il s'agisse de régler un différend, de surveiller une liquidation pour cause de mauvaises affaires ou de diriger un partage d'actif en proportion des dettes, après quoi le débiteur est tenu pour libéré. Il est bien rare que son arbitrage ne soit pas accepté, car la justice des mandarins est fort coûteuse et, comme la loi écrite, elle a un caractère pénal ; l'on n'y a recours que faute de tout autre moyen. Ainsi la corporation assure le fonctionnement de plusieurs services relatifs au commerce et qui, en Europe, sont confiés à l'État ou surveillés par lui ; les dépenses qui lui incombent de ce chef sont payées par les cotisations des membres. L'État, ainsi déchargé de tous soins spéciaux au sujet des commerçants, ne devrait, semble-t-il, leur réclamer aucun impôt spécial ; de fait, il leur demande peu directement. Il faut, pour ouvrir boutique, une autorisation délivrée par la sous-préfecture en province, à Péking par les Censeurs ou par la Maréchaussée : un droit proportionnel au capital engagé dans l'affaire est alors perçu une fois pour toutes. Il existe aussi quelques obligations spéciales des marchands envers l'autorité. A Thien-tsin, les charbonniers fournissent le combustible au sous-préfet à un prix sensiblement inférieur au cours ; à Péking, l'Intendance de la Cour a des contrats plus ou moins formels avec certaines maisons ; en général, les fournitures officielles ne se font pas sans de nombreux pots-de-vin donnés aux employés subalternes, et parfois, dit-on, à des personnages plus importants. Mais ces avantages faits à l'administration sont librement consentis ; et, d'ailleurs, ils ne sauraient s'élever bien haut sans qu'il y eût protestation des intéressés ; alors la corporation prend l'affaire en main, les boutiques ferment, c'est une grève ; il s'en est encore présenté des exemples, il y a deux ans, chez les banquiers de Tsi-nan, mécontents d'une décision du préfet qui prétendait régler le taux du change, dans les monts-de-piété de Canton, qui avaient à se plaindre de violences de la part de la garnison mantchoue et qui furent autorisés à faire saisir par leurs commis et à envoyer enchaîné au yamen quiconque les molesterait. Il s'en faut qu'en pareil cas force reste toujours à l'autorité.

A part ce très léger droit de patente et ces obligations qui sont presque de complaisance, l'État et les mandarins ne demandent rien aux marchands; il a existé jadis contre la caste commerçante des impôts spéciaux et vexatoires; depuis bien des siècles, ils sont supprimés. Il n'y a même pas aujourd'hui de patentes annuelles, et les troubles qui ont eu lieu au commencement de 1898, dans différentes villes, ont eu pour origine la prétention de certains gouverneurs et intendants d'exiger le paiement de patentes pour venir en aide à l'État obéré; les administrateurs avisés se sont à l'avance refusés à lever cette taxe qu'ils savaient impopulaire. Aucune surveillance spéciale ne s'exerce ni sur les libraires, ni sur les pharmaciens, ni sur les industries insalubres; aucune autorité ne s'interpose entre le patron et ses commis ou apprentis; aucune taxe n'est perçue sur la vente d'un fonds de commerce, qui se fait par acte sous seing privé non revêtu des sceaux officiels. En un mot, le marchand paie, comme tout autre, l'impôt foncier, les octrois, les droits de *li-kin* et de production; il est justiciable, comme tout autre, du sous-préfet pour les crimes ou délits qu'il commet; il est exactement soumis au droit commun: le fait commercial, en tant que commercial, ignoré par la loi, est du ressort du seul droit coutumier.

Si les marchands résistent ouvertement à l'autorité, lorsque celle-ci montre des exigences exagérées et quand leurs droits, leur sécurité sont violés, il n'est pas rare que leur action, dépassant ces limites raisonnables, empiète sur les droits de l'État; ainsi quand les boutiquiers d'une ville du sud, il y a une dizaine d'années, firent cause commune avec la population et suspendirent les affaires, le sous-préfet avait, en effet, interdit de laisser vaguer les porcs dans les rues de la ville, il fut forcé de retirer son ordonnance. La fermeture des boutiques, la suspension de toute vie commerciale, la grève, c'est la grande ressource des corporations contre les mandarins, comme le boycottage est le moyen infaillible contre les associés indisciplinés. La grève trouble la vie normale de la population, les émeutes en naissent naturellement, le mandarin qui dispose de forces insuffisantes, dont le premier devoir est d'administrer paisiblement, sans causer d'ennuis à ses supérieurs, aime mieux d'habitude céder par quelque voie détournée que compromettre sa situation. Un acte de sang-froid réussit parfois à arrêter les troubles dès l'origine: les maçons de Ning-po viennent en troupe, avec des cris et des injures, réclamer un des leurs qui a été emprisonné; le sous-préfet, revêtu de son costume officiel, fait ouvrir toutes grandes les portes de la salle d'audience ; quand une vingtaine de mutins y ont pénétré, tandis que les autres sont dans la cour, les valets du yamen ferment brusquement les portes, saisissent ceux qui se trouvent là, les bâtonnent, après quoi le mandarin leur dit qu'il leur fait grâce pour cette fois d'un châtiment plus sévère, et les fait relâcher; l'ordre est immédiatement rétabli. Mais il arrive que les grèves menacent d'avoir des conséquences plus graves ; à l'époque de la guerre anglo-française, de la rébellion des Thai-phing et du soulèvement des musulmans au Yun-nan, Péking se trouvant dépourvu de cuivre, on mit en circulation des sapèques de fer, que la population vit immédiatement avec méfiance et qu'elle refusa bientôt tout à fait ; les banques, les monts-de-piété, dans l'état d'incertitude du marché, fermèrent leurs portes, aggravant ainsi la crise et les embarras d'une population besoigneuse et surexcitée ; les monts-de-piété de Hai-tien, petite localité au nord de Péking, flairant une affaire, choisirent des correspondants dans la capitale et y étendirent leurs transactions, mais il s'en fallait de beaucoup que le remède fût suffisant. Le gouvernement prévoyait des désordres graves ; il lui répugnait de contraindre les monts-de-piété à rouvrir, peut-être ne se sentait-il pas en état de l'exiger. Il se trouva un homme riche, Ming-chan, l'un des directeurs de l'Intendance de la Cour, qui consacra un capital important à ouvrir dix monts-de-piété, où l'on prit un intérêt peu élevé (1 p. 100) et où l'on se montra coulant sur la qualité de la monnaie. Cette intervention opportune fit cesser la grève : la corporation céda, reprit les affaires et diminua ses prétentions ; les monts-de-piété de Ming-chan existent encore aujourd'hui. Mais on voit que, le gouvernement désarmé, la sédition fut évitée seulement par la haute situation, la fortune et le sang-froid d'un particulier.

Dans d'autres circonstances, on a vu la grève s'étendre et prendre un caractère menaçant pour l'administration. En 1881, l'une des corporations de Soa-tao eut un différend avec la douane à propos de la vérification de certaines marchandises ; peut-être les fonctionnaires de la douane usèrent-ils d'une raideur exagérée, bref toutes les corporations de la ville s'en mêlèrent, les affaires furent suspendues. Bientôt les associations de Soa-tao écrivirent à celles des autres ports, une vaste entente se forma contre la douane et toutes les corporations d'une région étendue en appelèrent à Péking. Les détails de l'affaire sont mal connus, il ne semble pas que l'union des corporations ait persisté ; le préfet de Tchhao-tcheou (1), chargé d'une enquête, parvint à trouver des irrégularités dans la gestion des trois syndics de la corporation qui avait soulevé l'affaire ; il les

(1) Préfecture d'où dépend Soa-tao.

destitua, les condamna à de fortes amendes, et le mouvement s'apaisa de lui-même. Il est à remarquer que le gouvernement n'attaqua pas de front l'union des commerçants, et il est non moins à noter, à titre de symptôme, que des commerçants ont pu lutter ouvertement contre une administration officielle et qu'entre corporations différentes, entre villes diverses, ils ont pu s'unir pour une action commune. C'est surtout dans le sud, à Canton et à Soa-tao, à Chang-hai aussi, que l'organisation corporative est assez puissante pour résister aux mandarins, tyranniser les petits associés et les non associés, sortir de son rôle normal d'arbitrage et de défense.

Sans chercher d'autres exemples exceptionnels, il nous suffit de revenir à la vie de chaque jour pour voir les plus simples travailleurs, comme les maisons les plus importantes, en conflit déclaré avec les lois, sans que personne y trouve à redire. Les veilleurs de nuit, ces humbles serviteurs qui font la ronde autour des habitations et des magasins pour avoir l'œil aux commencements d'incendie et aux voleurs, versent, dit-on, à ces derniers une portion de leurs gages afin d'écarter toute tentative. Les monts-de-piété se prêtent à servir d'intermédiaires entre le voleur et le propriétaire, si celui-ci désire recouvrer l'objet volé même. Il existe des compagnies qui assurent, moyennant un tant pour cent, l'arrivée exacte à destination de valeurs expédiées en nature; en certaines localités retirées, rares en Chine, nombreuses en Mongolie et dans les autres dépendances, il ne se trouve ni banques ni commerçants importants; faute de pouvoir envoyer des traites, on est réduit à expédier l'argent en lingots, avec de grands risques de la part des voleurs. Ces compagnies d'assurances, *piao-lien*, versent aux bandes de voleurs un tant pour cent sur leurs

opérations ; elles délivrent à l'assuré un signe de reconnaissance, un petit drapeau, qu'emporte le conducteur du
convoi et qui fait connaître aux brigands qu'il n'y a rien à
réclamer ; elles donnent pour escorte quelques hommes
résolus chargés de la défense contre les voleurs non classés.
Avec ces précautions, l'argent arrive à destination et, en
cas de perte, la compagnie rembourse intégralement. Les
mandarins comme les particuliers ont recours à ces assurances ; l'État ne s'en sert pas et ses convois sont souvent
pillés. Ainsi il est admis que la police est insuffisante, l'autorité inefficace ; que des commerçants se chargent à forfait
de défendre l'ordre ; que, pour le faire utilement, ils s'entendent avec d'autres industriels, les voleurs.

On sent là non la manifestation d'un concept différent de
l'État, mais un signe de la perversion de toute notion
d'État et de société ; le peuple et les fonctionnaires pactisent
ouvertement avec les voleurs, ennemis de la société organisée. De pareils faits ne tiennent pas à la constitution de la
classe des marchands que nous avons tenté d'esquisser ; ils
viennent de l'insuffisance de l'État même, de l'insuffisance
des mandarins qui le dirigent et l'incarnent depuis des
siècles. On peut se demander alors si les mandarins venant
à faire défaut, il y aurait quelque organisme social capable
de remplacer cette classe vieillie : la brève étude que nous
achevons permet de répondre qu'il s'en trouve peut-être
un. En effet, la classe des marchands, plus jeune que celle
des mandarins, est plus qu'elle mêlée à la vie pratique ;
tenue à l'action, elle a moins le fétichisme de la forme et du
passé, elle sait merveilleusement s'adapter à toutes les conditions de la vie quotidienne. Sortie de toutes les fractions
du peuple, renouvelée par un afflux incessant d'hommes
nouveaux, elle n'est étrangère ni aux artisans, ni aux culti-

valeurs, ni même aux lettrés; douée par l'apprentissage traditionnel d'une solide unité, elle est organisée en groupes naturels, les métiers, ayant chacun une élite de patrons formés en corporations; il ne lui manque même pas, dans les chefs des maisons anciennes, les éléments d'une haute aristocratie héréditaire. Elle a l'usage de la vie pratique, la stabilité, l'unité organique : j'ai signalé son principal vice, le manque d'une constitution claire et d'une discipline forte. Il faut ajouter que les marchands ont acquis cette situation en se tenant toujours dans leur commerce, que leur éducation ne les prépare à rien d'autre. Comment feraient-ils face aux exigences de la situation nouvelle que je suppose? Il n'est pas possible de résoudre ce problème; il est permis du moins de le poser et il peut être utile, surtout à l'heure actuelle, de faire connaître quelques éléments de solution.

LES ASSOCIATIONS

La Chine est entr'ouverte aux Européens depuis plus de cinquante ans; le dernier quart de siècle a vu ses portes s'ouvrir chaque jour davantage, et cependant les conditions d'existence de l'Empire chinois sont presque ignorées. Il m'a paru intéressant d'en donner brièvement une idée. L'État chinois trouve en face de lui non des individus isolés, mais des organismes complexes, ayant une histoire plus ou moins longue, des tendances plus ou moins nettes; ces groupes s'opposent les uns aux autres ou se soutiennent mutuellement; les individus qui les composent ont avec eux et avec la société des relations dont la somme est la vie sociale. Quels sont ces groupes, quelles sont ces tendances, quelles sont ces relations? voilà ce que je me propose de rechercher.

I

Le fait qui domine la vie chinoise, c'est l'existence d'associations: jeunes ou vieilles, secrètes ou publiques, morales ou économiques, religieuses ou profanes. Il en est d'urbaines et de rurales, de locales et de provinciales; les unes sont formées d'hommes paisibles, d'honnêtes commerçants, les autres de gens sans aveu; aux unes on appartient par la naissance, aux autres par l'affiliation. Dans cette diversité je choisirai quelques exemples, et dans cette multiplicité je tâcherai de mettre un peu d'ordre.

L'une des plus curieuses parmi les associations est celle des mendiants : nombreux dans toutes les villes de Chine, ils ont éprouvé le besoin de se soutenir les uns les autres, et ils réussissent, par leur organisation, à régulariser leurs gains. A Péking, ils ont pour protecteur attitré un prince de la maison impériale; le prince de Toen, oncle de l'Empereur, a tenu longtemps cette dignité où lui a succédé l'un des huit Princes au casque de fer. Les clients de ces illustres personnages exploitent méthodiquement la ville, par bandes de quatre ou cinq, se partageant les quartiers suivant les jours du mois; il est inutile de les chasser, ils reviennent toujours, déguenillés et couverts de plaies, jusqu'à ce qu'ils aient obtenu l'aumône à laquelle ils prétendent ; si l'on appelle la police, en admettant qu'elle intervienne, ils se vengent par des tracasseries sans fin, voire par l'incendie. Pour assurer contre eux le bon ordre d'un cortège de mariage ou d'enterrement, la tranquillité des affaires quotidiennes, le particulier ou le marchand n'a qu'un moyen, traiter de gré à gré avec leur chef et lui payer un abonnement. Ce chef a sur eux toute autorité, il a juridiction sur tous ceux de son quartier ; il leur distribue deux fois par mois par personne deux à trois cents sapèques et une livre de petits pains cuits à la vapeur ; il fait bâtonner les récalcitrants par ses commis. La dignité de chef des mendiants qui, paraît-il existait déjà à la capitale il y a dix siècles, est depuis le xviie siècle héréditaire dans plusieurs familles auxquelles les autorités urbaines ont partagé les quartiers de la ville et qui, grâce aux abonnements, ont leur subsistance largement assurée ; elles sont d'ailleurs tenues pour viles et exclues des examens. L'une de ces familles, celle des Tchao, qui réside dans le quartier oriental de la ville tartare, a amassé une fortune considérable et vit dans le luxe, avec de nombreux serviteurs. Dans les villes de province, l'organisation est analogue, et un journal de Chang-haï en citait récemment une aux portes de laquelle le chef des mendiants vient de faire bâtir une élégante maison de plaisance. Quelle aide ces troupes déguenillées, avec leurs cadres tout prêts, peuvent fournir aux fauteurs de désordre, on l'a vu, ou craint de le voir, en 1860, en 1895, en 1900, et je n'ai pas à y insister ; elles ne sont pas, d'ailleurs, ennemies quand même de l'ordre et ne demandent qu'à mendier honnêtement leur nourriture. Ce ne sont ni l'armée ni la police qui pourraient supprimer ces bandes misérables produit d'un état social vicieux, puisqu'elles ne suffisent pas non plus contre un autre fléau, les associations de maraudeurs et voleurs de tous noms et de toutes méthodes, Barbes rouges (*hong-hou-tseu*), Associés du sabre tranchant (*khan-tao-hoei*), Anes saulniers (*yen-liu-tseu*), simples pickpockets, qui dérobent de nuit ou de jour, ou prennent ouvertement, ou cherchent querelle aux voyageurs, aux marchands et profitent de la bagarre pour piller boutiques et greniers à sel. Ces gens ont leur patron céleste, filou renommé, ou célèbre ministre de l'antiquité, comme Koan Tchong (mort en 645 a. C.), divinité fêtée par les Anes saulniers. Ils trouvent aussi sur terre des protecteurs ; les pickpockets ont soin d'avertir respectueusement un notable chef de famille de la région que, si quelqu'un de ses amis ou quelque voyageur d'importance vient à se plaindre d'avoir été volé, ou, pour parler plus honnêtement, d'avoir perdu ses effets, il n'y aura qu'à faire signe à leur chef; les objets perdus seront rendus moyennant une récompense appropriée; mais cette condition même est sous-entendue, selon les rites; cet arrangement s'établit et fonctionne, le notable y gagne d'être à l'abri de ses clients indiscrets, ceux-ci d'organiser régulièrement leur entreprise et les volés de ne pas avoir affaire à la police des yamens qui fait payer des frais, ne recherche pas les voleurs et garde le produit du vol s'il tombe dans ses mains (1). Je vois encore une preuve de l'existence ordonnée de sociétés de voleurs dans l'honnêteté de leurs rapports avec les compagnies d'assurance, *piao-tien*, pour le transport de l'argent, qui versent aux bandes classées tant pour cent sur leurs opérations et auxquelles tout le monde a recours.

Je ne sais si l'Occident connaît aujourd'hui une organisation aussi savante et aussi répandue des malandrins; de même on y voit rarement à l'heure actuelle des bandes dont le chef est connu, ménagé ouvertement par les plus hautes autorités, tenir la campagne, piller quelques-uns des habitants, protéger les autres, surtout contre les mandarins, rentrer ensuite tranquillement dans leurs foyers pour recommencer à la saison suivante, et cela pendant des années. C'est ce qui s'est récemment passé au Seu-tchhoan sous la direction de Yu Man-tseu, ce qui se voit en Mantchourie comme au Koang-si. Ces brigands, poussés par la faim ou l'amour du pillage, touchent par bien des

____

(1) Voir sur ce point et les suivants *les Associations de la Chine, Lettres* du P. Leboucq, 1 vol. in-18, Paris, 1880 (?).

points aux associations de voleurs dont je parlais, et sont aussi sur la limite de la rébellion : l'attitude d'un mandarin, énergique, mais mal soutenu, suffit à les y jeter. Lorsque, presque chaque hiver, on voit reparaître en Mantchourie les voleurs à cheval, *ma-tsei*, lorsque l'on entend parler sur la frontière du Tonkin de ces malfaiteurs que nos journaux coloniaux qualifient de pirates, il est impossible de savoir auxquels on a affaire: c'est qu'en réalité ils sont, suivant l'occasion ou tout à la fois, l'un et l'autre. Si l'on tâche de démêler dans un de ces attentats dirigés trop souvent contre des Européens, et parfois contre des mandarins, quelle est la part des voleurs, des déclassés, mendiants et autres, et quelle est la part des sociétés secrètes, il est presque aussi difficile d'atteindre une solution précise. Ces sociétés, fort nombreuses, sont encore une manifestation de l'esprit d'association; mais, en raison même de leur caractère occulte, la plupart des indigènes ne les connaissent que de nom; ceux qui sont plus intimes avec elles, n'ont garde d'en parler, et les Européens les ignorent bien davantage. Toutefois des missionnaires, en contact immédiat avec la population, ont recueilli quelques renseignements précis. La Société du Ciel et de la Terre, *thien-li-hoei*, la Triade, *san-ho-hoei*, sont puissantes dans le sud; le Lotus blanc, *pai-lien-kiao*, qui a changé de nom bien souvent, remonterait au début du XIXᵉ siècle ; en 1813 ses sectateurs occupèrent un moment le Palais impérial, en 1850 ils firent cause commune avec les *Tchhang-mao* (*Thai-phing*); recrutés d'abord au Ho-nan, ils se sont étendus dans toutes les provinces voisines; les adeptes prêtent un serment terrible, sont soumis à de longues épreuves avant d'arriver aux grades; encore les titres, même les plus humbles, sont d'accès difficile aux lettrés, suspects de pactiser avec le gouvernement. La société a une hiérarchie complète depuis les simples initiés jusqu'au chef de la province que l'on appelle roi et qui est élu par ses subalternes ; ceux-ci achètent leur office ; tous les inférieurs doivent des cadeaux à leurs supérieurs aux époques rituelles de l'année, et le poste de roi donne le moyen de faire fortune. Des enfants volés par la société, élevés par les fidèles, arrivent aux plus hautes dignités. Les femmes sont admises, montrent généralement une grande ardeur, et si par hasard dans un ménage les deux époux sont sectateurs, la date d'admission confère au plus ancien les droits de chef de la maison, sans tenir compte du sexe; chargées souvent de missions de confiance, les femmes ne peuvent toutefois arriver aux emplois. Un culte rendu à la Vieille Mère sans origine, *Oou-cheng-lao-mou*, des cérémonies, un corps d'illuminés, *ming-jen*, des promesses pour la vie future complètent cette secte qui est bien vue d'une partie de la population. Les *Tsai-li* (confrérie de la Raison), dont les *Ta-tao* (Grands Couteaux) semblent n'être qu'une branche, ont pris naissance à Thien-tsin, peut-être au xviiᵉ siècle, et ont d'abord compté dans leurs rangs beaucoup de musulmans ; depuis trente ans ils se sont multipliés et étendus ; l'on affirme que beaucoup de clercs de yamen, des mandarins même, y sont affiliés et, dans le peuple comme parmi les voleurs de grand chemin, on rencontre fréquemment la ceinture blanche qui sert de signe de reconnaissance. Formée d'hommes résolus, cette société semble des plus redoutables et, à la différence des frères du Lotus blanc, marque souvent une antipathie violente contre les étrangers; l'abstinence du vin, du tabac, de certaines viandes, la confection par les chefs d'un aliment mystérieux vendu au poids de l'or et tenu pour un talisman, donnent à cette secte un caractère mystique. Les sectateurs de la Drogue d'immortalité (*kin-tan*), les *Ko-lao*, les Végétariens coupables du massacre de plusieurs Occidentaux à Kou-tchheng en 1895, ont des observances analogues et sont peut-être d'autres noms de ces sectes ou de quelques-unes de leurs branches : car les noms, les règles, le but poursuivi se transforment, tant sous l'influence des chefs qui modèlent à leur idée des doctrines peu précises, que pour échapper à la surveillance trop directe des autorités. Celles-ci pourtant, parfois de connivence, souvent indifférentes, ne montrent d'indiscrétion que si quelque affaire grave les y force, et ne tardent pas à rentrer dans leur somnolence.

L'on voit combien, dans ces associations, les idées les plus différentes se touchent, les manifestations les plus opposées s'enchaînent. Des vulgaires bandes de mendiants ou de voleurs, nous arrivons par une transition insensible à des sectes semi-religieuses, et partout nous voyons ou nous soupçonnons des organismes analogues, issus du même besoin de cohésion. Les gens paisibles s'associent pour défendre leurs moissons contre les maraudeurs (*lshing-miao-hoei*), pour se soutenir dans les procès injustes par lesquels certains lettrés ou notables tyrannisent leur voisinage (*koan-seu-hoei*) ; il y a des sociétés de pompiers (on les accuse d'allumer parfois des incendies), de sauveteurs qui repêchent les noyés et leur donnent une sépulture décente, d'hommes qui prennent charge d'entretenir les tombeaux abandonnés ; il y a même des confréries uniquement féminines, dont les membres se réunissent pour brûler de l'encens, pour chanter en l'honneur des divinités, vont isolément ou par groupe visiter les malades, faire les prières de la huitaine ou de l'anniversaire pour les morts

Dans toutes ces associations multiformes on trouve quelques principes communs : des cotisations souvent minimes, des assemblées suivies de réjouissances, des patrons célestes nationaux ou étrangers, hommes célèbres ou inconnus, héros ou malfaiteurs, Oen-oang (1) ou Ti-tsang phou-sa (Kchitigarbha bodhisattva) (2), Soen Oou (3) ou le Dieu du Foyer (4), Liu Pou-oei (5), Si-men Pao (6) ou Meng Tchhang-kiun (7).

On comprend que la psychologie un peu courte, sans doute à dessein, du gouvernement chinois ait confondu avec les réunions des sociétés celles des fidèles des diverses religions de l'Empire, celles même des lettrés. Ceux-ci, sous la dynastie actuelle, ne peuvent s'assembler dans les collèges, jadis centres de vie intellectuelle, pour y commenter des textes et y discuter des points de morale ; ils doivent se borner à écrire des compositions et à se préparer par là aux examens ; sur les revenus du collège, on décerne des prix de quelques taëls aux meilleurs ouvrages : c'est là un reste des associations de lettrés, auxquelles la politique impériale a su enlever toute existence active et publique. Les cérémonies des cultes taoïste et bouddhique, du moment qu'elles ont lieu dans l'intérieur du temple, sont mal vues, tandis que les processions publiques sont partout tolérées ; les prédications aux fidèles bouddhiques sont interdites pour la même raison, de crainte que les temples

(1) Ancien souverain chinois (1231-1135).
(2) Divinité bouddhique.
(3) Auteur d'un ouvrage sur l'art militaire (vie s. a. C.).
(4) Divinité taoïste.
(5) Conseiller du royaume de Tshin (mort en 235 a. C.).
(6) Mandarin célèbre par sa perspicacité et son énergie (ve s. a. C.).
(7) Courtisan antique, renommé pour son adresse à se tirer des mauvais pas (mort en 279 a. C.).

ne deviennent des centres, les bonzes et les *tao-chi* des chefs pour les mouvements populaires ; et on a su si bien énerver et abrutir le clergé de ces deux religions, lui retirer toute action sur le peuple, que pareille crainte semble chimérique aujourd'hui.

C'est là aussi qu'il faut chercher l'un des motifs de l'animadversion constante montrée par le gouvernement contre les chrétiens : ceux-ci, en effet, se réunissent entre eux pour célébrer des cérémonies qu'ils n'aiment pas à exposer aux yeux des païens, pour écouter des exhortations conformes à la morale chinoise sur certains points, singulièrement opposées sur d'autres ; ce serait assez pour les rendre suspects, n'y eût-il même pas le sentiment anti-étranger et la présence des femmes aux assemblées. Malgré l'opposition dissimulée ou violente du gouvernement et d'une partie du peuple, les chrétiens, soutenus par le zèle des missionnaires étrangers, se sont multipliés ; ils ont trouvé pour leurs églises une forme toute prète, celle de la plupart des associations. Les chrétiens de chaque village forment une communauté désignée par un nom chinois, qui s'applique à beaucoup d'autres sociétés purement chinoises, et parmi celles-ci, à un grand nombre ayant pour but déclaré de venir en aide à leurs membres et de les encourager au bien ; les communautés chrétiennes, tout en se conformant à leur morale religieuse, peuvent ne pas s'écarter des principes nationaux. Les chrétiens se réunissent dans la maison de l'un deux ou dans l'église, comme les autres sociétés s'assemblent pour leurs fêtes privées et leur culte spécial ; ils ont à leur tête quelques notables, *pan-chi-jen*, et un président, *hoei-tchang*, dont le nom est presque semblable à celui des syndics de corporation, *hoei-cheou* ; dans les attributions de ces notables, aussi bien que dans celles du prêtre qui visite de temps en temps chaque communauté, l'idée occidentale de discipline apparaît : leur pouvoir de conseil, d'admonestation, de direction semble bien mieux admis que celui des chefs dans les associations indigènes. Enfin, l'Église est même propriétaire de biens-fonds où sont construites les salles pour le culte, l'école, la pharmacie, la résidence ; la propriété de ces biens est établie par des titres en règle, dressés au nom de la communauté chrétienne, conformément aux coutumes et aux traités. Ces jeunes Églises chrétiennes ont su entrer dans le moule chinois, comme l'ont fait les communautés nestoriennes à des époques de plus grande tolérance, comme l'ont fait aussi les communautés musulmanes qui se répandent et se développent sans entraves. Si ces dernières jouissent d'une pareille liberté, malgré l'opposition marquée qui existe entre l'esprit de l'Islam et l'essence même du gouvernement chinois, si au contraire les communautés chrétiennes sont aussi souvent en butte aux tracasseries, aux violences, il faut donc que la cause en soit l'intervention fréquente, l'inspection du prêtre qui veille à la pureté de la doctrine, qui arrête l'intrusion des idées et des pratiques chinoises : c'est dire que dans le christianisme le Chinois redoute et hait l'influence étrangère.

Quoi qu'il en soit, la tolérance accordée à des communautés non chinoises, telles que celles des musulmans et même des bouddhistes, n'a pas laissé de soulever plus d'une protestation de la part des défenseurs zélés du système social chinois ; il y a eu des tracasseries, des persécutions. C'est que la Chine tient surtout aux préceptes que ses sages lui ont inculqués, c'est que le gouvernement s'est presque toujours fait, et surtout dans les temps modernes, le défenseur du système confucianiste et qu'il l'a pris pour base.

Aussi laisse-t-il les associations prendre tout leur développement, vivre à leur guise, pourvu qu'elles ne s'occupent pas de principes sociaux ou moraux et qu'elles bornent leur activité à la vie pratique et quotidienne ; il redoute bien moins les faits accomplis, fussent-ils des empiétements sur ses droits, que les idées et les théories. Nous allons vérifier l'exactitude de cette assertion, en étudiant de plus près les plus importantes des formes d'association.

II

Lorsque les Français, les Anglais et les autres Européens installèrent leurs factoreries à Canton, à partir du commencement du xviiiᵉ siècle, ils trouvèrent en face d'eux non des individus isolés, mais une corporation. Tous rapports avec les indigènes leur furent, en effet, interdits par une autorité méfiante ; parqués dans l'étroit espace des treize factoreries, ils n'en pouvaient sortir qu'accompagnés d'un interprète indigène, trois fois par mois, à jours fixes ; aussitôt que le thé était embarqué, ils devaient quitter la ville ; ils n'étaient pas autorisés à engager des maîtres pour apprendre la langue du pays, ils recevaient leurs serviteurs et leurs employés de la main des marchands *hannistes*. C'est le nom que porta en français la corporation à qui fut donné le privilège du commerce avec les barbares ; le nombre de ces marchands varia de un à quatorze, ils retirèrent donc de gros profits de leur monopole. Cependant ces avantages étaient compensés par de lourdes obligations ; placés sous la présidence du *hoppo* (ainsi les Européens nommèrent le directeur des douanes de Canton, fonctionnaire envoyé de Péking par l'Intendance de la Cour), soumis à des règles sévères, responsables auprès des autorités de tous les faits et gestes des étrangers, les *hannistes* étaient sans cesse en butte aux exigences pécuniaires du *hoppo*; l'exportation n'atteignant pas le total de l'importation, surtout à partir de l'introduction de l'opium, ils contractèrent à l'égard des étrangers une dette toujours accrue qui créa un malaise toujours grandissant. Des mesures violentes prescrites par le *hoppo* à diverses reprises, augmentation des droits, suspension du commerce, mise à mort de Chinois devant les factoreries, détention et exécution de plusieurs étrangers, le manque de toute règle constante pour les rapports et les transactions, enfin la faillite des *hannistes*, la destruction des caisses d'opium, amenèrent la guerre dite de l'opium, l'ouverture des cinq ports (Changhai, Ning-po, E-moui, Soa-tao, Canton) et la suppression de toute corporation privilégiée pour le commerce avec les Européens.

C'était là pour les Chinois revenir au droit commun. La Chine, en effet, si elle afferme la perception de certains impôts, droits de *li-kin,* taxes sur les jeux, ne connaît pas de monopoles commerciaux, à la seule exception près de celui des marchands de sel, dont le privilège est grevé de lourdes charges et assure, sous une forme ou sous une autre, depuis l'époque des Song (1018), la rentrée de l'un des plus fructueux impôts de l'Empire; les fermes de la gabelle et celles du commerce étranger, étroitement unies, avaient constitué jusqu'au xive siècle deux sources importantes de revenus et ce sont sans doute ces souvenirs, autant que le sentiment anti-étranger si vif depuis la domination mongole, qui avait en 1702 fait créer le monopole des « marchands de l'Empereur ». Mais, d'ailleurs, les marchands jouissent à l'égard de l'État d'une grande indépendance : en dehors des droits d'octroi et de production qui atteignent non le marchand, mais la marchandise, le commerçant ne paie pas d'impôt; pas de patente annuelle, un droit une fois payé pour l'ouverture de la boutique, quelques contrats favorables à l'administration, quelques pots-de-vin distribués, et rien de plus. Pas d'ingérence d'une autorité quelconque dans le prix des denrées, dans les contrats entre patrons et ouvriers, pas de juridiction commerciale officielle, aucune protection, aucune entrave; à tel point que c'est l'usage local du commerce qui détermine la longueur du pied, le nombre d'onces à la livre, de sapèques à la ligature, le poids du taël, la tolérance sur le titre de l'argent; le fait commercial est chose purement pratique, il n'a pas d'existence légale ni juridique.

L'organisation privée du commerce suffit à tout. J'ai dit ailleurs comment les commis et apprentis sont groupés dans chaque maison autour des patrons qui ont fait le même apprentissage, passé par les mêmes degrés; comment les patrons de chaque métier forment une corporation qui a sa caisse commune, ses syndics à la fois administrateurs et arbitres, son culte dont les sacrifices réunissent et la corporation et les commis. La corporation est ainsi une aristocratie qui se recrute parmi la masse des gens de boutique, une oligarchie au milieu d'un peuple. Elle a pour mission de fixer les règles générales du commerce, de juger les différends entre les membres, de défendre les intérêts communs; et elle fait respecter ses décisions par des amendes, par le boycottage, par la grève. Celle-ci est un moyen infaillible; en effet, la suspension des affaires intéresse tout le peuple, suspend sa vie; la

foule inoccupée, mourant de faim, s'agite bientôt, et les
troubles sont la terreur du mandarin qui dispose de forces
insuffisantes, qui d'ailleurs a pour devoir d'administrer
pacifiquement, comme un père et une mère règlent leur
famille, et surtout de ne pas causer d'ennuis à ses supérieurs. Jamais les autorités ne songent à faire ouvrir les
boutiques par mesure de police, à faire distribuer les denrées alimentaires par leurs clercs et leurs valets de yamen:
elles n'ignorent pas que, les malversations aidant, elles ne
feraient que mettre le comble au désordre ; seulement, en
temps de famine, la tradition consacre l'ouverture des greniers publics, la distribution, la mise en vente à bas prix
de leur contenu. En tout autre cas, l'opinion est contraire
aux mesures impératives et, en temps de crise, l'opinion
violentée se venge par des troubles. Les autorités centrales
ou locales n'ont alors qu'à chercher un terrain de conci-
liation. La grève et le boycottage assurent l'indépendance
de la corporation, au besoin consacrent sa tyrannie ;
comme elle ne sort jamais du cercle des intérêts pratiques,
l'État se contente de résister autant qu'il peut à l'une, il
n'a jamais songé à rogner l'autre.

Un autre genre d'associations qui marquent encore plus
dans les villes chinoises, ce sont les associations provinciales, *hoei-koan* ; les hôtels importants qu'elles possèdent
et où elles tiennent leurs réunions, les rendent familières
aux habitants de Péking, et les cochers connaissent bien
l'hôtel du Tche-kiang, celui du Koang-tong ; non seulement les provinces, mais un grand nombre de villes ont
leurs clubs dans la capitale ; j'en ai compté plus de cent
cinquante dans un guide de Péking.

Il n'est pas d'ailleurs de ville qui ne renferme quelques
clubs analogues : Yi-tchhang en a plusieurs, Tchhong-

khing n'en compte pas moins de huit représentant les provinces de Koang-tong, Fou-kien, Tche-kiang, Kiang-nan, Chàn-si, Chan-si, Kiang-si, Hou-pei et Hou-nan, et leurs hôtels, renfermant des jardins, des salles de réunion d'usage commun ou réservées à telle ou telle section, un temple, un théâtre, sont parmi les plus somptueux monuments de la ville (1). Il ne s'agit pas là de réunions amicales ou littéraires, comme le Dîner celtique, la Pomme, ou même les Félibres ; les associations provinciales chinoises ont une autre portée. Pour le Chinois, la patrie n'est pas l'Empire, mais la province, plutôt encore le district d'où il est originaire : quelle que soit l'unité de la langue écrite et savante, de l'éducation, des principales traditions, des coutumes dans leurs traits généraux, le Chinois, en quittant sa province, trouve un dialecte différent, parfois vraiment une langue différente ; les coutumes quotidiennes, les divinités, les fêtes traditionnelles sont autres en grande partie ; l'homme du Koang-tong que la vie amène au Chan-si, y est aussi dépaysé que le Napolitain transplanté à Lille ou à Mayence et, comme il arrive entre nations européennes diverses, le Chinois du nord n'a pas assez de moqueries pour le *Man-tseu*, le barbare du midi, qui le lui rend bien et l'appelle un *Ta-tseu*, un Tartare. Quitter la province natale, c'est émigrer à l'étranger, dans un milieu presque toujours hostile : car le Chinois méprise et craint tout ce qu'il ne connaît pas ; le protectionnisme moral, industriel, appliqué au travail, est pour lui un dogme et s'exerce, non seulement de province à province, mais de district à district. Dans une localité donnée, les étrangers (je veux dire les gens des autres provinces) que réunit la communauté d'ori-

1. *The Blackburn China Mission*, II. p. 307, I, p. 45, etc.

gine, sont naturellement amenés à se grouper pour faire face à la malveillance générale ; parmi eux, les plus nombreux sont naturellement les marchands que leur profession même fait sortir du pays ; on y rencontre aussi des artisans et beaucoup de ces gens qui, n'ayant pas d'industrie spéciale, louent leurs bras pour des travaux de force ; le Chan-tong fournit au nord de la Chine un contingent important de manœuvres exerçant des métiers faciles, pénibles, peu rétribués ; comme nos Limousins, un bon nombre retourne au pays chaque année à l'époque du chômage hivernal, et presque tous, après avoir amassé un léger pécule, y vont finir leurs jours. Enfin, formant la tête de l'association, il y a des mandarins de tout rang : car le mandarin se rencontre partout, sauf dans sa province natale, où la loi lui interdit l'accès des charges, et partout il garde le souvenir de son origine, l'amour du sol où il est né, l'attrait pour les vrais compatriotes. Tous portent avec eux leurs goûts, leurs mets nationaux, dont ils se délectent aux jours de fête, leurs cultes, leurs amusements, leur théâtre. Péking a des troupes de diverses provinces qui jouent en dialectes provinciaux des pièces provinciales pour des publics de provinciaux.

Les gens d'une même origine forment ainsi, là où le sort les réunit, une petite société fermée, ou plutôt un petit monde, puisque toutes les classes de la société, sauf les cultivateurs, y sont représentées. Le règlement de l'association de Han-yang à Yi-tchhang constate et fixe la situation des divers membres suivant leur condition sociale : les maisons de commerce paient 3 p. 1000 de la valeur des marchandises qui passent par elles, sur production de leurs livres ; les jonques appartenant aux membres sont taxées suivant leur tonnage (300 sapèques pour les plus petites), les employés versent 2 p. 100 de leur salaire, les ouvriers 30 sapèques par mois. Les caisses de l'association sont encore remplies par les droits d'entrée (1.000 sapèques pour un ouvrier), par les droits spéciaux versés pour chaque maison qui se fonde, pour chaque succursale qui s'ouvre, pour chaque entreprise où entre un membre. On trouve des règles analogues à Soa-tao ; de plus, nombre d'associations ont des propriétés et des revenus. Ces corps ont un but avant tout pratique : ils sont des sociétés de secours ; le grand marchand, le mandarin emploient leurs compatriotes, les recommandent, leur viennent en aide de toutes façons. Une association assez nombreuse et assez riche ne manque jamais d'élever un temple, qui est surtout un dépôt pour les cercueils : le Chinois veut, en effet, reposer dans son sol natal ; s'il meurt au loin et si les circonstances empêchent momentanément de le rapporter auprès de ses ancêtres, son cercueil restera, parfois dix ans et plus, au temple national, jusqu'à ce que les siens soient en mesure de mettre fin à son exil ou jusqu'à ce qu'un compatriote lui rende par charité le même service. C'est un temple de ce genre, dit la pagode de Ning-po, situé sur la concession française à Chang-haï, qui à plusieurs reprises a donné lieu à des mouvements insurrectionnels assez graves (1874, 1898) et à des négociations laborieuses. L'un des objets et non le moindre, que l'on a en vue, c'est la protection mutuelle contre la rapacité des fonctionnaires et les *squeezes* ingénieuses inventées par eux-mêmes ou par leurs subordonnés : là où l'homme isolé serait ruiné, l'association résiste. Il est donc de l'intérêt de chacun d'en faire partie ; d'ailleurs une association n'admet pas qu'aucun homme de sa province, de sa préfecture lui échappe : chacun est tenu de faire connaître, à mesure qu'il l'apprend, l'arrivée de nouveaux compatriotes et reçoit, si son rapport est le premier, une partie de leurs souscriptions.

Un aspect important des sociétés provinciales est le suivant. Il est très fréquent que, par suite d'une aptitude spéciale, pour des raisons économiques de production ou de consommation, les gens d'une province usurpent dans telle ou telle localité un monopole commercial ou industriel. C'est ainsi qu'à Péking un bon nombre de marchands de thé sont du Ngan-hoei, tandis que tous les porteurs d'eau viennent du Chan-tong; la plupart des banquiers dans tout l'Empire sont originaires du Chan-si; le Hoei-tcheou-fou fournit des comptables et des chefs à un grand nombre de banques et de monts-de-piété. Ces privilèges de fait se rencontrent dans toute la Chine, dans les grandes villes comme dans les moins importantes; ils sont dus en partie à la force de cohésion entre compatriotes, à l'aide qu'ils se donnent les uns aux autres; lorsqu'un tel monopole a pris naissance, lorsqu'il a pour lui la possession d'état si puissante en Chine, il est presque impossible à un étranger de forcer les portes de la corporation; l'association provinciale tout entière fait cause commune avec elle. En fait, beaucoup d'associations provinciales sont en même temps des corporations, elles en ont la constitution, le culte, les habitudes, les règles. Comme la corporation, la société provinciale exige le secret absolu sur les délibérations, sur les décisions, prises d'habitude sous la pression de quelques membres influents; elle exerce une juridiction sur ses membres, sert d'arbitre dans les litiges, impose des amendes, expulse, c'est-à-dire condamne à mourir de faim, les récalcitrants. Parfois, ainsi celle du Koang-tong à Fou-tcheou, elle s'arroge un véritable droit de justice : les délits ordinaires commis par les membres donnent lieu d'abord à une enquête faite par les syndics, et seulement d'après la sentence de ceux-ci, les coupables sont remis à l'autorité officielle. Cette dernière ferme les yeux, ayant intérêt à ménager des corps puissants par leurs capitaux, par le nombre de leurs adhérents, par le crédit des mandarins compatriotes, par les relations avec la province d'origine et les associations de même nation. Les syndics discutent avec les mandarins locaux l'assiette et la perception des taxes, l'organisation des pompiers et des milices, la levée des fonds de secours; ils jouent le rôle, dans les diverses provinces de l'Empire, des consuls, des chambres de commerce dans les États occidentaux. Des sociétés semblables se forment à l'étranger et, à Haïphong, à Saïgon, à Singapour, les administrations étrangères tiennent souvent compte de l'opinion, de l'attitude des chefs des communautés chinoises. La multiplicité de ces associations divise leurs forces et les rend moins redoutables; si elles n'attaquent pas l'unité de l'Empire, elles sont du moins l'un des signes les plus visibles de ce provincialisme vivace qui lui est directement opposé.

III

Le Chinois, s'attachant si fortement à ceux de qui le rapprochent les hasards du commerce ou de l'émigration, est uni par un lien bien plus solide à ceux près desquels il est né. L'agriculteur sédentaire ne demeure pas plus isolé que le marchand établi au loin; comme l'un a sa corporation, l'autre a sa commune; et puisque la masse du peuple chinois est formée d'agriculteurs, les communes rurales, bien que moins importantes prises séparément, et moins visibles aussi que les corporations et les associations provinciales, ont dans le corps social un rôle qui n'est pas moins grand. Ces communes ont eu sans doute une vie plus longue déjà que celle des corporations : de celles-ci, en effet, je n'ai trouvé aucune mention un peu nette avant le xvie siècle, tandis que les premières ont commencé de se former au xie, sous l'impulsion de quelques-uns des philosophes de l'école des Song. Certains de ces sages, et des plus grands, les frères Tchheng, Tchou Hi, ont écrit des préambules pour les contrats d'union de quelques communes : car ces associations se sont formées par .contrat librement consenti entre les intéressés, sans intervention de l'autorité, sans charte octroyée par un seigneur ou débattue avec lui, comme il arrivait pour nos communes occidentales ; elles ne revendiquaient pas les droits appartenant à des supérieurs, elles se bornaient à unir les ressources de leurs membres. Les préambules nous les montrent principalement comme des sociétés de prévoyance et de secours mutuels, en même temps que de moralisation ; des familles voisines se réunissent par cinq ou dix, se promettant « de s'exciter à la vertu, de reprendre mutuellement leurs fautes, d'user des rites dans leurs rapports, de se venir en aide dans la détresse » ; on ouvre trois registres pour y inscrire les noms des membres, leurs bonnes actions, leurs fautes ; on choisit des « quinteniers », des dizeniers ; les associations s'agrègent par dix avec un centenier ; celles d'un même village ou de plusieurs villages voisins se forment en commune avec un syndic, qui est d'habitude un ancien fonctionnaire, un lettré, un vieillard. La commune prend pour centre une bonzerie ou un temple taoïste, dont les divinités lui servent de patrons ; elle a ainsi la consécration du culte essentielle aux yeux du peuple, mais elle est avant tout un organisme civil, qui fait la police de ses membres et de son territoire, qui édifie son école et son grenier publics.

Les associations de familles par cinq ou par dix sont aussi vieilles que la civilisation chinoise, mais celles de l'antiquité étaient formées par l'État, d'autorité, sans consentement des populations et destinées uniquement à faciliter la police, la perception de l'impôt, la levée des hommes pour la corvée et l'armée; tombées en désuétude, ou au moins effacées pendant plusieurs siècles, un célèbre politicien et réformateur du xie siècle, Oang Ngan-chi, tenta en vain de les remettre en usage sous leurs vieilles formes et avec leurs vieilles tendances, qui n'étaient autres que celles d'un socialisme d'État. Mais justement à la même époque, ou peu auparavant, les philosophes les préconisaient en leur infusant un esprit nouveau, esprit de solidarité librement consentie, et là où le politicien échoua, les philosophes réussirent : la Chine est couverte de ces associations (tout village a la sienne, dans le nord et le centre tout au moins), qui du reste ont dévié depuis leur origine, aussi bien dans leurs rapports avec l'État que dans leur régime interne. Ce *self-government* local facilitait trop l'action du gouvernement pour qu'il ne tâchât pas de s'en servir; les « quinteniers », les dizeniers de jadis se sont transformés, du moins la filiation semble bien vraisemblable, en ces agents du sous-préfet, choisis par lui et que l'on nomme suivant les régions *hiang-li, li-pao, li-fang*; à ce changement, ils ont beaucoup perdu en considération (1);

---

(1) Il faut noter toutefois que ceux de la province du Ngan-hoei sont admis à se présenter aux examens, alors que ceux des autres régions en général n'y sont pas autorisés.

pris parmi les gens les plus pauvres et les moins considérés du village, ils reçoivent un léger salaire du yamen et ils le grossissent de toutes les extorsions qu'ils peuvent faire subir aux familles de leur ressort. S'il se produit quelque différend que l'entremise des notables ne parvienne pas à trancher, le *li-pao* joue devant le sous-préfet le rôle d'un témoin privilégié ; sa déclaration compte plus que celle d'un autre ; en cas de crime, il saisit les coupables et les mène au mandarin, de concert avec les valets du yamen, il exécute les mandats d'amener ; s'il ne réussit pas à arrêter les inculpés, il est responsable, jeté en prison, battu. Si quelque corvée est à exécuter pour une réparation de digue, pour le transport d'un mandarin, si le magistrat vient au village pour une enquête, avec toute sa suite de clercs et de valets, les *li-pao* doivent trouver les logements, rassembler les bêtes de somme, fournir les hommes, satisfaire aux exigences de tous, justes ou injustes (et ces hôtes encombrants ne manquent pas de réclamer ce qui ne leur est pas dû). C'est eux qui poursuivent les contribuables en retard : la solidarité du village pour l'impôt, admise en Annam, n'est en effet pas reconnue par la loi chinoise ; c'est eux qui font lever les taxes communales, quand le sous-préfet prescrit à la commune de s'imposer pour un objet d'utilité générale, réparation de digues, destruction de sauterelles, ou autre ; c'est encore eux, d'après le code, qui sont punis si les habitants du village laissent leurs terres en friche. Les *li-pao* ne sont donc plus les chefs en second de la commune, mais les agents du sous-préfet auprès d'elle, situation difficile, quand la population est violente et refuse de payer l'impôt, ce qui n'est pas très rare ; l'association rurale est ainsi reconnue en fait par l'État et elle est devenue un rouage du gouvernement.

Pour l'organisation interne, la commune a cessé d'être une association libre ; tout habitant du village est tenu d'en faire partie, celui qui en serait chassé ne pourrait continuer de résider dans le village, où la vie lui serait impossible. Ce n'est pas l'autorité qui impose cette obligation, c'est la commune elle-même : elle ne peut admettre que quelqu'un se dérobe à sa quote-part des charges. L'association rurale comprend donc tous les habitants du village, non seulement les chefs de famille (et nous verrons plus loin ce qu'il faut entendre par chef de famille), mais tous les adultes mâles, ne fussent-ils pas *sui juris*; elle comprend non seulement les cultivateurs, propriétaires comme fermiers, mais tous les hommes qui vivent d'un autre métier; elle comprend même les femmes, s'il s'en trouve, ce qui est rare, qui ne soient sous la puissance ni d'un père ni d'un mari et ne soient pas représentées par un fils; il est vrai qu'alors la femme se borne à acquitter sa part des dépenses et n'assiste pas aux assemblées. Dans la même situation que les femmes, payant les taxes, jouissant de la protection de la commune, mais ne délibérant pas, se trouvent les aubains; en effet, la commune n'est ouverte de droit qu'à ceux qui sont nés dans le village, ou du moins dont la famille est indigène; celui qui vient d'un autre village est comme l'aubain de notre ancien droit; la commune ne lui doit rien, ne le connaît pas ; on refuse de lui vendre de la terre, on peut même lui refuser l'eau, c'est-à-dire l'expulser. Obtient-il de s'établir, ce n'est jamais qu'une concession précaire, dont la durée dépend du consentement tacite de tous; ce n'est qu'après vingt ans de séjour que l'administration, le tenant pour naturalisé, accorde à ses enfants le droit d'examen (1) : il

(1) On est toujours examiné comme homme de tel village, dépendant de telle sous-préfecture.

faut plusieurs générations pour que la différence soit oubliée par les habitants eux-mêmes. On voit ici combien est enraciné le particularisme chinois et combien difficile est la situation de l'aubain, de l'homme isolé.

L'esprit de solidarité est, en effet, l'un des traits les plus saillants du caractère chinois ; nous en avons vu jusqu'ici bien des exemples, mais ses effets les plus sensibles apparaissent peut-être dans la vie communale, et, à la ville, dans les simples relations entre voisins, car les communes sont toutes rurales (2). Tous les habitants du village, pauvres et riches, mandarins retirés et simples cultivateurs, vivent dans la commune sur le pied d'une complète égalité ; il n'est pas d'autre différence que celles de l'âge, de cette influence personnelle dont les causes sont aussi obscures en Chine qu'ailleurs. L'égalité ne se sépare pas de certaines idées un peu communistes ; la fortune, les hautes situations aux yeux du vulgaire ne sont pas le résultat du travail, du mérite personnel, elles n'appartiennent pas en propre à l'individu ; celui-ci n'est qu'un dépositaire à qui le destin inexplicable, mais toujours motivé, a remis tous ces biens ; si l'on va au fond des choses, le riche usurpe sur le pauvre, et le secours qu'il lui donne, il le lui doit ; le puissant usurpe sur le faible, et l'aide qu'il lui prête, il la lui doit également. Telle est la morale populaire, celle par conséquent des communes rurales : aussi chacun n'hésite pas à réclamer au voisin ce qu'il tient pour son dû ; si le voisin est riche, il lui est difficile de ne pas s'exécuter. Beau-

(1) Toutefois, à Tchhong-khing, le sous-préfet est assisté pour certaines affaires d'un conseil des notables, nommé *pa-cheng* et représentant, paraît-il, les intérêts des immigrants qui ont repeuplé la ville au xvie ou au xviie siècle ; ces immigrants venaient de huit provinces différentes *pa-cheng*, d'où le nom du conseil.

coup de mandarins retirés ne reviennent jamais au village
où ils sont nés et où ils seraient en butte aux demandes des
voisins, à celles, plus instantes, de leur famille. La commune est ainsi, ou doit être, une grande famille; encore
comme dans une famille, chaque membre croit avoir le
droit, bien plus, le devoir, de surveiller les autres. La force
presque irrésistible de l'exemple est une des théories chères
à la psychologie chinoise; chaque homme est responsable,
non seulement de ses actes, mais des exemples qu'il donne
et, par suite, dans une large mesure, des actes de tous : il a
le droit, le devoir de les surveiller, puisqu'il y a une certaine
part. Cette conception, qui se retrouve hors de Chine dans
les associations fondées sur un principe moral, comme est
toute la société chinoise, est développée en Chine jusqu'à
ses extrêmes limites. D'après les idées populaires sur le
droit, non seulement le rebelle et sa famille sont anéantis,
mais ses voisins partagent son sort; ils n'ont pas pu ne pas
contribuer, si peu que ce soit, à créer tout au moins l'état
d'esprit du coupable. Aussi la maison chinoise est fermée
matériellement, on y pénètre moins que dans la maison
européenne ; mais elle n'a pas d'intimité, tout ce qui s'y
passe appartient au public : de quel droit mon voisin veut-
il me cacher ce qui se fait chez lui ? s'il dissimule quelque
chose, c'est qu'il fait mal; et pour ne pas être soupçonné,
il n'y a rien de tel que de laisser tout savoir. S'il y a des
dissensions dans une famille, si une belle-mère abuse des
mauvais traitements à l'égard de sa bru, la commune, les
voisins sont en droit d'intervenir, de rétablir la paix ou d'y
tâcher. Les intéressés les appellent eux-mêmes; les hommes,
les femmes surtout sortent devant la porte, parfois montent sur le toit de la maison; d'un ton de voix suraigu, qui
est particulier à ces occasions et qui ressemble au fausset

théâtral, on appelle « les voisins de l'est et les voisins de l'ouest », on expose les griefs, on charge l'adversaire et ses ancêtres des injures les plus grossières, on ressasse pendant des heures jusqu'à extinction de voix. La foule s'amasse, s'interpose, chacun dit son mot, départ les torts; on empêche tout au moins d'en venir aux mains et souvent on calme la querelle.

La juridiction des chefs de la commune émane de cette juridiction instinctive du voisinage, elle la résume et n'a pas plus d'autorité qu'elle : c'est un simple arbitrage, mais avec le pouvoir que la solidarité donne à l'opinion du groupe, cet arbitrage pèse singulièrement sur les individus et dépasse les querelles de ménage ou de mur mitoyen. Il n'est pas jusqu'aux questions de vol et de meurtre que l'on ne tâche de régler entre soi : on y gagne tout au moins d'écarter le sous-préfet et toute sa suite. Tout cependant ne se termine pas de la sorte et il y a des affaires qui vont jusqu'aux tribunaux. La commune fait aussi la police sur son territoire, elle réglemente les conditions du pâturage; au temps où la récolte est sur pied, elle fait garder les moissons; elle accueille ou chasse les aubains; elle arrête les vagabonds et les voleurs, les expulse, les bâtonne à son gré dans l'enceinte du temple, et s'ils meurent, l'autorité n'en a cure. Le pouvoir communal se manifeste encore par l'établissement de taxes qui sont parfois levées sur la proposition du sous-préfet, le plus souvent sur l'initiative des membres, pour faire face aux dépenses d'entretien des digues, destruction des sauterelles, construction ou réparation des temples. La bonzerie est, en effet, le centre du village; elle sert de lieu de réunion et c'est sa cloche qui appelle à l'assemblée communale; elle appartient, terres et bâtiments, à la commune, dont elle est habituellement le seul patrimoine et pour qui

elle a été construite soit à frais communs, soit grâce aux dons
de riches particuliers. Le bonze desservant, unique, sauf
dans les localités d'importance, est choisi par l'assemblée
communale ; il vit du produit des champs qui forment le
domaine du temple, et y joint ce qu'il reçoit d'aumônes ;
s'il jouit d'un peu de considération, il le doit à ses qualités
personnelles et nullement à son caractère religieux, qui
n'en impose guère au peuple. Celui-ci n'a aucune estime
pour les prêtres, mais il se sert d'eux pour obtenir la protection des bouddhas et des esprits de son temple ; ce sont
ces personnages, célestes ou infernaux, qui accueillent les
âmes des morts d'humble condition, leur font accomplir le
long et difficile voyage pour atteindre le paradis occiden-
tal, ou les jugent et les condamnent à des supplices terribles ;
c'est encore à eux que l'on demande la fin de la sécheresse
ou de la pluie, que l'on adresse les remerciements pour la
récolte. Il faut donc ménager ces protecteurs puissants ;
les prières individuelles ne leur suffisent pas ; toute commune qui n'est pas dénuée de ressources tient à honneur
de faire des processions, d'offrir à ses dieux, une ou deux
fois l'an, le plaisir du théâtre, dont ils sont aussi friands que
leurs fidèles.

Ces fêtes religieuses sont la cause la plus fréquente des
dissensions entre chrétiens et païens ; les premiers tiennent
à rester dans la commune, y paient régulièrement les taxes,
sauf celles qui ont trait à des pratiques superstitieuses : la
conscience le leur interdit et les traités avec la France leur
permettent de ne le point faire. Mais il résulte de là des
querelles et des rixes, l'incendie allumé dure pendant des
années, l'intervention du sous-préfet et de ses supérieurs,
même bien intentionnée et adroite, reste souvent inefficace ; l'une des meilleures solutions est une demi-scission

de la commune, mettant pour le culte d'un côté les chrétiens, et de l'autre les païens, établissant la séparation du
civil et du religieux ; mais un pareil *modus vivendi* n'est
pas facile à concevoir pour un esprit borné, surtout en
Chine, où l'Église est partie intégrante de l'État ; aussi ne
réussit-on pas souvent à l'établir. Les querelles religieuses
ne sont d'ailleurs pas les seules causes de guerre intestine :
les vendettas dans l'intérieur d'une commune, et surtout
entre deux communes, sont bien plus fréquentes, et l'autorité du sous-préfet n'a pas plus d'action dans ce cas que dans
le précédent. Les difficultés se bornent souvent à des tracasseries, mais si elles tournent au tragique, la population
surexcitée accueille à coups de pierres les valets du yamen
ou les soldats chargés de rétablir l'ordre : car elle admet
peu que les mandarins s'immiscent dans ce qu'elle tient
pour affaires privées.

Fort bien en état de tracasser les voisins, de se mutiner
contre le pouvoir officiel, la commune rurale n'est pas
capable d'action une et suivie : sa constitution mal définie
s'y oppose. Le principe du vote n'est pas connu ; sans
majorité ni minorité possibles, il faudrait pour agir l'unanimité, difficile à atteindre en Chine comme ailleurs ; il y a
d'habitude quelque demi-lettré, beau parleur dont la
faconde domine les esprits simples des paysans ; c'est une
chance, s'il est en même temps homme de bon sens ; mais
si, au lieu d'un, il s'en trouve deux, les querelles sont inévitables. Les syndics de la commune, choisis sans vote,
mais non sans lutte, par un accord mal défini, sont des
notables désignés par leur âge, leur fortune, leur situation de lettré ou d'ancien mandarin ; simples agents exé-
cutifs et conseillers, ils peuvent jouir d'une certaine influence, mais ils n'ont aucun pouvoir, même pas celui de

diriger ou clore les débats. Les délibérations sont donc confuses, ou, pour mieux dire, il n'y a pas de délibération; on exprime des avis et, sur une question simple, immédiate, ou lorsqu'il y a des précédents, on parvient à se mettre d'accord; s'il s'agit d'innover, jamais.

IV

Tandis que l'absence d'autorité se fait sentir dans la commune, dans la famille, au contraire, la dernière des associations que nous avons à examiner, le pouvoir paternel est le trait dominant. La famille chinoise est une communauté propriétaire d'un patrimoine, elle est aussi un État et une Église : le père en est le chef, le juge, le prêtre. En la supposant réduite aux limites les plus strictes, sans ramifications, la famille comprend essentiellement le père, les enfants, les épouses, les serviteurs : pareil cas se présente si un homme se trouve seul de sa race, sans agnats de degré supérieur ou égal au sien, c'est-à-dire sans père, ni ascendants paternels, ni oncle paternel, ni frères, ni cousins, ni collatéraux du côté paternel. Pratiquement, à cette situation équivaut celle de l'homme que son commerce, par exemple, retient isolé, éloigné du lieu de son origine. Le père étant *sui juris* (il nous faut prendre ici les formules du droit romain qui sont précises et exactes), les enfants entrent dans la famille par la filiation légitime acceptée par le père : en règle générale, les bâtards issus d'un commerce passager sont exclus, tandis que les enfants nés de la première épouse comme des secondes épouses sont également légitimes. Les enfants mâles entrent encore dans la famille par l'adoption qui crée une parenté semblable à la filiation et qui ne s'applique pas aux filles : celles-ci changent de famille par le mariage qui les fait passer sous la même puissance paternelle sous laquelle vit leur mari. Réciproquement l'adoption et le mariage sont pour la fille et le fils deux moyens de sortir de leur famille primitive, l'un et l'autre ne sont possibles que du consentement de celui qui perd la puissance paternelle et de celui qui l'acquiert. Le mariage rituel avec ses rites religieux met l'épouse de premier rang sous la main du mari ; elle ne sort de cette condition que par la répudiation dépendant du mari seul, mais que depuis bien des siècles la loi interdit dans un petit nombre de cas. Pour les épouses de second rang, il n'est pas de mariage rituel, elles sont achetées, donc esclaves, et peuvent être vendues. Quant aux serviteurs, ceux qui sont loués et qui sont sans doute les plus nombreux aujourd'hui, ne comptent dans la famille que par extension : les serviteurs esclaves, propriété héréditaire du maître, susceptibles d'être achetés et vendus, sans doute les seuls dans la haute antiquité, font au contraire normalement partie de la famille. On voit immédiatement qu'à l'égard des trois catégories de personnes qui sont dans la famille, l'autorité du père va jusqu'à les admettre ou à les chasser à son gré.

Le pouvoir sur les personnes est encore plus étendu ; le droit de vente du père ne s'arrête pas aux concubines et aux esclaves qu'il a achetés, il s'applique même à ses enfants, dont il peut se défaire soit à titre définitif, soit à réméré ; fréquentes surtout pour les filles, ces ventes fournissent la majorité des esclaves, les vols d'enfants procurent le reste. Ce droit du chef de famille n'atteint pas l'épouse principale ; en ce qui la concerne, le code et le droit familial interdisent la vente; l'intervention de sa famille d'origine sert de sanction à la défense; mais, surtout dans les classes pauvres des villes, il ne manque pas d'exemples de femmes légitimes cédées ou louées pour de l'argent. Le mari, presque excusé si, en cas de désobéissance, il châtie sa femme jusqu'à la tuer, n'a cependant pas sur elle droit de vie et de mort, non plus que sur les concubines, sur les esclaves ni sur les enfants. Toutefois le code cherche ici à imposer des règles qui sont contraires au vieux droit familial. Il y a quelques années, un médecin du nom de Lieou fut trouvé mort dans une rue de la ville où il exerçait; lorsque le sous-préfet ouvrit l'enquête, le père de la victime déclara qu'il avait lui-même châtié son fils pour son impiété filiale, les membres de la famille Lieou, appelés en témoignage, certifièrent l'insubordination habituelle du mort : le magistrat prononça aussitôt qu'il était dessaisi, reconnaissant que c'était là un cas de justice familiale et faisant céder le code devant le droit coutumier. L'attitude des mandarins varie peu en face de ces affaires de famille; d'ailleurs, le plus souvent, de pareils cas ne viennent même pas devant la justice, et les intéressés savent faire en sorte que les faits ne s'ébruitent pas. Sans recourir à un châtiment aussi grave, le père peut chasser son fils, le déshériter, l'exclure des sacrifices: il possède, on le voit, comme juge, un pouvoir très grand, limité seulement par le soin de la perpétuité de la famille et par l'influence de ses fils et de ses autres agnats qui sont toujours consultés dans les cas d'importance.

Le patrimoine est tout entier dans les mains du père ; lors du mariage, la dot de la femme entre dans les biens du mari, qui en use à sa guise et qui, s'il y a répudiation, ne doit compte que des valeurs subsistantes. Les enfants, les fils adultes ne possèdent rien en propre ; le salaire même de leur travail appartient au père, et le code, moins opposé cependant que la coutume à l'indépendance individuelle, châtie ceux qui se réservent quelque bien que ce soit, sans l'assentiment paternel. Le pécule des esclaves existe toutefois et est respecté, contrairement à la stricte logique. Tous les biens sont administrés par le chef de famille, qui hypothèque, vend et dispose comme il l'entend. D'autre part, l'enfant ne possédant rien, le père est légalement tenu de ses dettes jusqu'au jour où il l'a chassé ; le fils a-t-il trouvé à emprunter, à hypothéquer, à vendre, à l'insu du père, celui-ci doit payer, ou céder le bien hypothéqué, ou exécuter le contrat. C'est que le droit d'administrer et de disposer appartient au père comme chef de la communauté plus que comme propriétaire ; c'est, en effet, la collectivité familiale qui est vraiment maîtresse des biens, et, d'habitude, le père les administre de concert avec ses fils adultes ; la signature de ceux-ci est requise sur les actes concernant le patrimoine familial ; l'une de ces signatures manquant, l'intéressé non contractant est, par la suite et sans prescription possible, en droit de faire annuler l'acte ou de réclamer une indemnité. De même, dans la vie quotidienne, on a grenier commun, bourse commune, le père et la mère distribuent la nourriture et le vêtement : mais chacun a droit à une part et seul le respect fait taire les réclamations de celui qui est lésé.

La famille enfin est une Église et célèbre un culte spécial. Les besoins du Chinois ne cessent pas avec la vie ; son esprit, après la mort, mène une existence qui est le reflet affaibli de celle du vivant, il lui faut encore de la nourriture, des vêtements, une habitation ; il faut à son corps, à l'âme inférieure qui y reste attachée, un tombeau pour reposer en paix. Ces croyances, contemporaines des origines de la Chine, subsistent encore dans toutes les familles importantes et c'est à elles que se rattache immédiatement toute famille qui s'élève, à qui l'aisance permet de dominer les besoins de chaque jour. Un fils doit soigner et nourrir ses parents vivants; il est tenu des mêmes devoirs après leur mort et il s'en acquitte en célébrant leurs funérailles, en établissant leur tombeau d'après les rites, en leur offrant aux époques fixées, plusieurs fois par mois, les sacrifices, c'est-à-dire l'encens, le vin, le thé, le riz, les viandes, les fruits et gâteaux. Ainsi la mort ne rompt pas le lien, elle ne fait que le transformer; les ancêtres disparus continuent de faire partie de la communauté familiale, ils s'intéressent à sa vie, ils usent de leur pouvoir mystérieux pour la protéger. Mais pour des descendants impies, les dieux mânes n'ont que du courroux et ils travaillent à leur ruine. Ce culte, qui ne doit pas périr, ne se transmet que par la filiation, selon la nature ou selon l'adoption, seulement aux mâles; la femme joue dans les cérémonies le rôle d'un acolyte, au plus elle représente un enfant en bas âge; fille, elle suit le culte de son père, femme ou veuve, celui de son mari; elle n'a pas de culte propre, elle n'en peut pas transmettre: de là l'obligation du mariage pour avoir des enfants mâles, qui seuls sont héritiers du culte et des biens, de là les concubines pour parer à la stérilité de l'épouse principale, et l'adoption qui donne le fils que la nature a refusé. L'adoption ne peut porter que sur un agnat, les ancêtres ne voulant qu'un prêtre qui soit de leur sang; en ce qui touche les fidèles, ils sont moins exigeants, car ils admettent la femme et les concubines qui sont toujours d'un sang étranger, ils admettent les esclaves et les serviteurs; tous ont part en leur rang au banquet rituel qui clôt le sacrifice. Le père est d'ailleurs le seul prêtre, c'est en son nom qu'est lue la prière; les fils se bornent à l'assister; après sa mort, le fils aîné prend sa place, seul il a pleinement le droit de sacrifier à son père, à son aïeul, à leurs ascendants, les cadets n'ont qu'un rôle accessoire; ainsi le culte conserve le privilège d'aînesse, disparu depuis des siècles de presque toutes les institutions.

Le culte familial commun sert de consécration à la propriété familiale commune; l'éminente dignité du père, qui est aujourd'hui le sacrificateur, qui sera demain le dieu, imprime à son autorité un caractère sacré. Telle est la plus primitive des associations chinoises; peut être a-t-elle précédé la société elle-même; c'est en elle qu'est né et que se forme à nouveau chaque jour cet instinct de solidarité dont j'ai parlé. Toutes les autres associations se sont inspirées de cet exemple, mais aucune ne l'a égalé, car aucune n'a pu avoir pour lien ce culte naturel des ancêtres; la religion qu'elles se sont donnée est extérieure à leur principe, aucun pouvoir n'a pu en émaner, aussi ont-elles presque totalement méconnu la nécessité même d'une autorité.

Fondée sur l'unité de culte, la famille est susceptible d'un accroissement indéfini, chaque fils devenant chef d'une maison, qui à son tour se divise en branches et en ramifications. Dans la famille ainsi étendue, dans le clan, ou dans la tribu, pour mieux dire, le privilège d'aînesse, persistant dans le culte, donne la primauté à la branche aînée; jadis admis avec une force presque égale à celle de la puissance paternelle, il avait constitué une société aristocratique, le territoire était alors divisé entre un petit nombre de tribus dont les chefs étaient seuls maîtres du sol, souverains et grands prêtres. En affaiblissant ce privilège de plus en plus, les circonstances politiques et sociales ont, dans la majeure partie de l'Empire, fait disparaître les tribus ou ne les ont pas laissées se constituer; c'est pourtant vers cette forme sociale que tend toujours le paysan, l'homme de toute la Chine qui est resté le plus proche de l'antiquité; chaque fois que les circonstances le permettent, à Thong-tcheou depuis le xvie siècle, en certains districts de la province de Moukden depuis le xviie siècle, le clan se reforme, image plus ou moins exacte de la tribu ancienne. L'indivision du patrimoine pendant quelques générations, la vie en communauté sous la présidence de l'aîné d'abord, à son défaut, des anciens, ne sont rares nulle part; mais ce sont surtout les provinces du sud et du centre, moins bouleversées par les invasions, qui conservent des traces de ce passé.

Les clans de plusieurs milliers de personnes, occupant des districts entiers, y sont fréquents; ceux de quelques centaines, encore plus nombreux, détenant un village entier, marquent leur existence passée ou présente dans une multitude de noms géographiques; ceux de quelques dizaines, comprenant les branches issues d'un même trisaïeul, sont de règle dans tout le pays. Chaque famille célèbre son culte particulier, mais la religion du progéniteur commun réunit à jours fixes toutes les familles ou tous leurs représentants. Le clan, d'habitude encore plus exclusif à l'égard des aubains que la commune, n'admet pas volontiers sur son territoire des familles de nom différent: il a sur ses membres un pouvoir plus étendu que l'association rurale; c'est d'accord avec les principaux agnats, avec les chefs du clan, que le père juge un fils dissipateur ou désobéissant et, si personne ne veut répondre de lui, creuse une fosse et l'y enterre: les exemples de cette justice familiale ne sont pas rares dans les campagnes. La terre ne reste pas en commun, chaque famille a son patrimoine fixe : mais les agnats ne permettent pas la vente à des étrangers et conservent toujours un droit de préemption, aussi, en cas de vente, leur signature est requise sur l'acte. La solidarité entre familles issues d'une même souche se manifeste par des fondations utiles, écoles, bonzeries, de la part de ceux qui s'enrichissent, par des secours effectifs à ceux que la vie n'a pas favorisés et, au besoin, du côté de ces derniers par des exigences dénotant l'idée d'un droit véritable ; un parent pauvre traverse des provinces et va au yamen de son arrière-cousin, intendant de cercle ou vice-roi, pour lui réclamer l'aide qui lui est due ; fût-il importun, usât-il d'injures, pas un des valets ne portera la main sur lui, le sous-préfet évitera de juger l'affaire, le délinquant est un parent, ce sont affaires de famille. De la même façon, le haut fonctionnaire, s'il rentre dans sa patrie, y cédera le pas aux chefs du clan, qui ne sont que des lettrés, moins que cela, des laboureurs. Choisis dans chaque clan suivant des règles propres, parfois à vie, parfois pour une période déterminée, ces chefs sont les anciens des familles ; on fait en sorte que toutes les branches soient représentées à l'assemblée, qui délibère, mais remet le soin d'agir à l'un de ses membres, semblable aux syndics des communes, en ayant à peu près les charges et les pouvoirs ; tantôt ce chef de clan est désigné par les anciens, tantôt la règle est de le prendre dans la branche aînée.

Le respect des règles et du lien familial est consolidé par l'institution des registres de famille, qui comprennent essentiellement l'arbre généalogique depuis le premier ancêtre ; on y inscrit les dates de naissance et de mort, les alliances matrimoniales, les titres obtenus, les fonctions remplies ; une fois par génération, les registres sont transcrits, mis à jour et gravés de nouveau ; l'opération est accompagnée de cérémonies religieuses, après quoi des exemplaires sont solennellement portés du temple de l'ancêtre commun, où sont gardés les originaux, aux temples particuliers des principales branches ; si un membre du clan va faire le commerce ou remplir un poste au loin, sa famille lui remet un extrait du registre familial pour établir sa filiation et faire preuve en justice. Aux renseignements généalogiques et biographiques, on ajoute souvent, m'a-t-on dit, les règles du clan ; si le fait est exact, les registres de famille fourniraient des documents inappréciables pour la connaissance du droit coutumier. Ainsi constitué en un véritable État avec son territoire, ses greniers, ses écoles, ses bonzeries, ses chefs, ses lois, son histoire, ses temples, son culte patrimonial, le clan se suffit à lui-même, il veut vivre sur son propre fonds, il est résolument hostile à toute intrusion étrangère, qu'il s'agisse de Chinois d'autres districts et d'autres noms qui désirent s'établir sur ses terres, se glisser dans son sein, ou de « barbares », dont les idées nouvelles, religieuses, morales, scientifiques, sont propres à le bouleverser ; et comme le clan, du moins à un premier degré de développement, se rencontre presque dans toutes les régions, à côté des communes ou dans leur sein même, on conçoit quel appui ces organismes d'origine et de forme antiques prêtent au gouvernement dans sa lutte contemporaine contre les innovations et contre les religions occidentales. Là où le clan se présente avec tout son développement, il constitue pour l'autorité un grave embarras : jaloux de son indépendance, il n'hésite pas à mobiliser une véritable armée contre le mandarin coupable d'avoir violé les privilèges qu'il s'arroge en matière de justice ou d'impôt ; il est certains clans du sud qui, malgré l'intervention de la force armée, ne paient jamais plus de la moitié ou des deux tiers de leurs taxes ; il en est d'autres qui, séparés d'un clan voisin par une inimitié héréditaire, sont dans un état de guerre perpétuelle, sans que l'autorité officielle puisse imposer autre chose que des trêves.

Organismes ruraux l'un et l'autre, le clan, dans sa pleine extension du moins, et la commune ne peuvent coexister ; ils représentent deux différents états de civilisation, deux phases de l'application d'un même principe de solidarité. Aussi se partagent-ils la Chine : la commune, plus récente, abonde dans les régions septentrionales, plus souvent envahies, plus proches aussi du pouvoir central, elle a assez de plasticité, malgré sa cohésion, pour n'en pas gêner, pour au contraire en aider l'action. Le clan, plus antique et de texture plus serrée, n'a subsisté pleinement que loin de l'autorité centrale ; survivant de l'âge féodal et aristocratique, il est en lutte au moins latente avec l'État chinois qui empiète sur lui par l'impôt, par le tribunal, par le code ; il s'accommoderait encore bien moins d'un État de forme plus moderne, exigeant plus de soumission, plus d'uniformité. L'autorité qui s'y est maintenue presque aussi forte que dans la famille, en fait un corps résistant, capable d'une action prolongée toute locale ; mais il n'est susceptible que d'une croissance interne et lente, et sa constitution lui rend difficile de s'unir, même passagèrement, au clan voisin. La corporation n'a pas la cohésion du clan, mais formant une élite parmi les marchands, elle renferme elle-même une aristocratie d'anciennes maisons ; plus forte pour l'action que la commune, elle porte son action plus loin que le clan ; unies, les corporations peu-

vent ébranler la province et l'État, et elles peuvent s'unir
au loin, soit directement, soit par l'intermédiaire des associations provinciales, qui sont l'expression même du particularisme, mais qui sont aussi un lien entre les provinces;
fondée sur le commerce, la corporation n'a pas d'antipathie, loin de là, pour l'étranger d'outre-mer ; quant à l'association provinciale, elle ne regarde peut-être pas celui-
ci de plus mauvais œil que l'étranger de Chine.

Ces associations sont les seules importantes, les seules
ayant une action générale pour de longues années encore,
les sociétés secrètes semblant incapables de rien fonder,
les églises taoïste et bouddhiste étant affaiblies et sans cohésion, les communautés chrétiennes, et même musulmanes,
ayant trop peu d'adhérents, étant trop dispersées. Parmi
les associations que j'ai étudiées à part, quatre, corporation, association provinciale, commune, clan, sont dans
une même situation en face de l'État : elles jouissent d'une
indépendance complète, elles forment, en dehors du gouvernement, au besoin contre lui, des cadres où rentre toute
la société, par là elles le minent et divisent l'action politique
et administrative. Quant à la famille, communauté trop
étroite pour jouer un rôle politique, elle a une importance
sociale de premier ordre ; c'est sa stabilité sans pareille
qui a maintenu la société chinoise à travers les bouleversements internes et externes. L'existence de tous ces organismes, les principes sur lesquels ils reposent, indépendance réciproque, solidarité dans chacun séparément, autorité issue du culte dans la famille et le clan seuls, partout
ailleurs gouvernement de la masse par elle-même, sans
votes, sans majorité ni minorité, avec le minimum d'ordre
nécessaire pour qu'il n'y ait pas anarchie, tout cela explique, en partie seulement, la faiblesse du gouvernement

chinois et sa lenteur à se mouvoir. C'est avec ces associations que doit compter l'État chinois, obligé à se moderniser par le contact avec le monde moderne ; les unes sont un principe de stabilité et d'inertie, les autres de transformation ; les forces étaient en équilibre depuis plus de trois siècles ; aujourd'hui que l'équilibre est rompu par les actions extérieures, nul ne peut prévoir quand ni comment il se rétablira.

LA FEMME DANS LA FAMILLE ET DANS LA SOCIÉTÉ

En ce temps où les questions dites du féminisme sont scrutées et discutées avec tant d'ardeur, il m'a semblé qu'il
pourrait être intéressant de chercher quelle situation est
faite à la femme en Chine, dans une société qui compte
trois mille années d'existence et qui comprend trois cents
millions d'hommes, une fraction importante de l'humanité :
je voudrais donc réunir les observations que j'ai recueillies
pendant un séjour de plusieurs années en Extrême-Orient,
et tâcher d'en former un tableau d'ensemble, composé hors
de tout esprit de système (1).

Malgré des diversités locales accentuées, toute la civilisation chinoise est en somme pénétrée d'un petit nombre
d'idées directrices, dont nulle part on ne sent mieux l'influence qu'à propos de la condition féminine, soit dans la
famille, soit en face de la société extérieure à la famille :

(1) Entre un grand nombre d'ouvrages où sont épars des renseignements sur ce sujet, je ne citerai que quelques-uns des plus récents : *The Chinese, their education, philosophy and letters*, by
W. A. P. Martin: New-York, 1881, in-12. — *Un Mariage impérial chinois*, par G. Devéria; Paris, 1887, in-18. — *Rudiments de parler et
de style chinois*, par le P. Léon Wieger, S. J.; Ho-kien-fou, 1891-1900,
petit in-4 (en cours de publication), etc.

ce sont ces idées que je voudrais dégager des applications diverses qui en sont faites par les diverses classes de la société, riches, pauvres et esclaves, et dans les divers états de la femme, jeunes filles, femmes mariées et veuves, sans négliger, à côté des règles, les dérogations, dont les plus graves se ramènent à l'esprit des règles mêmes.

I

En Chine comme ailleurs, la fortune libère du souci journalier de l'existence et permet, à ceux qui la possèdent, de se conformer à leur idée du « convenable »; il est donc probable que leur vie représente l'idéal de la race; de plus, spécialement en Chine, la fortune trace une ligne de démarcation très nette dans la population, puisqu'il n'existe pas, à vrai dire, d'aristocratie héréditaire, puisque aucune distinction sociale ne sépare une famille qui a produit des hommes d'État, d'une autre qui ne se compose que de commerçants ou de cultivateurs aisés; entre les uns et les autres, la manière de vivre peut varier en luxe, mais non pas en nature, et le seul fait d'avoir de l'argent à dépenser pose une famille à l'échelon supérieur.

Entrons donc d'abord chez une famille riche. Que l'on vive à la ville ou à la campagne, ce qui est aussi fréquent, la maison a des jardins, des cours; les pavillons d'habitation sont indépendants, mais groupés autour des cours et réunis par des passages dallés; tout cela occupe un assez grand espace animé par le va-et-vient des domestiques; les servantes surtout sont nombreuses, mais il n'en faut pas moins pour toutes les maîtresses qu'il y a à servir.

Voici un pavillon isolé : il reçoit la lumière par de larges baies allant d'une colonne à l'autre ; tout le fond de l'une des chambres est tenu par le *khang,* massif de maçonnerie haut d'un pied et demi, sous lequel on fait du feu et qui sert de lit. Dans cette chambre, plusieurs femmes sont affairées ; la belle-mère et ses brus, la mère de la patiente, la sage-femme, des servantes s'empressent et bavardent. Les unes relèvent et soutiennent la femme qui vient d'accoucher, la mènent jusqu'au *khang,* où son lit est prêt ; d'autres préparent la pièce de toile bleue et les liens pour emmailloter l'enfant, que la sage-femme est occupée à baigner ; les servantes apportent des couvertures, de la nourriture pour l'accouchée. Mais ce n'est qu'une fille qui vient de naître, et un pareil événement n'est pas loin d'être considéré comme un châtiment du ciel pour une faute commise dans cette vie ou dans une vie antérieure. Dans la religion chinoise, en effet, comme dans le vieux culte domestique de notre race, les enfants sont avant tout destinés à offrir au père et aux ancêtres les sacrifices qui entretiendront leur vie d'outre-tombe ; seul l'homme est capable de célébrer ces rites ; celui donc qui n'a pas de fils ne recevra pas de culte funéraire, son esprit et les esprits de ses ancêtres souffriront de la faim et de la soif et entreront au nombre des esprits errants qui tourmentent les hommes. C'est pour cela qu'une fille est rarement la bienvenue, surtout si elle est une première née, ou, plus encore, une nouvelle fille survenant dans une famille privée de fils ; le père, qui doit se tenir éloigné de l'appartement pendant le temps de l'accouchement et s'abstenir d'y rentrer durant un mois après, accueillera mal la nouvelle d'une naissance qui n'assure pas la perpétuité de sa race et qui lui fait peu d'honneur auprès de toute sa parenté. Cependant les sentiments de respect de soi-même et d'affection naturelle l'emportent sur le mécontentement et l'enfant sera élevée avec les soins nécessaires; on ne la laissera pas trois jours sur un tas de chiffons, comme il était de règle dans l'antiquité. Le troisième jour, la mère se lève; toutes les femmes parentes ou alliées, toutes les amies viennent la voir et assistent au bain du troisième jour, *si-san*, donné à l'enfant; à cette occasion, les grand'mères et les parentes les plus proches font des cadeaux à la mère. Un mois après la naissance, a lieu la cérémonie des relevailles, *man-yue* : la mère sort de sa chambre, salue les chefs de la famille, puis elle va dans le salon de réception recevoir les félicitations des parents et amis, qui apportent des cadeaux pour la petite fille. La mère se rend aussi au temple le plus voisin et offre de l'encens indifféremment à la déesse bouddhique Koan-yin, ou à l'Impératrice céleste qui joue le même rôle chez les taoïstes : ce jour de fête se termine parfois par un banquet. S'il s'était agi de la naissance d'un garçon, la jeune mère eût brûlé de l'encens dans la salle des ancêtres, et non au temple, et l'on n'eût pas manqué d'appeler des *tao-chi* (les prêtres taoïstes sont à moitié sorciers) pour exorciser les mauvais esprits, qui pourraient en vouloir à l'enfant, et des comédiens pour réjouir les hôtes : mais on se contente à moins de frais pour une fille.

Le nom de l'enfant est souvent choisi par son aïeule paternelle, d'après le premier objet qu'elle aperçoit après la naissance : une fille sera appelée « Joli nuage », par exemple; vers sept ans, chez les lettrés et les gens riches, ce « nom de lait » est remplacé par un « nom d'école » renfermant une image flatteuse ou une allusion littéraire : ces noms sont employés couramment dans la maison durant les premières années de l'enfant; mais, un peu plus tard,

seuls, les père et mère, les aïeuls, les professeurs peuvent les prononcer; toute autre personne ne saurait, sans inconvenance, même avoir l'air de les connaître : pour le public (et le public comprend jusqu'aux frères, aux beaux-frères, aux beaux-parents) une femme est, par exemple, Mlle Li, ou dame Tchang née Li, ou sœur aînée, sœur cadette, bru, aussi bien quand on s'adresse à elle que quand on parle d'elle; dans le peuple, les noms de belle-sœur ou de tante sont usités en parlant à presque toutes les femmes du village. Le mari même n'emploie jamais ni le nom d'école, ni le nom de lait de sa femme : il dit mon épouse, ou madame; chez les gens du commun, mari et femme s'interpellent souvent à la troisième personne : « Elle ! Lui ! » car la seconde personne est tenue pour un peu grossière. La personnalité d'une femme est quelque chose de tellement intime que, même pour les beaux-parents, même pour le mari, elle ne peut s'exprimer par un nom propre qui en soit, pour ainsi dire, le symbole : l'emploi du nom personnel serait une inconvenance, détruisant la barrière que la morale élève entre la femme et le monde extérieur; aux yeux de presque tous, la femme est épouse, ou bru, ou belle-sœur, et sa personnalité disparaît dans sa fonction familiale; même après la mort, c'est à titre d'épouse et de mère que son âme, renfermée dans la tablette funéraire, entrera parmi les ancêtres. Au contraire, les divers noms de l'homme sont prononcés et écrits avec plus ou moins de respect, suivant des règles spéciales, mais sont dans le domaine public. On n'emploie couramment le nom personnel que des femmes de condition dépendante, servantes, esclaves, concubines; d'autre part, si les concubines impériales et les Impératrices ont des appellations qui leur sont spéciales, ce sont des noms honorifiques octroyés par décret.

Un enfant est en général nourri par sa mère, au besoin par une nourrice louée, ou par l'une quelconque des femmes de la maison : chacune, en effet, donne le sein indifféremment à son enfant ou à ceux des autres ; l'allaitement crée une seconde maternité donnant droit presque aux mêmes respects que la maternité véritable ; mais on n'a jamais recours au lait des animaux, car le Chinois ne veut pas contracter avec une vache ou une chèvre des liens de quasi-parenté. Les petites filles sont toujours vêtues de couleurs claires et de bon augure, jaune, rouge, vert ; sur leur tête rasée, on laisse pousser deux ou trois touffes de cheveux, dont on fait des nattes nouées de soie rouge ; comme bijoux, elles portent des sapèques en argent ou d'autres talismans contre les mauvais esprits ; comme jeux, elles ont le volant qu'elles lancent et reçoivent avec le pied, elles imitent surtout les occupations des femmes et s'exercent ainsi aux saluts et prosternements si fréquents dans l'étiquette chinoise. Cette première enfance est très douce, car les parents aiment beaucoup même leurs filles, quand ils ont pris leur parti de ce sexe malencontreux ; jamais on ne frappe, ni on ne contrarie les enfants de cet âge, on n'essaie même pas de leur donner la première éducation que nous tenons pour si importante : l'insouciance chinoise trouve son compte à cette méthode, et les résultats n'en sont pas trop mauvais, en raison du caractère souple de la race et de la forte discipline sociale fixée par les rites.

Vers six ou sept ans, la petite fille entre dans une nouvelle vie : elle est étroitement renfermée dans les appartements intérieurs et séparée de ses frères et de ses petits compagnons de jeu, qui se mettent à l'étude et ne doivent plus avoir de rapports avec les filles ; d'ailleurs, elle ne pourrait guère continuer de prendre part à leurs ébats, puisque c'est à cet âge qu'on commence de lui déformer le pied : au moyen de massages et d'un bandage que l'on serre progressivement, les petits orteils et toute la partie externe du métatarse étant repliés sous le pied, la concavité de la plante s'exagère et le poids du corps repose sur le gros orteil et sur l'extrémité du talon ; il faut des années pour transformer le pied naturel en ce « nénuphar d'or » qui, depuis bien des siècles, caractérise la beauté féminine. Les femmes marchent malgré cette demi-amputation, et les servantes, dont le pied est presque aussi petit que celui de leur maîtresse, travaillent, portent des fardeaux, toujours de cette allure balancée et saccadée qui, gracieuse aux yeux des indigènes, déplait fort aux étrangers ; et quant aux femmes de condition élevée, si elles se font porter ou soutenir par leurs servantes, c'est autant par paresse que par nécessité. Même les paysannes, destinées aux travaux des champs, veulent avoir le pied mutilé, et les petites filles élevées dans les orphelinats chrétiens réclament qu'on les bande, car elles savent bien qu'avec leur pied naturel elles ne trouveraient pas à se marier. Cette coutume n'est pas également tyrannique dans toutes les régions ; l'exception la plus considérable et la plus connue est celle des femmes mantchoues : la race qui a conquis la Chine au xviie siècle a emprunté toutes les coutumes, le langage même des vaincus, mais les femmes ont gardé leur pied naturel ; bien plus, la femme d'un fonctionnaire chinois ne peut être admise auprès des impératrices, si elle a un petit pied. Malgré tout, la force de la coutume est telle que, si l'on peut voir un Mantchou épouser une Chinoise à petits pieds, presque jamais un Chinois ne prendra une femme dont le pied est normal. Je doute que l'habitude suffise à expliquer la persistance invétérée de cette mutilation et je ne pense pas non plus que le goût montré par les hommes pour les pieds déformés tienne à des motifs de jalousie, comme on l'a dit, puisque les femmes à petits pieds marchent plus qu'il n'est besoin pour aller où elles veulent ; on a dit que, l'atrophie des pieds amenant des modifications physiologiques spéciales, la demande des pieds déformés serait motivée par une raison de volupté : cela est contesté ; en tous cas, il n'y a pas en Chine d'inconvenance plus grande que de parler des pieds d'une femme, et le Chinois chrétien s'accuse au confessionnal de les avoir regardés.

En même temps que l'on déforme le pied des jeunes filles, on s'occupe de leur éducation : comme elles passent tout leur temps enfermées dans le gynécée avec la mère, les tantes, les sœurs et cousines, les servantes ; comme elles voient chaque jour les travaux des unes, assistent fréquemment aux visites que reçoivent les autres ; comme elles sont présentes aux sacrifices domestiques ; comme elles accompagnent leur mère aux tombeaux de la famille, elles sont initiées par l'usage à la vie qu'elles devront toujours mener, et apprennent ainsi la tenue d'une maison, et surtout les rites, cette politesse formaliste qui est le squelette de la vie d'un Chinois ; la communauté du gynécée rend inutiles les maîtresses de rites que l'on trouve dans les écoles de filles au Japon. En Chine, l'instruction n'est jamais donnée au dehors et il n'y a pas d'écoles de filles : chez les gens besoigneux, le père ou la mère enseignent quelques caractères à leur fille, s'ils en ont le temps ou la patience, mais il arrive souvent qu'ils ne s'en soucient pas, aussi l'ignorance féminine est très générale et très profonde ; les chrétiennes de la classe pauvre sont presque toujours plus instruites que les femmes non chrétiennes des mêmes rangs de la société; dans les orphelinats, en effet, on montre aux petites filles un peu de lecture et d'écriture, et les missionnaires conseillent aux parents d'instruire leurs enfants. Dans une maison qui a quelque aisance, il y a toujours pour les fils un ou plusieurs précepteurs, lettrés pauvres, mais souvent très instruits; on les traite comme des membres de la famille, et on les charge de l'instruction des filles, dans les moments où ils ne sont pas occupés avec les garçons. L'instruction, chez les hommes comme chez les femmes, est beaucoup plus répandue dans le sud que dans le nord : dans les familles nombreuses et très ramifiées qui sont fréquentes dans les provinces centrales et méridionales, les branches les plus rapprochées entretiennent à frais communs des écoles pour tous leurs enfants; il n'est pas très rare, m'a-t-on affirmé, que des jeunes filles, jusqu'à dix ou douze ans, aillent avec leurs frères dans de pareilles écoles de famille. Quelques femmes du sud acquièrent une instruction solide et variée: le XVIIIe siècle a vu l'exemple d'un célèbre lettré, Yuen Mei, qui a donné des leçons de poésie à des dames de grande famille et a entretenu avec elles des relations littéraires; on connaît aussi les noms de quelques auteurs féminins qui ont écrit sur la morale ou sur l'histoire: il est assez remarquable que dans une littérature qui ne manque pas de recueils épistolaires, pas un ne soit sorti du pinceau d'une femme. Dans le nord, la connaissance du dessin est rare, celle de la musique encore davantage: les filles ne lisent que les livres élémentaires, ceux que les garçons étudient avant douze ou treize ans; la méthode d'enseignement, la même pour les deux sexes, consiste à faire apprendre ces textes par cœur, sans expliquer le sens des caractères; plus tard seulement, à dix ou douze ans, on cesse de s'adresser uniquement à la mémoire des enfants, mais c'est souvent vers cet âge que l'on arrête l'instruction des jeunes filles, qui, par suite, ne comprennent jamais les phrases qu'on a fait entrer dans leur esprit; dans les grandes familles mantchoues, on joint à ces études celle de la langue nationale, qu'on apprend vers huit ans comme une langue étrangère. Il n'y a pas d'enseignement religieux : car les sacrifices domestiques et les rares visites au temple sont affaire de pure forme, ce sont des coutumes traditionnelles qui ne supposent aucune foi ni aucune idée morale. En résumé, l'instruction est le privilège des filles riches, et seulement si elles en ont le goût; il y faut ajouter quelques femmes galantes, qui cherchent à plaire par leur adresse à danser et à jouer des instruments, par leur grâce à dessiner et à faire des vers : encore ce type de femmes est-il rare; les courtisanes lettrées sont plutôt remplacées par de jeunes garçons; quant à la jeune fille qui cultive la poésie et joue du luth, celle que quelques romans chinois ont fait connaître en Europe, je doute qu'elle existe. Ce manque d'instruction, qui est habituel, met la femme dans une situation d'infériorité sensible, surtout dans une société où l'organisation de l'État a pour principe et pour but l'instruction; mais le Chinois tient la femme, comme être pensant et personnel, en trop mince estime, pour que l'ignorance féminine le choque : il demande à ses compagnes le plaisir et une postérité, et rien de plus.

II

Puisque notre jeune fille a atteint douze ou quinze ans, puisque son esprit est orné des connaissances nécessaires pour plaire à un mari et que son pied est réduit aux proportions capables de flatter la sensualité d'un Chinois, il peut être question de son mariage, acte encore plus inquiétant pour une jeune Chinoise que pour une Européenne : c'est la grande affaire de la vie, dit le proverbe. Il est toujours précédé des fiançailles, qui sont conclues soit par des lettres écrites sur papier rouge (couleur de joie, comme je l'ai dit) dont les deux familles font l'échange, soit par de simples paroles données ; dans un cas comme dans l'autre, la famille du garçon envoie des présents à la jeune fille ; la seule remise de ces arrhes, ou le seul échange des lettres suffit à former le contrat et, dès lors, la loi lui donne une sanction, la bastonnade pour le contrevenant ; s'il y a eu seulement paroles données, le magistrat ne saurait intervenir, mais les mœurs condamnent toute rupture de fiançailles et la superstition populaire réserve au coupable des châtiments futurs ; on voit parfois une fiancée, dont le fiancé est mort avant le mariage, se considérer comme veuve, aller vivre chez ceux qui auraient été ses beaux-parents, et rester fidèle à la mémoire du défunt : de tels faits sont rares, mais la voix publique les approuve et la morale officielle leur décerne ses diplômes et ses arcs de triomphe. Les fiançailles ont lieu souvent quelques mois avant le mariage, souvent aussi longtemps à l'avance, quand les intéressés sont en bas âge ; il arrive même que deux amis, attendant chacun la naissance d'un enfant, les fiancent l'un à l'autre pour le cas où ils seraient de sexe différent ; de tels contrats il résulte quelquefois entre les deux enfants une intimité contraire aux coutumes et dont les effets peuvent être fâcheux : ainsi, il est venu à ma connaissance que, pareil contrat existant entre deux familles très bien posées d'une ville de la Chine centrale, le jeune fiancé, vers quatorze ou quinze ans, anticipa sur la cérémonie nuptiale, délit châtié par le code ; mais on aime toujours mieux ne pas mêler le magistrat dans des affaires privées ; d'autre part, l'honorabilité des deux familles s'opposait à ce que le mariage eût lieu, la fiancée étant enceinte ; le frère aîné de celle-ci (le père était mort), en homme de principes, persuada à sa sœur de s'empoisonner ; mais, comme le contrat de fiançailles devait quand même avoir son effet, la famille de la jeune victime, du consentement de l'autre famille, adopta une fille qui fut donnée en mariage au fiancé. Ce drame domestique montre non seulement la valeur que l'on attache au contrat de fiançailles, mais aussi la minime importance, en pareille matière, de ceux que nous tenons pour les principaux intéressés : l'engagement est pris par les chefs de famille, sans que les parents du jeune homme connaissent la jeune fille (toutefois, chez les Mantchous, elle leur est présentée après les fiançailles), sans que les jeunes gens soient consultés, sans qu'ils se soient jamais vus ; la règle défend qu'ils se voient à partir de six ou sept ans et jusqu'au mariage : aussi, chez les chrétiens, qui célèbrent la cérémonie religieuse avant les rites domestiques, tandis que les deux fiancés sont côte à côte devant l'autel, le visage découvert, ils détournent la tête pour ne pas se voir, et le jeune homme ne parvient pas sans peine à passer, à tâtons, l'anneau au doigt de sa future épouse.

Le mariage chinois est avant tout l'introduction d'une épouse dans la famille pour que le fils soit aidé par elle dans l'exercice des devoirs de la piété filiale; c'est aussi l'alliance de deux familles; quant à l'union de deux êtres ayant chacun une personnalité, on n'y pense guère; la personnalité, encore ici, disparaît dans la fonction familiale; l'on arrive ainsi à une conséquence étrange, les mariages *post mortem :* deux jeunes gens étant morts, si les conditions requises sont remplies de sorte qu'on eût pu les marier de leur vivant, on exhume la fille et on va l'enterrer auprès du garçon, en faisant précéder le cercueil d'un petit drapeau rouge, pour montrer le chemin à son âme : ainsi, comme disent les Chinois, ils ne restent pas seuls au cimetière et, leurs os étant mêlés, ils n'auront pas eu un corps humain en vain; de plus, les deux familles sont apparentées, ce qui est toujours un bien. Dans les mariages de vivants, il arrive parfois que les jeunes filles n'admettent pas que l'on dispose d'elles contre leur gré : on m'en a cité qui, après la cérémonie nuptiale, avaient refusé la cohabitation, menaçant de se poignarder, si l'on prétendait les contraindre; d'autres restent chez leurs parents, ou entrent dans les monastères bouddhiques, dont je parlerai plus loin; j'ai même appris l'existence de la Société des Iris d'or, *kin-lan-hoei* et d'autres associations secrètes de jeunes filles qui ont fait vœu de se tuer plutôt que de se marier contre leur goût. Toutefois, de pareilles marques d'indépendance sont exceptionnelles.

Presque jamais les négociations préliminaires des fiançailles n'ont lieu entre les chefs des deux familles; suivant la règle antique, on a recours à des entremetteurs, ou plutôt à des entremetteuses, *mei-jen;* en Chine, en effet, jamais une affaire ne se conclut directement entre les parties, il y a toujours au moins un intermédiaire, au moyen duquel on fixe les principales conditions avant que les intéressés se rencontrent; ce procédé est lent, coûteux, mais il épargne les froissements, ce qui est à considérer, avec le caractère vindicatif des Asiatiques; si l'affaire se conclut, l'intermédiaire signe à l'acte comme témoin. La présence des entremetteuses dans les mariages dérive de la même idée : elles mettent les familles en rapport, font connaître la situation des unes et des autres, aident à fixer les conditions et les dates, garantissent l'honorabilité des parents, le caractère des belles-mères et des brus, les qualités des époux; elles ne signent pas les lettres rouges qui s'échangent entre les parties, mais leur témoignage est toujours invoqué en justice, en cas de difficultés; en pratique, ce sont généralement des femmes besoigneuses, qui connaissent toutes les familles de la ville ou du district, savent la fortune, les qualités et les tares de chacun, sont à l'affût des jeunes gens d'âge nubile et préparent un mariage pour gagner cinq ou six repas et les cadeaux de plus ou moins de valeur que les deux familles doivent leur offrir, sans s'inquiéter des suites des unions auxquelles elles président. Malgré tous les défauts de ces intermédiaires, il est difficile de se passer d'eux, d'abord parce que la coutume réclame leur présence et les tient pour les interprètes du sort, et aussi parce qu'une famille, avec l'absence presque complète de rapports sociaux qui caractérise la Chine, ne connait bien que ses parents, agnats et cognats, et ses alliés, parmi lesquels il se trouve rarement un jeune homme ou une jeune fille remplissant les conditions voulues. Entre ces conditions de diverses sortes, quelques-unes sont, en effet, fort strictes. Le mariage est interdit, par les mœurs et par la loi, entre agnats à un degré quelconque, sous peine de la nullité du mariage et de la bastonnade, ou même de la mort, suivant le degré de parenté; la même défense existe pour les proches parents par cognation et par alliance. Il n'y a pas d'âge fixé; mais il est rare qu'on marie une fille beaucoup avant douze ans et un garçon avant quinze (1); la fortune et la condition sociale sont également laissées à l'examen des familles, qui en tiennent grand compte. Enfin les influences astrologiques sont d'importance majeure et, bien que n'ayant aucun caractère légal, les conjonctions défavorables empêchent un mariage aussi strictement que la parenté au degré prohibé; tout homme, en effet, est placé, par suite de l'heure de sa naissance, sous une série d'influences qui se résument en huit caractères; si les huit caractères du garçon sont en conflit avec ceux de la fille, on ne saurait passer outre; s'ils sont d'accord, on peut célébrer les fiançailles : on voit que, dans tous ses détails, cet engagement dépend d'autres volontés que de celle des principaux intéressés, et est soumis à des considérations étrangères à la personne des jeunes gens.

Ce sont encore les influences astrologiques qui font choisir les paranymphes chargés d'accompagner les deux fiancés; par elles aussi, on fixe les jours et heures propices pour accomplir les rites, ainsi que les points de l'horizon fastes et néfastes pour les prosternements. Les rites des fiançailles et ceux qui les suivent jusqu'au mariage, sacrifices offerts aux ancêtres par les chefs de famille, échange des lettres de fiançailles, envoi de cadeaux avec les lettres, festins, tout cela peut se faire en deux ou trois mois. La plupart des présents sont destinés à la

(1) Mais douze ans, comptés à la chinoise, peuvent n'en faire pour nous que dix, et quinze ans peuvent correspondre à treize.

fiancée ; cependant on donne à sa famille quelques livres de viande et de farine, du grain et autres victuailles pour l'aider à préparer un banquet : c'est le symbole d'une vente de la fille. Il n'y a pas d'autre contrat écrit que les lettres de fiançailles. Le trousseau étant envoyé chez le futur gendre un ou deux jours d'avance, celui-ci, le jour venu, se rend chez ses beaux-parents et reçoit d'eux la fiancée enveloppée d'un voile rouge ; il la fait monter dans une chaise rouge, puis, la précédant, va la recevoir à la porte de la maison paternelle ; l'aller et le retour se font en grande pompe, avec l'escorte des paranymphes, au bruit des pétards qui doivent éloigner les mauvais esprits. Je ne puis, d'ailleurs, noter tous les détails de ces cérémonies déjà maintes fois décrites ; je ferai seulement remarquer que l'on s'efforce d'accumuler tous les présages de bonheur, dont le sens est le plus souvent tiré d'un jeu de mots : une selle que la fiancée doit franchir, des jujubes et des châtaignes qu'on lui offre, parce que le même mot *ngan* veut dire une selle et la paix, et que le nom des jujubes et des châtaignes forme la phrase *tsao li tseu :* « Ayez bientôt un fils » ; la liste de ces symboles puérils serait longue à dresser. A la maison du mari, les cérémonies essentielles sont l'adoration du ciel et de la terre, et le rite des coupes : les fiancés reçoivent deux gobelets reliés par un fil rouge, les vident à moitié, les échangent et les achèvent. Sans autre rite religieux, sans intervention officielle (1), le mariage est conclu : désormais la jeune fille a disparu pour faire place à la jeune femme ; ses paranymphes vont dans une chambre lui enlever le voile rouge,

(1) Les Mantchous doivent faire inscrire leur mariage sur leurs registres spéciaux d'état civil.

l'habiller, la coiffer en femme mariée, en relevant les bandeaux qui lui couvraient le front, et lui épilant les tempes ; puis elle rentre dans la salle (c'est la première fois que son mari la voit) et elle salue ses beaux-parents et toutes les femmes de la famille de son mari, qui lui donnent chacune un bijou. Alors a lieu une épreuve terrible pour la jeune mariée ; tous les parents, les amis, les voisins s'approchent et viennent la saluer : primitivement, il n'y avait là qu'une présentation destinée à établir les relations et à marquer la bonne harmonie de la famille avec tout le voisinage ; mais l'usage moderne a laissé dégénérer la présentation en une véritable exposition ; aux invités et aux voisins se joignent les indifférents, les passants, les mendiants parfois, si on ne les écarte pas par une aumône qu'ils réclament impudemment ; chacun apprécie la nouvelle mariée, la critique tout haut en termes aussi piquants et inconvenants qu'il peut ; elle doit rester impassible, sans parler, rire ni pleurer ; si elle fait bonne contenance, on la tient pour une femme de tête ; sinon, elle aura bien des railleries et des mauvais tours à subir. Le lendemain du mariage, on mène la jeune femme saluer les tablettes des ancêtres et l'esprit du foyer ; puis on banquette un ou deux jours, les hommes d'un côté, les femmes d'un autre : et enfin le mari va à son tour saluer les tablettes ancestrales de la famille de sa femme.

III

Le premier effet du mariage, pour la femme, c'est le changement de famille et de culte : du jour où, dans sa chaise rouge, elle a quitté la maison paternelle, elle ne dépend plus de ses ascendants, mais de ceux de son mari ; elle portera le nom de ce dernier, sans perdre toutefois le sien qui passe au second rang ; elle visitera ses parents au plus trois ou quatre fois dans l'année. Le mariage chinois ne sépare pas la femme de sa famille d'origine aussi complètement que faisait le mariage romain, il établit même une relation rituelle entre le gendre et les beaux-parents : aussi la femme mariée ne porte plus le grand deuil de trois ans au décès de ses parents, mais elle porte le deuil d'un an, et son mari prend le cinquième degré de deuil. Les ancêtres ont été avertis du départ de la jeune fille, mais les rapports religieux ne sont pas rompus, et la femme continue, quand elle se trouve chez ses parents, d'assister aux sacrifices domestiques, elle vient même volontiers pour certains anniversaires de famille ; cependant elle a été présentée par le mari à ses propres ancêtres et à l'esprit de son foyer, elle appartient avant tout à cet autre culte domestique, aux cérémonies duquel elle doit prendre part ; en même temps, un lien religieux s'est formé entre la famille de la femme et le mari, par la présentation de celui-ci à tous les parents et aux ancêtres de son épouse : désormais le mariage lui est interdit avec plusieurs de ses parentes par alliance. La jeune mariée passant en la même puissance paternelle sous laquelle se trouve son mari, le chef de famille de celui-ci peut ordonner la répudiation de la femme, de même qu'il a décidé le mariage. Auprès de ses beaux-parents, la jeune femme prend la place d'une fille ; toutefois son importance rituelle est plus grande, puisque c'est elle qui doit perpétuer la famille, et, dans les sacrifices, elle a le pas sur les filles non mariées. Elle doit remplir envers les beaux-parents tous les devoirs de

la piété filiale, qui comportent le deuil de trois ans à leur
décès, le respect et l'obéissance presque absolue pendant
leur vie. La règle de séparation des sexes empêche que la
bru s'asseye à la même table que le beau-père, qu'il lui
remette quelque objet de la main à la main, ou qu'il la
frappe; mais, envers la belle-mère, elle est tenue, en cas
de besoin, même d'obligations serviles; chez les gens du
commun, l'on dit (les Chinois ne sont pas prudes) « qu'elle
fait la soupe au goût de la belle-mère, lui prépare la cou-
verture et lui présente le pot ». La belle-mère a le droit
de correction, souvent elle en abuse. Il est d'un usage général, à la ville comme à la campagne, que tous les fils
mariés continuent de vivre sous le toit des parents : chez
les gens riches, une maison peut avoir cent *kien* (1) ou
davantage, formant des appartements communs, salon
extérieur, salon intérieur, salle des ancêtres, bibliothèque,
et des installations séparées, de trois ou de cinq chambres,
pour chaque ménage, sans compter les pavill ons secondaires pour les enfants et domestiques, pour les concubines dont je parlerai plus loin, en laissant aussi les chambres
de réserve, les cuisines, les écuries; dans ces phalanstères,
il n'est pas rare de trouver, sous les ordres de la belle-
mère et sous sa surveillance constante, trois ou quatre
brus, des filles et petites-filles non mariées, à peu près autant de concubines que de femmes mariées, des servantes
à raison de deux ou trois par ménage: il y a aussi les parentes et amies qui sont de passage.

Il n'y a pas de repas en commun, puisque les deux sexes
ne peuvent être réunis à une seule table, mais la cuisine
est commune, chaque ménage mangeant dans son habita-

______

(1) Entre-colonnements d'environ quatre mètres carrés.

tion privée, la femme assise à la droite du mari (la gauche de la table et du *khang* est la place d'honneur) ; toutes ces femmes sortent peu, n'ont presque pas d'occupation ; la plupart, manquant d'instruction, ne s'intéressent qu'à la toilette et aux futilités de chaque jour ; la femme du chef de famille et les plus anciennes brus ne sont plus jeunes, ont leurs idées arrêtées et sont persuadées à l'avance que les dernières venues n'ont pas été élevées dans les bons principes. Que l'on se figure, si l'on peut, les abus de pouvoir des plus vieilles, les jalousies des jeunes au sujet de la parure et de la beauté, les susceptibilités pour la préférence montrée par les parents à l'un des fils ou à l'une des brus ; qu'on ajoute les excitations des servantes, les bavardages de toutes ; qu'on imagine les alliances qui se nouent, les intrigues qui se trament : parfois cela va si loin qu'une jeune femme, en quittant sa famille, ne peut supporter cet enfer et, ne trouvant en elle-même aucune idée morale ou religieuse qui lui serve d'appui, cherche à se donner la mort. Les pilules d'or ne sont pas à la portée de tout le monde, mais l'arsenic, l'opium, une corde, le puits de la maison sont d'accès plus facile.

Ces suites du mariage ne sont pas très fréquentes ; elles ne sont pas rares non plus et font comprendre l'existence de sociétés telles que les Iris d'or, dont je parlais plus haut ; jamais une jeune fille ne peut être sûre d'échapper à une épreuve de ce genre, sauf le cas où, fille unique, sans agnats qui puissent être adoptés par ses parents, ceux-ci la marient à un fils-gendre : c'est-à-dire que le gendre abandonne solennellement son nom de famille et son culte familial, prend le nom de sa femme et vient habiter chez ses beaux-parents, dont il doit hériter. S'il divorce, les biens restent à la femme ; c'est, je crois, l'unique hypothèse où la fille est appelée à l'héritage paternel (1).

De la part du mari, la femme peut souvent compter sur un traitement convenable ; les joueurs, les débauchés, les hommes qui battent leur femme, ne sont pas plus nombreux en Chine qu'en Europe ; et l'Extrême-Orient connaît aussi les femmes de tête qui ont le premier rôle dans leur ménage : on prétendait, il y a quelques années, qu'un très grand fonctionnaire chinois parlait beaucoup moins haut dans sa maison qu'au dehors. Les principes établissent, d'ailleurs, une certaine égalité entre les deux époux : « Sois plein de respect pour ta femme, dit le père à son fils, en l'envoyant chercher sa fiancée, car elle doit avec toi avoir soin de mes ancêtres », et Confucius exprimait déjà la même idée dans l'un de ses entretiens. Le mariage rituel n'admet qu'une épouse ; si le mari est mandarin, elle a des titres équivalents, sa chaise est de même couleur, son catafalque a les mêmes ornements et le même nombre de porteurs ; toutefois, la veuve doit porter le deuil trois ans et le deuil du veuf est d'un an seulement. Mais les privilèges du mari sont, d'autre part, très considérables : s'il frappe sa femme, le magistrat n'intervient que sur la plainte de celle-ci ; s'il la tue volontairement, il est passible de la strangulation ; mais si elle se donne la mort pour échapper à ses mauvais traitements, il n'est pas châtié ; en revanche, la femme reçoit quarante coups de rotin pour des injures dites à son mari, et est punie de la mort lente, lorsqu'elle l'a tué avec intention. En cas d'adultère, le mari qui tue la femme et le complice pris en flagrant délit bénéficie d'une excuse légale ; s'il ne la tue ni ne la renvoie, il est passible de la baston-

(1) Toutefois on m'a affirmé qu'au Hou-nan les biens paternels sont partagés également entre tous les enfants, garçons et filles.

nade, mais le mandarin, moins puissant que le chef de famille, ne peut le contraindre à la répudier; l'époux offensé peut, s'il le préfère, vendre sa femme, à tout autre qu'au complice; bien entendu, l'homme n'est jamais principal coupable dans l'adultère et jouit de la plus complète liberté pour ses amours ; en pratique, l'adultère est assez rare, à cause de la sévérité des lois, de la communauté de la vie familiale et de la curiosité des voisins. Outre l'adultère, il existe sept cas où la répudiation est autorisée depuis la plus haute antiquité: le premier, la stérilité, s'explique facilement, puisque le but même du mariage est de perpétuer la famille; les autres, impiété filiale, inconduite, jalousie, etc., permettent de chasser une femme, dont le mauvais caractère ou les vices jettent le trouble dans la famille ; ils mettent une arme terrible dans les mains de la belle-mère : aussi la loi moderne prévoit quelques circonstances où la femme non adultère ne peut être répudiée pour aucun motif, par exemple lorsqu'elle a porté le deuil de trois ans pour les parents de son mari, ou lorsque ses propres parents sont morts. Le divorce par consentement mutuel est toujours possible; mais la femme ne peut divorcer contre la volonté du mari et, si elle quitte le domicile conjugal, elle est passible du bâton; elle peut même être vendue. La répudiation sans motifs graves est vue de mauvais œil par les moralistes d'aujourd'hui : les honnêtes gens la déconseillent, refusent même d'en écrire l'acte pour le compte d'autrui, cet acte est considéré comme de mauvais augure et on le rédige en plein champ, de peur de porter malheur à la maison où on l'écrirait: c'est, d'ailleurs, un acte purement privé, mais les parties ne se contentent pas de le signer, elles y impriment leur main trempée dans l'encre, car une telle empreinte passe pour inimitable et donne au document un caractère d'authenticité absolue. L'acte est remis à la femme, qui retourne chez ses parents : le trousseau reçu de son père et qui, suivant la fortune et la générosité de celui-ci, comprend des vêtements, meubles, parures, parfois de l'argent et même des immeubles, est naturellement rendu, mais dans l'état où il se trouve au moment du divorce : le mari, qui, pendant la durée du mariage, en a la libre disposition, ne doit aucun compte des sommes dépensées ni des biens vendus ; je note immédiatement que, lors de la mort de la femme mariée, le trousseau passe à ses enfants ou revient à sa maison paternelle, suivant les conventions.

Malgré l'étroite sujétion où se trouve la femme, si elle rencontre une belle-mère d'humeur douce, un mari qui la traite passablement, sa vie, pour différente qu'elle soit de celle d'une Européenne, peut offrir quelque agrément : la claustration du gynécée n'est pas telle qu'il n'y ait les visites des parentes et amies, parfois même d'un parent ou d'un étranger dûment présenté et qu'on va recevoir en compagnie du mari, dans le salon extérieur ; il y a les cérémonies du culte domestique et le pèlerinage aux tombeaux, qui reviennent à époques fixes ; de temps en temps un mariage, un enterrement chez des parents : toutes ces circonstances sont accompagnées de festins rituels ; si l'on demeure à la ville, on passe la canicule dans une villa de famille ou dans un temple qu'on loue à la campagne ; parfois, bien rarement, on va faire des emplettes dans une boutique, ou l'on se rend à quelque temple pour une foire ; dans ces sorties comme à l'intérieur du gynécée, la femme a le visage découvert. Lors des fêtes, les gens riches font venir la comédie chez eux et les femmes y assistent d'un appartement séparé. La vie tout unie de chaque jour avec de nombreuses servantes et beaucoup de bavardages ; les

soins de la toilette, la coiffure avec des fleurs, le fard, les
bijoux, les vêtements faits des plus riches soieries, mais
peu sujets aux variations de la mode et de même coupe
pour tous les âges ; tout cela n'est pas fait pour déplaire à
la majorité des femmes ; et pour celles qui sont instruites,
il se trouve toujours facilement des occupations. Cette
existence du gynécée est large, souvent somptueuse, susceptible d'être intelligente ; ce qui y manque, à notre point
de vue, c'est la liberté ; mais, dans cette race, la personnalité est peu marquée et l'éducation ne fait rien pour la développer chez la femme : je dirai plus, toute la vie chinoise
est orientée vers la famille, et non vers la personne ; une
Chinoise pourra donc se trouver heureuse, là où étouffe-
rait une Européenne occupée de développer son moi.

Ce qui, d'ailleurs, garantit à la femme, sinon le bonheur,
du moins une situation respectée et prépondérante, c'est
d'avoir des fils : le mariage étant institué en vue de la postérité, si la femme trompe les espérances qu'on a fondées
sur elle, on admet que sa stérilité est un châtiment céleste
et on lui en veut de prendre la place qu'une autre tiendrait
mieux ; le jour, au contraire, où elle a des enfants, des
fils surtout, elle y trouve d'abord cette jouissance d'affection, ces occupations pénibles et chéries que les mères
apprécient en Asie comme en Europe ; mais de plus elle
prend au foyer une place où ni beauté, ni intelligence, ni
patience n'auraient pu l'asseoir : elle se trouve rapprochée
des ancêtres, à qui elle a donné l'héritier qu'ils réclamaient,
et appelée à devenir elle-même ancêtre un jour ; une personnalité religieuse commence de se développer en elle.
Plus elle aura de fils, plus elle sera en faveur auprès des
beaux-parents et du mari ; d'ailleurs, si la famille est déjà
nombreuse et s'il survient une grossesse, gênante pour

accompagner en voyage le mari qui est mandarin, par exemple, le père qui, en pratique, a droit de vie et de mort sur ses enfants vivants, trouve bien plus naturel d'exercer ce droit sur l'enfant à naître, et il fait provoquer l'avortement : l'on voit partout des affiches recommandant des médicaments à cet usage. Mais habituellement, une nombreuse postérité est tenue pour une marque de la protection céleste, et la mère qui lui a donné le jour est d'autant plus honorée. A mesure qu'elle avance en âge, elle croît en importance, ses fils s'établissent autour d'elle avec ses brus et elle règne à son tour, comme régnait sa belle-mère, au jour de son entrée dans la maison conjugale. Et lorsque enfin, épouse et mère, après avoir dignement rempli ses devoirs pendant une vie plus ou moins longue, elle est arrivée à son dernier jour, elle repose dans un tombeau placé à la droite de celui de son mari, comme aussi l'on met à droite dans la châsse la tablette où réside son esprit : elle veille de là sur ses descendants et atteint après la mort à une personnalité religieuse analogue à celle de l'homme.

IV

Le type de la femme qui travaille est moins caractérisé que celui de la femme riche, et la distance est vraiment grande entre celle qui se borne à tenir sa maison en compagnie de ses filles et de ses brus, et celle qui peine pour gagner quelques sapèques et nourrir l'enfant qu'elle traîne avec elle ; cependant, à y regarder de près, il n'y a là qu'une différence du plus au moins : l'une et l'autre sont séparées de la classe aisée par le vêtement, par l'éducation, bien

plus, par la tenue et par la règle de conduite ; car la pauvreté ne permet guère de vivre dans la demi-claustra-
tion réclamée par les mœurs. Toutefois la morale limite
étroitement les formes de travail accessibles à la femme
et règle sévèrement les raports de celle-ci avec les diverses
communautés extra-familiales qui forment la société.

Dès la naissance, une fille pauvre est exposée à plus de
dangers que n'en connaît jamais la fille d'une famille riche :
je laisse de côté les maladies, communes aux deux sexes
et favorisées par le manque de soins sous un climat très
rude, et j'arrive immédiatement à l'infanticide, qui fait
surtout des filles ses victimes : une fille a trop peu d'importance aux yeux des Chinois pour que de pauvres gens, qui
savent rarement, le matin, s'ils mangeront le soir, hésitent
beaucoup à se débarrasser d'une bouche inutile ; en outre,
le sort d'une fille pauvre est souvent tellement misérable
que, si les parents y réfléchissaient, leurs derniers scrupules
seraient levés ; et enfin, la puissance paternelle est si
absolue, malgré les empiétements du code, que l'infanticide en est une conséquence naturelle. Il va de soi que,
par les temps de disette et dans les régions pauvres, ce
crime se montre plus fréquemment : c'est alors surtout
qu'on « marie les petites filles aux esprits des rivières »,
à moins qu'on ne se contente de les abandonner ou de les
porter aux orphelinats.

Cette pratique est très répandue, n'est pas tenue pour
déshonorante, ainsi que le prouve la répétition même,
depuis trois siècles, des proclamations qui l'interdisent.
Toutefois admettre que l'infanticide est de règle serait res-
sembler à ces Chinois qui sont persuadés que les religieuses arrachent les yeux et le cœur des enfants pour en
faire des médicaments ou des objectifs photographiques ;

loin de l'encourager, les religions populaires, les autorités s'y opposent. Si les orphelinats étrangers font un grand bien, en nourrissant, élevant, mariant un nombre considérable de filles, si quelques Missions, au lieu d'avoir des orphelinats, placent à leurs frais les enfants dans des familles chrétiennes, ce qui est sans doute préférable, les fonctionnaires et les particuliers, depuis deux cents ans, se préoccupent aussi de cette question : dans presque toutes les régions, il existe des institutions charitables, officielles ou privées, qui recueillent les enfants ou donnent des secours aux parents pour aider à les élever ; le dernier système semblera meilleur à ceux qui connaissent le désordre de tout établissement public chinois et la saleté des femmes du peuple que l'on prend comme nourrices, pour les charger souvent de cinq ou six enfants d'âges divers. Mais la plupart de ces orphelinats indigènes sont en décadence, et leurs fonds profitent avant tout aux subalternes qui y sont attachés.

Quand les petites filles ont atteint sept ou huit ans, souvent plus tôt, les institutions indigènes s'en défont, soit en les cédant comme servantes à des familles qui présentent des garanties, soit en les vendant comme brus à des gens du commun : il arrive souvent, en effet, qu'une famille pauvre, non pas misérable, achète aux orphelinats indigènes ou aux parents mêmes une petite fille qu'on élève avec les enfants de la maison et que l'on destine à devenir l'épouse du fils ; ce mode de mariage permet de réduire, autant que l'on veut, les frais et les cérémonies : l'orpheline devient une petite servante, s'habitue aux soins du ménage et fait connaissance avec sa future famille. Sa position varie avec le caractère de la maîtresse, parfois elle est traitée en enfant de la maison, plus souvent elle est battue, peu nourrie, mal vêtue ; les suicides ne sont pas rares parmi ces petites servantes-brus. Les filles qui restent chez leurs parents souvent ne sont pas mieux traitées ; en tous cas, elles travaillent, lavent les ustensiles, ramassent le fumier pour le champ ou les épis à la moisson, dès qu'elles peuvent se tenir sur leurs jambes ; un peu plus tard, elles se mettent à filer, à coudre, elles prennent soin des frères et sœurs plus jeunes, et c'est d'ordinaire à cela que se borne leur éducation ; car, si les croyances bouddhistes et taoïstes ont plus de prise sur le peuple que sur les gens instruits, elles y restent à l'état de superstitions et ne forment pas un corps de doctrines que l'on enseigne.

Le mariage est difficile pour les filles pauvres ; il faut acheter un petit trousseau, célébrer quelques cérémonies, tout cela coûte : aussi plus la famille est pauvre, plus le mariage est tardif ; il est cependant bien peu de filles qui ne finissent par se marier, et s'il y en a qui restent célibataires, c'est presque toujours qu'elles ont quelque infirmité : le jour où elles ne peuvent travailler, elles n'ont d'autre ressource que la mendicité, car les asiles publics s'ouvrent de préférence aux veuves. Après le mariage, la vie d'une femme de cette classe n'est pas plus enviable qu'auparavant : une belle-mère pauvre est toujours plus âpre et plus violente qu'une autre, toute la famille vit entassée dans deux ou trois chambres, c'est le contact, ce sont les querelles de chaque heure ; les coups ne manquent pas, et tout le voisinage est fréquemment troublé des batailles et des injures auxquelles les femmes chinoises excellent.

La venue des enfants rend la misère plus grande et ne fait qu'empirer la situation ; souvent les paysans, même ayant du bien, n'habillent pas leurs brus, qui sont réduites à

mendier ou voler pour elles et leurs enfants, tandis que la
piété filiale ferme la bouche du mari; parfois, au contraire,
la bru sait prendre le dessus et, profitant de la vieillesse de
la belle-mère, la fait périr de rage et de manque de soins.
Il arrive aussi que, trop paresseux pour travailler, le mari
vende sa femme, consentante ou cédant aux menaces, pour
être servante ou concubine : bien qu'interdit par la loi, ce
dernier contrat n'est pas rare; un mari loue même sa femme
pour un temps fixé; j'ai eu connaissance d'une transaction
de ce genre, où un nouveau marié cédait pour trois ans
tous ses droits sur sa femme à un homme privé de postérité, qui devait garder les enfants à naître de la femme
louée.

Dans ces familles pauvres, si une femme jeune devient
veuve, ou si son mari reste deux ou trois ans absent,
les beaux-frères se débarrassent d'elle, en la rema-
riant de gré ou de force; souvent, c'est la veuve elle-même
qui, ne pouvant subsister avec ses enfants par son seul
travail, cherche un nouveau mari; il s'en trouve facilement,
car le mariage avec une veuve est économique, puisqu'il
se fait sans cérémonie ni cadeaux; il n'est guère qu'une
union de fait. Lorsque de petits cultivateurs perdent leur
fils unique, ils remarient eux-mêmes leur bru, l'époux vient
s'installer chez eux et prend leur nom, car il faut un
homme jeune pour labourer le champ. Les seconds mariages
ont toujours été blâmés des moralistes, réprouvés par la loi,
mais la misère ne tient compte ni de la morale ni du code.

Quant aux veuves sans ressources, elles ont l'asile public : depuis fort longtemps, il existe des asiles de vieillards,
entretenus par l'État dans chaque district; les femmes y
ont un quartier séparé, elles sont nourries de millet ou de
riz très clair, ne sortent jamais, sont soignées par le méde-

cin officiel du district et reçoivent à leur mort un cercueil payé par le sous-préfet; mais le nombre des places est limité; et, d'autre part, les asiles privés et les associations de secours à domicile sont non moins insuffisants. Enfin, lorsqu'une de ces pauvres femmes, veuve, mariée ou fille, termine sa vie de misère, on l'enterre aussi convenablement que l'on peut, car les Chinois ont le respect de la mort : le tombeau est un mince monticule de terre; ceux qui n'ont même pas un champ qui leur appartienne, abandonnent le cercueil dans la campagne, où il reste tant que la pluie et les inondations ne l'ont pas fait disparaître; il n'y a pas de tablette funéraire, pas de religion domestique; parfois les survivants vont brûler un peu d'encens à la bonzerie, et c'est tout : les pauvres gens, en Chine, souffrent de la faim dans le tombeau, comme ils en ont souffert sur terre; heureusement, la croyance à la transmigration est très répandue et corrige ce que les idées purement chinoises ont de trop amer.

Je n'ai pas chargé le tableau de ces misères physiques et morales : il n'est que juste d'ajouter qu'entre la richesse et cette pauvreté extrême il y a une multitude de degrés; les familles montent et descendent ces échelons suivant leur chance et leur savoir-faire : c'est surtout dans la population urbaine que ces changements de fortune sont profonds et fréquents, tandis que, parmi les cultivateurs, il y en a un bon nombre qui sont propriétaires de leur champ depuis des générations. Avec la situation de fortune, la condition de la femme s'élève ou s'abaisse : les femmes d'ouvriers et de cultivateurs aisés tiennent plus de place dans leur ménage qu'une femme riche dans le sien, le travail diminue la distance des sexes, il n'y a pas de concubine qui désunisse les époux. On rencontre à chaque pas ces femmes du peuple, car la claustration du gynécée n'est possible que dans une vie d'oisiveté ; elles vont et viennent, proprement vêtues de toile bleue, avec un anneau d'argent au doigt, des boucles d'oreilles, signes d'une certaine recherche ; elles bavardent avec les voisines et ne sont pas embarrassées pour parler à un voisin ou le saluer au passage : ces rapports entre les deux sexes sont toujours marqués par beaucoup de retenue et de courtoisie, plus à coup sûr que dans nos grandes villes.

Dans toute la classe ouvrière, pauvre ou aisée, la première occupation des femmes est la tenue du ménage ; tous les vêtements, jusqu'aux chaussures, sont faits par elles ; elles filent le coton, tissent la toile, fabriquent des souliers pour les vendre au dehors : une fileuse des environs de Thien-tsin peut gagner cinquante sapèques par jour, alors qu'elle en dépense trente-cinq (1) pour sa nourriture. Dans les fermes, la femme élève les vers à soie, moud le grain, au besoin tire la charrue côte à côte avec l'âne ; dans les provinces centrales, ce sont les femmes qui cueillent les pousses de thé pour l'entrepreneur de la récolte ; dans les régions à porcelaine, au Kiang-si, par exemple, beaucoup de pièces ordinaires sont modelées et décorées par des ouvrières. Les sages-femmes sont d'une classe un peu plus relevée ; elles sont libres dans leur profession et forment des élèves à leur gré ; un accouchement leur rapporte rarement plus de trois ou quatre taëls (2) avec quelques cadeaux ; elles sont aussi, malgré leur ignorance, les seuls médecins que la coutume autorise pour les femmes. Je rappelle, à propos des professions féminines, qu'il n'y a nulle part de maîtresses d'école. Les travaux

(1) Environ 0 fr. 075 et 0 fr. 0525.
(2) De 12 à 16 francs.

qui conviennent à la femme chinoise, sont les soins du ménage et les ouvrages qu'elle peut emporter à la maison, ou faire isolément dans les champs : ces occupations plaisent aux moralistes, parce qu'elles laissent subsister la séparation des sexes; mais jamais on ne voit une femme tenir une boutique ni même y remplacer momentanément son mari absent, car elle ne peut avoir de rapports avec le public : le mari, avec ses commis et apprentis, s'occupe du commerce, tandis que la femme se tient dans sa chambre ou dans sa cuisine. De même, les ateliers de broderie qui existent à Péking sont dirigés par des hommes et composés d'ouvriers : il n'existe d'ateliers ni de couturières ni de cordonnières, et tous les vêtements féminins se font à la maison. Aussi les filatures de Chang-hai, les ateliers de triage de soies de Thien-tsin sont un grand scandale pour les moralistes. Les batelières de Canton appartiennent aux derniers rangs de la population; et quant aux femmes des capitaines de jonques de riz, qui accompagnent leur mari depuis la Chine centrale jusqu'à Thien-tsin, elles ont à bord une vie aussi retirée que celle de la fermière dans ses champs.

Puisque la femme ne peut ni faire le commerce, ni travailler dans un atelier, à plus forte raison est-elle incapable d'entrer dans ces corporations qui réunissent tous les patrons d'un même métier. La commune rurale la connaît seulement pour lui faire payer sa part des taxes locales que les propriétaires s'imposent, mais elle ne la laisse pas entrer à la bonzerie pour assister à l'assemblée et prendre part aux délibérations. Du principe de la séparation des sexes, résultent, à l'égard de l'administration, certains privilèges : les employés de l'octroi de Péking ne fouillent pas les femmes, et les distillateurs d'eau-de-vie de sorgho en profitent pour faire entrer et vendre leur marchandise sans payer les droits; les nourrices des orphelinats sont placées sous la surveillance non des directeurs, mais des femmes de ceux-ci, investies pour la circonstance d'un mandat officiel. Les constatations sur les cadavres de femmes ou sur les blessées sont faites par des femmes, qui sont attachées au tribunal et reçoivent, avec des appointements assez minces, des gratifications importantes des parties intéressées aux procès; le code ne permet d'emprisonner les femmes que pour les crimes les plus graves : elles sont alors remises à la garde d'une geôlière hors de la prison commune; pour un délit moins important, la coupable doit être confiée à la surveillance de son mari ou du chef de famille tenu pour responsable; celles qui sont condamnées à la bastonnade, la reçoivent sur une robe simple, et non directement sur la peau; le rachat de la peine est admis pour elles d'une façon beaucoup plus générale que pour les hommes, la marque et quelques autres châtiments ne leur sont pas appliqués. Les règles morales de la Chine produisent ici des effets semblables à ceux qui viennent en Occident de l'indulgence pour le sexe faible. En dehors de ces cas et de quelques autres peu nombreux, la société ignore la femme : si bien qu'en Chine, on peut par la pensée la supprimer, sans qu'il y ait une place vide ni dans la commune, ni dans la corporation, ni dans les écoles, ni dans l'administration.

Hors de la famille, les seules communautés qui font une place à la femme sont d'origine étrangère : le bouddhisme, qui, privé aujourd'hui de toute vie morale, n'a plus d'une religion que les formes du culte, a, comme par le passé, ses religieuses, avec des aspirantes données ou vendues par leurs parents ; quelquefois, des jeunes filles pour échapper

au mariage, des veuves lassées de la famille de leur mari,
se retirent dans les monastères, assez nombreux dans les
provinces du centre et du sud ; la tête rasée, vêtues de couleurs sombres, ces femmes mendient, lisent les prières,
travaillent ; fort peu sont instruites : toutes ont mauvaise
réputation pour la chasteté, et il ne semble pas que ce renom soit immérité, puisque les hommes se réunissent dans
certains monastères pour y fumer et y boire ; mais ce mépris tient aussi à la répulsion instinctive que le Chinois a
pour toute femme qui sort des règles admises par la morale
confucianiste. Le taoïsme, qui a tant emprunté au bouddhisme et qui n'est pas plus vivant que lui, a aussi des religieuses, mais elles sont en petit nombre. Quant au christianisme, en Chine comme ailleurs, il s'est efforcé de
réhabiliter la femme : sans citer des exemples historiques
comme celui de Candide Hiu au xviie siècle, il est de fait
qu'aujourd'hui, outre les Chinoises admises dans les communautés européennes, il y en a d'autres qui forment des
ordres indigènes ; toutes se consacrent également à l'éducation des enfants et aux soins des malades ; malgré les
services qu'elles rendent, leur position hors de la famille
est tellement contraire à l'esprit national que les lettrés et,
à leur suite, les ignorants, les insultent et, dans les moments de troubles, les maltraitent ou les mettent à mort.
En dehors des communautés, on trouve souvent des veuves
ou des filles chrétiennes de familles aisées, qui s'adonnent
bénévolement à l'éducation des enfants pauvres, au soulage-
ment des malades, exercent une influence bienfaisante sur
ceux qui les approchent et sont consultées pour toutes les
affaires de la chrétienté : on m'en a cité quelques-unes dans
plusieurs villages du Tchi-li ; une de ces filles de mérite,
morte il y a six ans, a été regrettée par bien des pauvres

de Thien-tsin. La femme a donc pris, dans les communautés chrétiennes, un rôle conforme à l'esprit de la religion, mais tout différent de celui que lui assignent les mœurs du pays.

V

La femme, comme l'homme, mais bien plus fréquemment, est une chose dans le commerce; celui qui exerce la puissance paternelle a le droit de vendre ceux qui sont sous son pouvoir; nous avons vu qu'en pratique et malgré la loi le mari vend sa femme; toute personne est libre de se vendre elle-même, sauf opposition du chef de famille.

Le droit de vendre entraîne naturellement le droit de louer, de mettre en gage, de vendre à réméré; pour tous ces contrats, un acte est dressé, est remis à l'acheteur et lui sert de titre. Dans beaucoup de régions, il y a des villes qui sont connues comme marchés d'esclaves; Pi-tsie au Koei-tcheou, Thang-chan près de Thien-tsin en sont des exemples : à Thang-chan, les parents qui veulent vendre leur fille, la parent de leur mieux, l'exposent dans une rue fréquentée, et père, mère, aïeuls, frères aînés se relaient pour faire l'article aux passants; le prix moyen est de deux ou trois *liao* (1) par année d'âge; à Péking, une fille de douze ans vaut de trente à cinquante taëls, une de dix-huit ans, pour peu qu'elle soit bien tournée, se paie de deux cent cinquante à trois cents (2); dans beaucoup de localités, les ventes se traitent discrètement, par l'intermédiaire d'entre-

(1) De 3 francs à 1 fr. 80.
(2) De 120 francs à 200 francs; de 1.000 francs à 1.200 francs.

metteurs ; à Canton, des commerçants exportent des femmes et les font passer en douane sous de fausses déclarations. Parfois les autorités essaient d'enrayer ce commerce, mais jamais d'une façon ni énergique ni efficace : d'ailleurs jusqu'au xvii⁰ siècle, l'État faisait vendre à son profit la femme et les enfants du fonctionnaire qui mourait en laissant un déficit dans sa caisse. Les esclaves sont donc nombreuses, il n'est pas rare d'en trouver vingt ou vingt-cinq dans une maison riche ; théoriquement, elles sont la chose du maître qui peut les employer comme il l'entend, pour son plaisir ou pour son intérêt, en faire des servantes, des concubines, les louer pour tel usage qu'il lui plait ; il ne peut les tuer cependant ; mais si elles meurent des suites de châtiments exagérés, il n'est pas puni. La pratique est plus humaine : les esclaves des deux sexes ne sont pas habituellement maltraités. De même que les servantes à gages, les femmes esclaves sont logées, nourries, chauffées ; elles reçoivent des cadeaux trois fois par an ; si les servantes sont payées environ trois ou quatre francs par mois, les esclaves sont vêtues et blanchies. Le maître ne peut dépouiller l'esclave de ce qu'elle a reçu en gratification et, au moyen de son pécule, elle se rachète, s'il y consent ; il n'a le droit d'exiger dans ce cas que le remboursement du prix d'achat porté sur le titre ; les affranchissements sans compensation ne sont pas rares. Quand des esclaves ont été longtemps dans une famille, elles acquièrent sur la maîtresse beaucoup d'influence et vivent avec elle dans une intimité respectueuse dont l'équivalent n'existe plus guère en France entre maîtres et serviteurs ; il est inouï que l'on chasse une vieille esclave pour ne pas la nourrir : ces adoucissements, apportés par la pratique à la condition servile, viennent de ce qu'en Chine maîtres et esclaves sont de même race, parlent la même langue ; le lien entre le maître et les esclaves est tout personnel, ceux-ci ne forment pas une caste. Comme le père marie sa fille sans son consentement, le maître ne consulte pas son esclave pour la marier à un domestique ou à un esclave mâle : mais d'aucune façon, il ne peut séparer les époux ; par le mariage, la femme esclave est soumise à des règles nouvelles ; elle dépend, avant tout, de son mari et elle acquiert vis-à-vis du maître une personnalité inviolable ; elle ne peut même être privée de ses enfants que du consentement du père. Les esclaves n'ont pas de tablette après leur mort, n'ont donc qu'une capacité religieuse restreinte, mais le maître leur donne un cercueil et les enterre à ses frais dans le voisinage du cimetière familial.

Bien différent est le sort des filles qui tombent dans les mains d'entrepreneurs de prostitution ; la loi ne permet de vendre qui que ce soit à ces industriels, mais il y a des voleurs d'enfants, des parents affamés, même, affirme-t-on, certains établissements hospitaliers, qui transgressent la loi. Le maître ou la maîtresse de ces malheureuses a sur elles droit de suite, droit de châtiment, sans que le magistrat intervienne jamais : leurs gains appartiennent au maître, qui les nourrit, les loge, les habille ; souvent il leur extorque par la violence le pécule qu'elles essaient d'épargner. Quelques-unes des femmes galantes sont libres, et versent à l'entrepreneur qui les héberge une somme prélevée sur leurs recettes. Il existe aussi des troupes de comédiennes ; elles donnent des représentations sur des scènes spéciales (1) presque toujours très mal famées ; ces femmes sont esclaves du directeur de la troupe. Une comé-

____

(1) Hommes et femmes ne peuvent paraître sur la même scène.

dienne ou une prostituée ne peut sortir de sa condition
que si quelque admirateur l'achète pour en faire une concubine, ou en payant elle-même sa liberté à l'entrepreneur,
lorsque celui-ci ne lui a pas pris à mesure tout l'argent
qu'elle recevait : l'ambition d'un grand nombre de ces
femmes, c'est de pouvoir à leur tour ouvrir une maison de
débauche ; mais bien peu atteignent ce but, et la plupart,
vieillies, chassées par leur maître, tombent dans la misère
la plus sordide et meurent dans la rue. Les femmes galantes
ne se distinguent des autres femmes par aucune marque
visible dans le costume ; elles ont en public une tenue irré-
prochable (1) ; la tare qui leur vient de leur métier n'est pas
indélébile et, si l'une d'elles est prise comme concubine,
ce qui n'est pas rare, non seulement elle est capable de
faire bonne figure dans une famille honnête et de se soumettre aux règles du gynécée, mais elle se trouve complètement réhabilitée et prend effectivement le rang que lui
donne son titre d'épouse en second.

C'est parmi les esclaves aussi qu'il convient de ranger
les concubines, dont j'ai déjà parlé plusieurs fois ; elles
sont, en effet, achetées, peuvent être vendues, soit par le
maître, soit, à son défaut, par son épouse ou ses héritiers :
des fils, toutefois, ne sauraient sans impiété vendre la concubine de leur père. L'état de concubine n'est d'ailleurs
souvent qu'une situation de fait. Parfois, c'est l'épouse
qui donne une concubine à son mari, soit parce qu'elle-
même est privée d'enfants, soit, si elle reste à la maison
tandis que le mari doit voyager, afin d'alléger pour lui

---

(1) Il est toutefois d'usage à Péking que ces femmes se rendent,
magnifiquement parées, à une foire qui a lieu au Hoo-chen miao au
début de la première lune et y fassent publiquement choix de leur
amant de l'année.

l'ennui de la route et de le détourner des aventures. Quand
une concubine entre dans la maison, elle doit passer à
genoux entre les jambes d'un pantalon de l'épouse et recevoir de celle-ci quelques coups de fouet en signe de soumission : mais cette coutume, qui résume bien la situation
des deux femmes, n'est pas générale ; j'ai eu connaissance,
au contraire, d'un cas où des parents donnant à leur fils
une concubine, avant la conclusion du mariage rituel et
du consentement de la famille de la fiancée, l'union secondaire fut accompagnée de cadeaux et de festins comme un
véritable mariage (les cérémonies essentielles furent naturellement supprimées) ; on voulait par là témoigner des
égards à la famille très honorable de la concubine. Habituellement, ce n'est que la misère qui engage un père à
vendre sa fille comme femme secondaire, à la soumettre à
l'autorité d'une épouse principale et à la priver d'une postérité : car les enfants de la concubine sont réputés issus
de la principale épouse, qu'ils appellent *mama* ou grande
mama, tandis qu'ils donnent à leur propre mère le nom
de tante ; les fils ont part à l'héritage paternel, ils ont accès aux fonctions publiques ; ce n'est que pour les titres
nobiliaires que les fils de l'épouse rituelle ont le pas sur
les autres. La loi et la coutume admettent donc pleinement
les concubines, qui sont souvent nécessaires dans la famille
chinoise pour la perpétuité des sacrifices : toutefois il arrive fréquemment qu'un homme riche, à qui sa femme a
donné des enfants, a cinq ou six concubines, alors que la
durée du culte domestique est pleinement assurée. Les
concubines ont une place inférieure dans le culte de famille ;
quand elles ont donné des enfants à leur maitre, elles ne
sont habituellement pas vendues par lui, et elles ne peuvent l'être par ses héritiers ; elles sont enterrées dans l'en-

ceinte du cimetière domestique et leurs fils leur offrent les sacrifices funéraires, mais seulement après les avoir offerts à l'épouse principale. Bien que, par leur origine, les concubines appartiennent à la classe des esclaves, le fait qu'elles fournissent des héritiers aux ancêtres leur donne une partie de la capacité familiale et religieuse qui leur manquait.

Dans la famille impériale plus que dans toute autre, les héritiers mâles sont nécessaires, puisqu'ils doivent perpétuer le culte des ancêtres impériaux : aussi l'Empereur est entouré de concubines, dont une partie au moins ne sont pas achetées comme esclaves. Mais leur sort n'est ni plus relevé ni plus indépendant. Le luxe et l'amour du plaisir ont parfois augmenté hors de raison le nombre des femmes du Palais; il est des époques, surtout dans l'antiquité, où l'on en a vu plusieurs centaines; la semi-claustration du gynécée chinois ne semble pas suffisante pour elles : on les renferme dans un véritable harem, où leurs père et mère peuvent seuls venir les voir; elles ne sortent que pour accompagner l'Empereur, et seulement dans des voitures ou des chaises fermées; le service de cette partie du Palais est fait par des servantes mantchoues, louées par l'Intendance de la Cour, et par des eunuques chinois, au nombre de plus de deux mille, remplissant tous les offices serviles, depuis celui de jardinier ou de balayeur jusqu'à ceux de cubiculaire et de premier eunuque. Les concubines impériales sont l'objet d'un choix officiel, qui s'est fait récemment dans les circonstances suivantes : l'Empereur régnant et son prédécesseur étant montés fort jeunes sur le trône, quand ils furent d'âge à être mariés, les hauts fonctionnaires mantchous présentèrent à l'Impératrice douairière la liste des jeunes filles mantchoues de tout l'Empire, qui, n'étant pas de la maison impériale, pouvaient, par leur âge, par leur situation de famille, prétendre à entrer au harem : après élimination d'une partie des candidates, l'Impératrice fit venir les autres à Péking, les vit plusieurs fois, les interrogea et en choisit enfin un certain nombre, pour être gardées au Palais et instruites dans les rites et dans la langue mantchoue : quelques mois plus tard, un décret annonça qu'une Impératrice et deux Princesses-épouses avaient été désignées : ce décret et quelques détails des cérémonies nuptiales montrent qu'à la différence de ses sujets, l'Empereur a trois épouses rituelles ; l'Impératrice a la première place ; mais, malgré ses honneurs et son titre, choisie comme les concubines, elle n'est que la première d'entre elles ; l'éclat de son rang se perd dans le rayonnement de son époux et, si l'infériorité de la femme à l'égard du mari est plus grande chez les riches que chez les pauvres, l'inégalité est plus marquée encore dans le ménage impérial. Quant aux jeunes filles qui n'ont obtenu aucun des trois titres mis au concours, la plupart restent au Palais comme simples concubines. Souvent le harem s'enrichit de femmes de toute provenance, suivant le caprice du maître ; les noms de toutes les concubines sont inscrits sur des fiches de jade confiées à un eunuque ; lorsque l'Empereur retourne une fiche, le soir venu, l'eunuque de service va chercher celle qui est l'objet du caprice impérial et l'apporte, vêtue seulement d'un grand manteau rouge, dans la chambre du souverain ; le cubiculaire tient registre des femmes entrées chez l'Empereur, pour faire preuve en cas de grossesse. Logées chacune séparément, vêtues, nourries, les concubines ont leur sort assuré, puisqu'elles ne quittent le Palais que dans leur cercueil : si quelques-unes, jouissant de la faveur impériale, ont, avec les satisfactions des sens, les triomphes de la vanité et le plaisir de l'influence, un grand nombre, inconnues du souverain, ou distinguées, puis négligées, mènent une triste vie, vaine et cloîtrée, dans les jalousies et les mesquines intrigues, en butte aux avanies des eunuques, ignorantes de tout ce qui existe hors des murs de la ville impériale, sans compensation intellectuelle, sans espoir d'être honorées par leurs descendants, puisqu'elles ne seront jamais mères, avec la crainte d'être quelque jour assommées à coups de bâton par les eunuques, si quelque imputation vraie ou fausse a irrité l'Empereur : triste condition, désespérée, et plus dégradée que celle des esclaves domestiques.

VI

Comme le Palais montre, dans la situation des concubines impériales, le dernier degré de l'abaissement de la femme, de même il présente, dans les honneurs rendus à l'Impératrice douairière, la conséquence extrême du principe que j'ai noté plusieurs fois, du relèvement de la femme par la maternité. Impératrice ou sujette, la mère est pour ainsi dire un être neuf, appelé à une existence religieuse, parce qu'elle a donné un héritier aux ancêtres : du jour où l'Impératrice a mis au monde un fils, on lui décerne des noms honorifiques à chaque circonstance solennelle, les fonds attribués à sa cassette augmentent avec le nombre de ses noms : pour peu qu'elle soit intelligente, l'influence lui vient vite. A une concubine impériale, la naissance d'un fils assure un rang privilégié, un nom honorifique de son vivant, une tablette après sa mort et un culte domestique ; si la fortune la favorise, elle peut recevoir le titre d'Impératrice : c'est ainsi que l'Impératrice douairière actuelle, d'abord simple concubine, est montée au rang suprême.

Mais ce respect accordé à la maternité n'apparaît pas en plein, tant que vit le chef de la famille : Empereur ou particulier, il est tout au foyer domestique et la mère est d'abord son épouse, c'est-à-dire plutôt une inférieure qu'une égale ; lors du veuvage, la femme, la mère passe au premier plan et, de plus, une part des sentiments de piété dus au père se réfléchit sur celle qui a été sa compagne. Dans la classe aisée, les seconds mariages sont très rares, même pour les jeunes femmes, à la différence de ce qui se passe chez les pauvres ; ils jettent un déshonneur sur la famille de la femme, sur celle du défunt et sur le nouveau mari ; la loi les désapprouve tacitement, elle laisse la veuve sous la dépendance des agnats de son époux ; si elle se marie sans leur consentement, elle est tenue pour adultère et punie comme telle ; si, au contraire, ils veulent lui faire contracter un nouveau mariage, elle est libre de refuser ; les enfants de la veuve remariée sont déliés de leurs obligations de respect et restent, avec les biens du père, dans la famille paternelle. Quant à celle qui conserve sa foi au défunt, elle tient en tout sa place : elle est en possession des biens, hérite, administre, hypothèque, vend comme il l'aurait fait ; elle a autorité sur toute la maison, esclaves, serviteurs, concubines et enfants du mort ; elle élève ceux-ci, les marie, les châtie, les vend, les exclut de la famille avec le même pouvoir que le père ; bien plus, si le fils est en bas âge, c'est la veuve qui, par exception et représentant son fils, a le rôle principal dans le sacrifice offert au père et aux ancêtres ; si le mort n'a pas laissé de fils, c'est elle qui a pouvoir de lui choisir un héritier parmi les agnats. Quand les fils ont grandi, elle leur remet la gestion des

biens, mais elle conserve toujours sa position prééminente
et reste vraiment le chef de la famille ; l'histoire antique
nous fait connaître plusieurs beaux caractères de veuves,
qui ont su maintenir leur famille et faire de leurs fils de
grands hommes ; même dans notre temps, l'un des personnages les plus connus de la Chine contemporaine attribue,
dit-on, ses hautes qualités à l'éducation qu'il a reçue de sa
mère. Je ne parle pas de ces diplômes et de ces arcs de
triomphe souvent cités, que le Ministère des Rites décerne
aux veuves et qui sont la consécration officielle, payée
suivant un tarif, du renom d'une austérité plus ou moins
affectée ; je rappelle seulement que quelques femmes se
tuent après la mort de leur mari, parfois avec solennité,
devant un public convoqué ; cela se fait surtout au Fou-
kien : les magistrats assistaient autrefois à ces cérémonies.
Parmi les motifs qui engagent une veuve au suicide, il faut
peut-être compter le regret du défunt, mais surtout la crainte
d'être dépouillée, maltraitée, vendue même par les beaux-
frères, au mépris de la loi : car il faut bien dire que la pratique s'écarte plus d'une fois des principes moraux que je
viens d'indiquer ; une veuve est presque incapable de résister
à des beaux-frères rapaces et malveillants et parfois elle
n'a de choix qu'entre la maison de prostitution, le suicide
et la bonzerie ; il arrive aussi que, trop faible pour imposer
une règle à des fils dissipateurs, elle soit réduite à la misère
ou se voie forcée de confier ses bijoux, ses meubles à des
amis, même à des amis européens, comme j'en ai vu un
exemple. Ce sont là des exceptions fréquentes aux principes
constitutifs de la famille.

Pour la veuve d'un Empereur, il n'est naturellement
question ni de second mariage, ni de bonzerie : le suicide
se présente parfois ; c'est ainsi (du moins le bruit en a

couru) que la jeune veuve du dernier Empereur s'est donné la mort, peu de jours après le décès de son mari. Habituellement, l'Impératrice continue de vivre au Palais et jouit en paix du veuvage, qui, pour elle, plus encore que pour la femme ordinaire, est le couronnement de la carrière : en effet, mère de l'Empereur, de ce souverain dont la situation morale dans toute l'Asie orientale ne peut être comparée qu'à celle qu'eurent jadis les empereurs romains, qui est chef de l'État, chef de la religion, grand prêtre et héritier du Ciel, qui, après sa mort, sera adoré à l'égal du Ciel même ; « mère de l'Empire », suivant la locution chinoise, elle est traitée comme une divinité sur la terre ; son fils, dépouillant son pouvoir, se prosterne devant elle et reçoit ses ordres ; chaque fois que l'on écrit son nom, c'est avec les mêmes marques de respect que l'on emploie pour le nom du Ciel. Des palais somptueux, une cour agenouillée où figure le maître des hommes, un service magnifique, une pension fastueuse, voilà ce qui lui est dû : quelques Impératrices douairières ont su avoir davantage, je veux dire, le pouvoir réel, la direction occulte ou avouée de l'État. La femme remarquable qui occupe aujourd'hui le trône de Chine, aussi distinguée par ses connaissances littéraires en mantchou et en chinois que par la maîtrise de son pinceau, régente deux fois « derrière le rideau » qui cachait son visage aux conseillers par obéissance au principe de la séparation des sexes, a effectivement dirigé l'État pendant près d'un demi-siècle ; et, quoi que l'on puisse dire de faveurs mal placées ou vendues, de désordres plus graves même, imputations qui ne sont pas prouvées ; bien que l'on puisse objecter qu'elle a plus laissé agir qu'agi elle-même, c'est pendant sa régence ou sous son influence prééminente que l'Empire, presque renversé par les rébellions et la guerre étrangère, a été pacifié, a reconquis le Turkestan, s'est étendu à l'est et à l'ouest par l'école et par l'agriculture, s'est ouvert, avec une extrême prudence, à quelques inventions européennes, a été consolidé, au point de faire illusion sur les causes profondes de sa faiblesse. Cette période ne peut certes être rangée parmi les âges florissants de la Chine, mais jamais le gouvernement chinois n'a eu devant lui de pareilles difficultés et, à coup sûr, l'époque de l'Impératrice Tsheu-hi sera comptée pour aussi remarquable que n'importe laquelle dans les siècles passés. Je ne veux pas rappeler les exemples brillants de gouvernement féminin que nous a laissés l'antiquité : ils m'entraîneraient trop loin et ne feraient que confirmer encore que le comble d'honneurs et de pouvoir accessible à une créature, c'est une femme seule qui peut y atteindre.

Et maintenant, après avoir suivi la femme de la naissance à la mort et l'avoir vue dans la richesse et dans la pauvreté, dans l'esclavage comme dans le veuvage, il me reste à réunir les principaux traits de sa condition. Avant tout, elle est un être inférieur à l'homme : la métaphysique chinoise pose la subordination du principe féminin dans l'univers ; la morale prescrit à la fille et à l'épouse une soumission absolue envers le père comme envers le mari et établit la séparation des sexes, moins pour sauvegarder la pureté féminine que pour défendre l'homme d'une influence dégradante ; les coutumes, conformes à la morale, enlèvent à la femme toute initiative, toute volonté ; le culte des ancêtres, ce qui tient le plus au cœur du Chinois, ne lui donne qu'une place accessoire et lui accorde à peine une personnalité. Seule la maternité la relève, la rapproche des ancêtres auxquels elle a donné un héritier, et en fait un être nouveau, doué d'une existence religieuse qui se développe complètement le jour où le chef de famille vient à disparaître : le veuvage est donc, en principe, pour la personnalité féminine, l'heure du plus complet épanouissement possible. Mais, ici encore, il faut noter que ce que l'on respecte, ce n'est pas la personne, c'est la fonction familiale accomplie, le devoir de perpétuer le culte rempli à la satisfaction des ancêtres : la gloire de la mère n'est donc que le reflet de la gloire de ceux-ci, c'est à eux que tout se ramène, et cette constatation ne sera pas pour surprendre, si l'on songe qu'en Chine la molécule sociale est non pas l'individu qui passe, mais la famille qui dure.

LE THÉÂTRE

Le théâtre existe en Chine depuis plusieurs siècles :
quelle vogue a-t-il? quelle opinion règne sur son compte?
quels sont les grands traits de l'art dramatique? Voilà ce
que je voudrais faire voir, afin de déterminer la place du
théâtre dans la civilisation chinoise.

I

On ne trouve de théâtres permanents que dans les grandes
villes, à Canton, à Chang-haï, par exemple, et aussi dans
les villes de second ordre renommées comme centres
de plaisirs élégants, telles que Sou-tcheou, Hang-tcheou. A
Péking il existe un assez grand nombre de salles, seize si j'en
crois un petit guide des provinciaux dans la capitale, pour
une population qui ne doit pas atteindre un demi-million;
la plupart sont groupées hors de Tshien-men : c'est le nom
que l'on donne à l'une des trois portes établissant la communication entre la ville tartare et la ville chinoise. Le Palais
impérial, qui occupe tout le centre de la ville tartare et la

coupe en deux du nord au sud, s'avance jusqu'auprès de Tshien-men; presque toute la circulation de l'est à l'ouest de la ville se fait entre cette porte et le Palais ; on rencontre là une foule de charrettes à mules, d'énormes brouettes aux roues grinçantes, des âniers courant derrière leur âne ; de temps en temps passe une chaise verte escortée de cavaliers en costume officiel ; au milieu des véhicules, se faufilent les mendiants déguenillés, couverts de plaies et de crasse, les piétons ordinaires qui vont à leurs affaires, les marchands ambulants annonçant leur marchandise chacun par un cri différent. De cette foule pressée, bariolée, plus criarde et plus remuante que celle de Paris, une bonne partie s'engouffre sous la haute voûte de Tshien-men et se répand dans la ville chinoise par les deux ouvertures latérales de la demi-lune; et, de l'autre côté de la porte, c'est le même bruit, le même mouvement, avec plus de lumière, parce qu'on n'a plus la vue arrêtée par l'énorme masse de maçonnerie. A partir de là, les routes s'irradient, l'une large, droit au sud, les autres resserrées, tortueuses vers l'est et vers l'ouest. Dans le voisinage de la porte est le quartier le plus commerçant de la capitale : c'est là que s'entassent les thés, les soieries, les porcelaines et les bronzes dans des magasins profonds et obscurs; c'est là aussi que l'on trouve les grands restaurants, les maisons publiques, les théâtres. On ne compte pas moins de neuf salles à proximité les unes des autres, Pavillon de la Vertu étendue, Jardin de la Triple félicité, Jardin de la Félicité et de la Joie, toutes avec des noms également sonores.

Quelques autres théâtres sont situés dans les faubourgs qui s'allongent hors des portes les plus fréquentées, le long des routes de l'est allant à Thien-tsin, du nord allant en Mongolie, du sud-ouest allant dans la Chine centrale; deux théâtres seulement sont dans la ville tartare, l'un près de la bonzerie de Long-fou où se tient, deux fois par mois, une foire renommée ; l'autre, près du Quadruple portique oriental, *long seu phai-leou*, dans le quartier où se fait le commerce des grains et du bétail. Toutes les salles se trouvent dans des rues très fréquentées et dans le voisinage de restaurants, hôtelleries, maisons mal famées, tripots, etc. La population spéciale de ces quartiers, les allants et venants très nombreux ont mauvaise réputation près de la police et passent pour turbulents et difficiles à mener : aussi les autorités de la capitale ne se soucient pas de laisser s'accroître le nombre des théâtres et interdisent l'ouverture de nouvelles salles ; celles qui existent datent, m'a-t-on affirmé, du XVIIe siècle.

Extérieurement, les théâtres ne se distinguent par aucune particularité de construction, par aucune ornementation intéressante : des murs faits de briques grises ou recouverts d'un enduit de couleur passée, une porte en bois tout ordinaire, pas d'enseignes dorées et sculptées, comme en ont tant de magasins ; à la porte, on lit quelques affiches manuscrites donnant les titres des pièces qui seront jouées ; des affiches pareilles sont collées dans les endroits fréquentés de la ville.

A l'heure de la représentation, on voit dans la salle et autour du théâtre un public d'habitués : les uns sont des lettrés, amateurs assidus connaissant le répertoire et cherchant principalement un plaisir littéraire, souvent ils sont peu fortunés et, négligeant leurs études, malheureux aux examens, mal notés de leurs supérieurs, ils restent, quand ils y atteignent, dans les postes subalternes ; les autres sont des mandarins riches et déjà de grade élevé, et aussi des fils de famille qui veulent s'amuser et fréquentent les acteurs pour leur esprit, par désœuvrement ou par mode. Ce monde des théâtres, acteurs, lettrés, amateurs riches, se meut sur un terrain neutre, en dehors des liens de la famille, étranger aux rapports officiels entre mandarins et aux relations d'affaires entre commerçants : la place de chacun n'est pas fixée par les rites, les gestes et les paroles ne sont pas réglés à l'avance; il y a moins de formalisme que partout ailleurs, mais non moins de bon goût et souvent plus d'élégance. Cette société, autant que toutes les autres fermée aux étrangers, est sans doute ce que la Chine possède de plus semblable à ce que nous appelons le « monde »; on n'y entre que par goût personnel, pour le plaisir de se divertir avec des gens d'esprit; encore faut-il y être admis par les initiés. On y fait bonne chère, on y joue, on s'y amuse à la mourre ou aux bouts-rimés, inévitables accompagnements de tous les banquets. Acteurs et amateurs rivalisent de prodigalité, de luxe dans les vêtements : c'est là que se décident ces légères variations dans le costume et dans la coiffure, qui répondent à ce qu'est la mode en Europe. La prostitution féminine reste discrète, car la femme est toujours tenue à l'écart; mais la prostitution masculine s'étale au grand jour : il n'est guère de partie de théâtre où l'amphitryon ne réunisse ses amis d'abord au restaurant et ne convie quelques jeunes garçons de bonne mine, richement habillés, sachant causer et « rendre le vin plus agréable »; ils plaisantent et rient avec les convives, les accompagnent au théâtre et restent avec eux jusqu'à ce que, la fête finie, chacun rentre chez soi. Naturellement, aux simples lettrés et aux acteurs on ne demande que leur bonne humeur, et ce sont les riches qui paient la note; bien des fils de famille se ruinent de cette façon.

Les habitués sont assez peu nombreux dans une salle pé-

kinoise, et le gros du public est formé d'ouvriers, de clercs
des yamens, de boutiquiers qui prennent un jour de va-
cance. Ils louent aux secondes pour six *liao* (1) une table
carrée, autour de laquelle on peut tenir trois ou quatre : la
salle étant rectangulaire, ces tables sont alignées avec des
sièges sur l'un des petits côtés du rectangle, à l'opposé de
la scène. Les spectateurs plus pauvres se casent pour
un *liao* (2) par place sur les bancs du parterre, qui sont en
contre-bas de la scène et des secondes. Quant aux premières, ce sont des loges, placées à droite et à gauche sur
les deux grands côtés de la salle, au même niveau que la
scène et les secondes, et séparées les unes des autres par
des balustrades à hauteur d'appui : elles se paient de six à
huit piastres (3) et peuvent contenir quatre, cinq ou six
spectateurs assis autour d'une table carrée. Ces « sièges de
mandarins » sont peu recherchés à cause de leur prix et
parce qu'on y voit moins bien qu'aux secondes. On
prend habituellement les billets par l'intermédiaire d'un des
restaurants qui environnent le théâtre; mais comme des
contremarques sont délivrées aux spectateurs qui sortent,
il s'en fait un trafic à la porte, si bien que les pauvres gens
trouvent le moyen d'assister à bon marché à une partie de
la représentation. Ce public de gens du peuple est naïf,
bon enfant, et n'offre jamais l'aspect solennel et guindé de
beaucoup de publics européens : il s'installe là pour longtemps, puisque la représentation commence vers midi et

---

(1) Six *liao* de Péking font environ 1 fr. 80. Les prix ne varient
guère dans les diverses salles d'une même ville; mais ils diffèrent
suivant les localités : une table des secondes vaut à Chang-haï six à
huit fois plus qu'à Péking. Pour l'équivalence en monnaie européenne, il ne faut pas oublier que le change est très variable.

(2) Environ 0 fr. 30.

(3) La piastre vaut 3 francs.

dure tant qu'il fait jour; on cause entre amis, on fume, on croque des graines d'arachide et autres friandises, tandis qu'un servant du théâtre passe à travers les rangs et verse libéralement un thé très ordinaire; les garçons des restaurants voisins viennent servir leurs clients; la représentation se poursuit au milieu de ce bourdonnement de voix, sans que personne y trouve à redire; des plaisanteries s'échangent entre la scène et la salle, surtout quand on joue de ces farces qui font les délices du gros public pékinois; ceux des acteurs qui ne sont pas censés être en scène ne se gênent pas pour rire avec les spectateurs les plus proches et avec l'orchestre.

II

Les représentations sont données chaque jour en règle générale; mais, comme on leur attribue un caractère de bon augure et de réjouissance, on les suspend chaque fois qu'il se présente une circonstance néfaste, deuil public, anniversaires funéraires de la famille impériale, jeûnes de l'Empereur avant les sacrifices : il en résulte que les théâtres font relâche cinq ou six fois par mois. En pareil cas, les représentations privées sont interdites aussi bien que les autres. Les gens riches, en effet, vont rarement au théâtre, soit qu'ils ne désirent pas se montrer en un lieu que condamnent les moralistes austères, soit afin d'éviter le contact du bas peuple; mais, chaque année, pour le jour de l'an et pour la huitième lune, ou lorsqu'il se présente quelque fête domestique, anniversaire de naissance du chef de famille, relevailles après la naissance d'un fils, succès à un examen, mariage, on loue une troupe de comédiens qui vient jouer à domicile; de même, des élèves font jouer la comédie pour la fête de leur maitre; bien plus, coutume étrange et tout opposée aux idées du pays sur le théâtre aussi bien que sur le deuil, il est habituel, dans certains districts, de faire donner quelques jours de représentations à l'occasion d'un enterrement.

Aux représentations privées on invite toute la famille, tous les amis, on les traite largement pendant trois jours ou cinq jours. Le banquet est souvent dressé dans une cour abritée par des nattes; l'estrade, qui sert de scène, est placée au sud, et quelques pièces de la maison, derrière l'estrade, servent de coulisses; dans la partie de la cour qui reste libre, on dispose symétriquement des tables carrées, entourées chacune de quatre chaises; trois invités prennent place à chaque table, de façon qu'aucun des trois ne tourne le dos aux acteurs; la place la plus honorable est de face et, parmi les tables, les plus considérées sont celles du milieu.

La salle du festin est ornée de broderies de couleurs éclatantes représentant des symboles de bon augure, ou de paires de rouleaux de papier ou de soie, que l'on accroche aux parois et sur lesquels sont inscrites des devises flatteuses : le maître de la maison expose dans de pareilles fêtes tous les témoignages d'amitié, de reconnaissance qu'on lui a offerts dans les circonstances solennelles de sa vie. Tout cela forme une décoration très gaie, bien supérieure à celle d'une salle publique. L'hôte n'a pas de place fixe : lui et ses fils, qui l'aident à recevoir, se transportent de table en table, s'asseyent à la place restée vide et font aux invités les honneurs de la fête; on échange des compliments, l'hôte boit quelques coupes de vin en l'honneur des convives, qui lui font raison; il choisit dans les bols quelques morceaux succulents et, à l'aide de ses bâtonnets, les dépose délicatement dans les assiettes de ceux qu'il traite. Au commencement de chaque repas, les comédiens présentent la liste de leur répertoire au maître de maison qui prie le plus qualifié des invités de choisir quelques pièces à son goût : les farces succèdent aux drames historiques ou familiers, et la déclamation des acteurs, les grincements du violon se mêlent au bruit des conversations avinées et aux éclats de voix du jeu de mourre.

La salle séparée où se tiennent les femmes est placée de sorte qu'elles puissent jouir du spectacle, dissimulées derrière des jalousies : leur présence ne gêne pas pour les plaisanteries scabreuses et ne se révèle que par un rideau qui s'agite, un bout de manche qui passe, des rires étouffés, des paroles échangées à mi-voix.

De pareilles fêtes, seulement pour la partie théâtrale, coûtent plusieurs centaines de taëls; d'après les prix du sud de la Chine, on paie par jour environ trente taëls (1) pour un bouffon et jusqu'à cent taëls pour un premier rôle, à raison de deux séances de trois heures chacune; de plus, l'hôte et ses invités font des cadeaux de toutes sortes aux acteurs, et ceux qui ont plu s'en retournent comblés.

Un magistrat provincial a la comédie dans son *yamen* à meilleur compte. Les troupes qui résident dans la ville ne sont soumises à aucun impôt; elles ont besoin, pour donner des représentations, d'une simple autorisation, qui ne se refuse presque jamais, mais qui est payée de façon ou d'autre aux officiers subalternes; en outre, les acteurs sont tenus de donner trois jours de représentation dans la rési-

____

(1) Le taël vaut 4 francs.

dence du mandarin aux fêtes du nouvel an, à son anniversaire de naissance et dans d'autres circonstances analogues. Le salaire fixé est alors de huit taëls, auxquels il est d'usage d'ajouter un porc et des pains cuits à la vapeur, ce qui n'empêche pas les fonctionnaires généreux d'y joindre des cadeaux plus importants.

Les familles qui ne sont pas assez riches pour faire venir les comédiens chez elles, s'entendent pour les engager à frais communs : si l'on manque de place, on loue une salle dans une de ces maisons de réunion, *hoei-koan*, si nombreuses à Péking et qui appartiennent à des corporations ou à des associations provinciales. C'est dans ces maisons aussi que les grandes corporations célèbrent chaque année la fête de l'esprit qui leur sert de patron : ces réjouissances ressemblent beaucoup à celles qui ont lieu chez les gens riches ; elles se composent essentiellement de banquets et de représentations théâtrales payés par la caisse commune. Parfois l'un des membres de la corporation doit, à titre d'amende pour quelque contravention, offrir une fête de ce genre à ses collègues. Il n'est pas jusqu'à l'Empereur qui, bien qu'ayant ses comédiens ordinaires, n'appelle de temps à autre une des troupes de Péking pour la faire jouer dans une salle du Palais.

Le théâtre est donc, dans la capitale et dans les grandes villes, l'un des divertissements les plus chers aux Chinois ; il a sa place dans leur vie officielle, commerciale ou familiale. Les habitants des bourgades et des campagnes n'en sont pas privés : si les salles permanentes sont rares pour l'ensemble de l'Empire, ce qui a permis à quelques étrangers de croire qu'il n'en existe pas, de nombreuses troupes d'acteurs, parcourent le pays et pénètrent avec leur répertoire jusque dans les localités les plus reculées ;

les meilleures troupes des grandes villes ne dédaignent pas d'aller dans les villages, lorsqu'on les engage. Ces représentations sont souvent données pendant trois ou cinq jours de suite, à raison de deux séances par jour, l'une de deux à cinq heures, l'autre de sept à onze heures. L'éclairage, le transport des comédiens depuis leur lieu de résidence, la rétribution qui leur est due, forment une somme assez ronde, tantôt payée par quelques personnages riches qui veulent divertir leurs concitoyens, tantôt incombant à la commune, au même titre que les frais pour la destruction des sauterelles ou la réfection des levées de rizières.

Il y a aussi à faire élever un théâtre; un entrepreneur s'en charge. En quelques heures, sur le grand chemin, souvent au carrefour en face de la bonzerie, on dresse une scène abritée : il n'y faut que des bambous, des planches et des nattes, le tout lié de cordes. On élève de la même façon deux ou trois tribunes pour les notables du village et pour ceux qui veulent payer leur place : le gros de la population, hommes, femmes, enfants, reste debout ou s'accroupit sur le sol. Pendant la durée des représentations, la vie du village est suspendue, les maisons sont vides, les champs déserts. Les fêtes finies, on coupe les cordes des fragiles abris dont on n'a plus besoin, l'entrepreneur remporte ses fournitures, et les acteurs s'en retournent chez eux. Parfois on accommode, pour servir de scène ou de tribunes, les pavillons ouverts qui se trouvent dans certaines bonzeries, ainsi que les degrés des salles. Quelques grands temples ont, hors de l'enceinte, bien en face de la porte principale, un pavillon permanent qui sert aux représentations.

Ainsi la religion populaire fait bon ménage avec le théâtre, et le bouddhisme chinois, sur ce point comme sur beaucoup d'autres, s'est sensiblement écarté de la rigueur des préceptes. D'une façon générale, le théâtre a, dans l'esprit du peuple, quelque chose de religieux : les corporations font jouer la comédie à l'occasion de leur fête patronale ; les villages font vœu d'engager une troupe d'acteurs, pour remercier les dieux d'avoir chassé les sauterelles, détourné une inondation, accordé une bonne récolte ; dans une année favorable, un village aisé donne la comédie deux ou trois fois. Il y a double avantage à ces fêtes: le peuple s'amuse et les dieux sont satisfaits ; ceux-ci, en effet, sont à l'image des hommes, et l'on pense qu'ils prennent autant de plaisir que les mortels à voir les évolutions des acteurs. Aussi a-t-on soin, aux heures de représentation, d'entr'ouvrir les portes des salles où sont rangées les images des génies et des bouddhas ; c'est par suite de la même idée anthropomorphique qu'on leur offre du riz, des fruits, des parfums. Même dans les théâtres permanents, un esprit réside habituellement au fond de la scène, dans une loggia où est son image et, à certains jours solennels, les comédiens, soit en leur nom, soit au nom de tout le peuple, font des offrandes de mets et d'encens. En raison du caractère semi-idolâtrique des représentations scéniques, les chrétiens chinois s'abstiennent presque toujours d'y assister et, dans les communes rurales, ils refusent de contribuer aux dépenses que l'on fait de ce chef; de là naissent bien des querelles et des difficultés.

III

l'our être appelés à amuser les dieux et admis à frayer avec les mandarins et les gens riches, les acteurs ne forment pas moins l'une des dernières classes de la société chinoise. La plupart sont esclaves d'un maître de troupe, *pan tchou;* en effet, les mêmes contrats de vente et de vente à réméré qui ont pour objet habituel les biens-fonds et les animaux domestiques, s'appliquent aussi à l'homme : souvent un chef de famille, poussé par la misère, vend un enfant; plus souvent, ces contrats sont conclus par des voleurs d'enfants. Tantôt la vente est définitive, tantôt elle est faite avec faculté de rachat à l'expiration d'un délai qui est habituellement de cinq ans ; parfois on stipule que le prix d'achat sera compensé par les services de l'esclave et que celui-ci sera libre de plein droit à telle ou telle échéance. La condition des esclaves acteurs est inférieure à celle des esclaves domestiques, et la loi écrite, qui n'intervient pas dans la cession d'une personne humaine à un propriétaire ordinaire, l'interdit si elle est faite en faveur d'un maître de troupe ou d'un entrepreneur de prostitution; d'ailleurs, on tient peu de compte de la défense formulée par le code.

Vêtus, logés, nourris par le maître, qui leur enseigne ou leur fait enseigner l'art théâtral, les jeunes acteurs commencent par balayer la scène, préparer les accessoires, puis ils rendent des services comme figurants, et enfin ils remplissent des rôles ; quand ils ont du talent, ils sont une fortune pour leur maître, qui ne leur donne aucun salaire. Les cadeaux que les amateurs riches ont coutume de faire aux acteurs qui leur ont plu, leur permettent cependant d'amasser un pécule. Un maître de troupe dur et avide, qui a sur son esclave droit de châtiment et droit de suite, trouve mille moyens, il est vrai, de s'approprier les générosités des spectateurs; mais les choses ne vont pas à cette extrémité aussi souvent qu'on pourrait le croire, car le maître a intérêt à ménager sa poule aux œufs d'or; et puis, quelle que soit la cupidité de gens d'une classe aussi peu recommandable, un Chinois met en ses vices comme en ses qualités une volonté moins tendue que ne ferait un Européen. D'ailleurs, un homme riche qui veut protéger un acteur peut ne pas lui remettre directement les sommes dont il veut lui faire présent : il les dépose à son nom dans une banque ou dans un établissement similaire, en prenant les précautions qu'il croit nécessaires contre la prodigalité du bénéficiaire et contre la cupidité du maître. Avec son pécule, l'acteur se rachète; plus favorisé sur ce point que l'esclave domestique, il ne peut être retenu contre sa volonté, s'il offre la somme exigée par le régisseur, somme parfois assez élevée, 500 taëls ou davantage : le maître, en effet, fixe lui-même le montant d'après ses convenances et le talent de l'esclave, car il n'est pas tenu par le prix porté au contrat d'achat.

Une fois affranchi, l'acteur de talent, dont le nom (1) attire le public, trouve facilement à s'employer. : une troupe importante a souvent un ou deux acteurs libres engagés pour un an; outre les frais de voiture ou de chaise, qui leur sont toujours payés, ils reçoivent une rétribution fixe, jusqu'à 8 ou 10.000 taëls par an à Péking, 20.000 taëls

---

(1) Nom réel, tel que « Hoang le troisième », ou nom de guerre, « le Génie rouge », par exemple.

même à Chang-hai, m'a-t-on affirmé, alors que les appointements officiels d'un Président de Ministère sont de 180 taëls et 1.800 boisseaux de riz (1) et que le vice-roi du Kiang-nan, la province la plus riche de Chine, touche environ 20.000 taëls par an.

Un acteur trop vieux pour paraître en scène gagne encore largement sa vie en enseignant le métier aux jeunes sujets d'une troupe. Celui qui a fait des économies, peut devenir maître de troupe : il faut en effet au directeur beaucoup d'expérience pour organiser les représentations et conduire son monde, et il a besoin d'argent pour tous les frais qui lui incombent. Les décors, nous le verrons plus loin, ne grèvent pas sensiblement son budget, mais les costumes sont brillants et coûteux. Surtout, le maître doit entretenir ses acteurs esclaves, payer les acteurs libres et les professeurs, ainsi que les musiciens : or, à Péking, une troupe n'a pas moins d'une vingtaine d'acteurs et de six à huit musiciens.

Ceux-ci, dans les grandes villes, sont embauchés chaque jour pour une seule représentation ; ils jouent du tam-tam, de la flûte, du tambour et de quelques instruments à cordes rappelant de loin le violon et la guitare. La partie musicale, bien que continue dans le drame, n'offre pas de difficultés comparables à celles de notre musique ; les formules y sont beaucoup moins variées que dans la vieille musique chinoise, et les exécutants, incapables presque toujours de lire un air noté, accompagnent par routine, après avoir été pendant trois, quatre ou cinq ans apprentis

(1) En prenant pour le riz la moyenne de 4 piastres 50 les cent livres chinoises, on trouve que de ce chef le président de ministère reçoit l'équivalent de 3.572 fr. 25. Mais il ne faut pas oublier les profits extralégaux de tous les hauts mandarins.

chez un maître musicien, qui leur montre le doigté des instruments, puis les recommande et les place. En retour de ces soins, les élèves font des cadeaux à leur ancien maître et subviennent à ses frais funéraires.

Outre les dépenses de personnel et de matériel, le régisseur supporte naturellement les frais de déplacement : lorsque sa troupe est appelée chez un amateur ou dans un village pour une série de représentations, ces frais sont aussitôt remboursés ; mais, en dehors de tout engagement préalable, les troupes chinoises sont essentiellement nomades et vaguent de bourgade en bourgade pour chercher leur vie, emportant leurs costumes et accessoires, emmenant deux ou trois musiciens et cheminant, au nord, dans les dures charrettes à deux roues et sans ressort qui sont les véhicules du pays, au sud, sur les jonques plus ou moins bien aménagées.

A Canton, les différentes troupes ont formé une association de manière à laisser en ville, lorsqu'elles s'absentent, un représentant qui traite leurs affaires ; mais je n'ai pas entendu dire qu'autre part les acteurs soient parvenus à un pareil degré d'organisation.

Quelques-unes des troupes les plus importantes se transportent de Péking à Chang-haï ou dans les grandes villes de province, suivant l'occasion des engagements ; mais celles même qui résident habituellement à Péking, celles de la Triple Prospérité, de la Terrasse du Printemps et les autres que cite le guide des provinciaux, ne jouent jamais plus de trois ou quatre jours de suite sur la même scène : une série de représentations achevée, une nouvelle troupe vient dans le même local donner quelques pièces de son répertoire, et la première passe dans une autre salle avec tout son personnel et son matériel. Il s'établit ainsi un rou-

lement des diverses troupes, qui reviennent dans une
salle deux ou trois fois par mois, à des quantièmes fixes,
si bien que tel amateur pékinois, qui fréquente un seul
théâtre, voit défiler sous ses yeux tous les acteurs de la
capitale et toutes les pièces du moment. Pour ces séries de
représentations, les régisseurs traitent avec l'entrepreneur
de spectacles qui est locataire de la salle et perçoit la
recette, et ils reçoivent de lui soit une somme fixée à forfait, soit trente ou quarante pour cent de la recette.

La vie nomade démoralise l'acteur ; il semble que le
Chinois, arraché du sol où il a crû, soit incapable par lui-
même de vivre correctement ; du moins, les moralistes
comptent-ils principalement, pour maintenir les mœurs
populaires, sur l'influence de la famille et des voisins. En
fait, l'immoralité n'est sans doute pas une caractéristique
des acteurs, elle se rencontre dans d'autres classes de la
société chinoise ; mais les acteurs se font toujours remarquer par leur désordre, leur prodigalité, et, s'ils en ont le
moyen, par leur luxe : or, ce sont des travers que ne pardonne pas le confucianisme. Libres ou esclaves, les gens
de théâtre sont tenus en profond mépris, par la loi comme
par la société : le fait seul de paraître en scène est considéré comme dégradant. On cite l'exemple d'un lettré qui,
ayant rempli un rôle dans une représentation privée, à
Koei-yang, fut d'abord dépouillé de son titre officiel, puis
chassé de sa famille et de son clan, châtiment qui équivaut
à l'exil de la société antique. Dans cette civilisation si
démocratique où les concours et les fonctions sont accessibles à tous, les acteurs en sont exclus : leur métier est
l'un des quatre qui impriment une tare ineffaçable à celui
qui l'exerce, à son fils et à son petit-fils ; ce n'est que la
quatrième génération qui rentre dans le droit commun. La

société elle-même est donc responsable en partie de l'infériorité morale des acteurs : pourquoi ces malheureux, esclaves au moins dans leur jeunesse, incapables d'assurer à leurs enfants une situation honorable, privés pour ainsi dire d'ascendants et de descendants, isolés au milieu d'une société qui n'admet que les groupements et les corporations, pourquoi épargneraient-ils, et conformeraient-ils leur vie à un idéal moral au nom duquel on les repousse ?

A Péking, les planches sont interdites aux femmes : une cause de désordres est ainsi écartée du théâtre et satisfaction est donnée au principe de la séparation des sexes. Dans les troupes de province, on tolère quelques actrices appartenant, à un titre quelconque, au maître de troupe. En différents lieux, à Canton surtout, il existe des théâtres où ne paraissent que des femmes : ils sont tenus pour immoraux, et non sans raison ; il y a quelques années, un censeur a fait supprimer à Moukden un établissement de ce genre. Le Palais possède une troupe unique en Chine : elle est composée de deux ou trois cents eunuques dirigés par l'un d'entre eux. Ils vivent hors du Palais ; on affecte à leurs représentations une salle située dans les jardins de plaisance de l'Empereur ; elle est appelée le Jardin des Plaisirs réunis. Ils y jouent les pièces dramatiques et comiques du répertoire ordinaire ; on dit que l'Impératrice douairière aime surtout les farces où l'on met en scène la vie quotidienne du peuple. Le théâtre est certainement le seul moyen, pour les augustes personnages cloîtrés dans le Palais, de se faire une idée du monde extérieur ; mais il ne semble pas qu'ils en sachent profiter ni qu'ils apprennent à mieux connaître ce monde dont la direction est dans leurs mains et dont les rites les séparent complètement. L'Empereur récompense ces comédiens par des gratifications, ou en leur octroyant un bouton dans la hiérarchie spéciale de la troupe : car, si quelques eunuques obtiennent un rang officiel, ceux qui sont acteurs n'y peuvent prétendre. Un jour, l'empereur Hien-fong témoigna sa satisfaction d'une manière étrange : il fut tellement frappé du jeu d'un acteur, qu'il lui fit donner vingt coups de bambou pour avoir ému trop violemment Sa Majesté.

Quant aux auteurs, presque tous sont des acteurs, car ceux-ci sont à peu près seuls à connaître les règles de la composition et de la poésie dramatiques. Aussi les pièces composées par les non initiés ne sont-elles généralement pas jouables, comme il arrive pour un grand nombre de celles qu'on trouve dans les recueils (1). Après avoir écrit une nouvelle pièce, l'auteur cherche d'abord à obtenir l'approbation de quelques acteurs renommés, auxquels il lit et explique son œuvre; s'il peut s'entendre avec un maître de troupe, la pièce est apprise et mise en répétition pendant deux ou trois mois; on donne alors la première, après avoir averti les amateurs directement et par affichage. Si la pièce a du succès, l'auteur en vend à d'autres régisseurs des exemplaires manuscrits et, avec le manuscrit, le droit de la faire représenter. Une pièce n'est donc pas la propriété d'une troupe, mais elle appartient à tous les ayants-cause de l'auteur. Il arrive fréquemment qu'un régisseur contrefasse une pièce nouvelle, après être allé l'entendre deux ou trois fois: il en résulte presque toujours une querelle, une rixe entre les deux troupes, et l'affaire va au tribunal. Bien qu'il n'y ait pas de législation sur ce

_____

(1) De nombreuses pièces ont deux rédactions, l'une littéraire, l'autre scénique.

point, le magistrat condamne le contrefacteur à une amende et lui interdit de poursuivre les représentations, si la pièce est encore toute récente; mais, au bout de six mois ou d'un an, une œuvre dramatique tombe dans le domaine public et n'importe qui peut la représenter. De toutes façons, l'auteur n'a aucune part à la recette et ne tire de son œuvre qu'un bénéfice médiocre: aussi les nouvelles pièces sont devenues très rares.

La censure préalable n'existe pas plus pour le théâtre que pour la librairie: dans ce pays dont le gouvernement passe pour si despotique, on peut écrire et faire jouer tout ce que l'on veut; seulement, quand la pièce représentée semble immorale, contraire au bon ordre, injurieuse pour le gouvernement, on l'interdit sans autre forme de procès, et on fait bâtonner le régisseur, qui en est pour les coups reçus et pour l'argent perdu.

IV

Le théâtre tient une large place dans la vie des Chinois et les acteurs sont considérés comme une classe vile : pareil contraste se retrouverait, je pense, dans toute civilisation fondée uniquement sur des principes moraux, comme est la civilisation confucianiste, et qui en serait venue à posséder une littérature dramatique. Conséquents à eux-mêmes, les lettrés n'ont fait aucune place au théâtre dans le culte des ancêtres ni dans le culte officiel du ciel et des forces naturelles, seule religion qu'ils admettent et qui soit vraiment chinoise, alors que dans] d'autres civilisations le drame a un caractère sacré. Les lettrés ne pensent pas non plus que les œuvres dramatiques forment un genre littéraire et ne les comprennent pas dans les catalogues de leurs bibliothèques ; malgré tout, leur influence sur la plus grande partie de la littérature dramatique a été prépondérante, et ce sont eux qui lui ont imposé sa forme et le choix de ses sujets.

Le drame, en partie déclamé, en partie chanté, est rédigé en différents styles : le langage vulgaire du dialogue ordinaire fait place, lorsque les sentiments s'élèvent, à la prose littéraire, remplacée à son tour par la poésie régulière ou irrégulière dans les passages pathétiques. Ce mélange artificiel des styles, qui sont presque des langues différentes, est difficilement intelligible pour tout autre que pour un habitué. Il est débité, souvent même à Péking, avec la prononciation de l'un des dialectes méridionaux de la langue commune ; d'ailleurs, plusieurs provinces ont leurs traditions dramatiques particulières : la langue, la musique, les sujets des pièces sont différents. Plusieurs de ces écoles sont représentées à Péking, et seul le lettré familier avec le répertoire trouve un plaisir raffiné à démêler les effets subtils, à jouir de l'harmonie des syllabes, à saisir les allusions cachées qu'a semées l'auteur. J'ai même vu un Chinois instruit fort empêché de m'expliquer le sujet d'une pièce qu'il entendait pour la première fois ; à plus forte raison, le gros public ne comprend guère.

Ce n'est pas non plus pour lui plaire que la moralité de la pièce est soulignée avec autant d'insistance, car il s'en soucie peu. Le personnage principal assume toujours le rôle de raisonneur et, un peu comme le chœur antique, il disserte, en parlant ou en chantant, sur les actes des personnages et sur les péripéties de l'action : le drame chinois sait si peu se passer de ce caractère que, si le personnage

qui moralise vient à disparaître, un autre prend immédiatement sa fonction. Enfin le dénouement forme souvent un
acte séparé, qui se passe dans un lieu éloigné, après de
longues années ; il sert ouvertement de conclusion morale,
et, avec tous les personnages connus, on en voit paraître
d'autres, comme pour donner plus de témoins au châtiment
du vice et à la récompense de la vertu.

La division des emplois en héros, héroïnes, personnages
immoraux et bouffons, ressemble à une classification morale. Dans les deux dernières catégories, on trouve des rôles
d'hommes et des rôles de femmes ; toutes comprennent
des subdivisions assez nombreuses, magistrats graves,
jeunes licenciés bien faits et amoureux, soubrettes adroites
et mères rigides, . amants suborneurs, courtisanes per-
verses, cabaretiers plaisants, etc. Dans une troupe importante, les emplois des héros, des héroïnes et des personnages immoraux, sont tenus chacun par quatre ou cinq
acteurs, et comme chaque acteur joue plusieurs rôles dans
la même pièce, le nombre des personnages représentés
peut être considérable ; le bouffon, au contraire, est souvent unique. Les rôles de femmes sont joués par des
hommes qui se fardent, se font de faux petits pieds et imitent à merveille la démarche, les gestes, la voix même des
femmes chinoises. Les bons acteurs qui jouent ces rôles,
sont ceux que l'on paie le plus cher. Ils débutent vers l'âge
de dix ans et ne peuvent guère paraître sur la scène après
trente, le travesti devenant insuffisant : ce n'est que grâce
à l'apparence physique de la race chinoise, où les traits
s'accentuent lentement, où la barbe est tardive, qu'il est
supporté jusque-là ; faut-il en conclure que le public
chinois est plus délicat que le public anglais du XVIe siècle,
ou que les acteurs chinois sont moins habiles que ceux

qui créèrent les rôles de Desdémone et d'Ophélie? Quant au théâtre grec, il est ici hors de question, puisque les acteurs y étaient masqués. Dans les autres emplois, les acteurs débutent vers dix ou quinze ans et continuent tant qu'ils ont de la force et du succès. Entre les emplois, les différences sont très marquées : le masque n'étant pas en usage, les héroïnes se griment légèrement, les héros portent une fausse barbe; les personnages immoraux ont tout le visage peint de couleurs voyantes. De même, les costumes ont des signes distinctifs, la manière de gesticuler, la mimique, la prononciation, le chant sont tout à fait différents : aussi un acteur est obligé de se cantonner pour sa vie dans une série d'emplois analogues et ne peut jamais passer d'une catégorie à une autre.

Les personnages dramatiques appartiennent à toutes les classes de la société, et le rôle important échoit aussi bien à une courtisane ou à un esclave qu'à un ministre ou à un Empereur: le théâtre est donc, par son impartialité, l'image fidèle de la société chinoise où ne subsiste aucune aristocratie. Le code interdit de mettre en scène des événements de la dynastie régnante, et aussi de faire paraître des Empereurs et des personnages vertueux de l'antiquité. La première défense est exactement observée; mais, si les autorités faisaient respecter rigoureusement la seconde, elles supprimeraient de ce fait plus de la moitié du répertoire. Le drame chinois, en effet (et ici l'on retrouve l'influence des lettrés et leur prédilection pour l'antiquité), aime les sujets historiques ou, à proprement parler, anecdotiques; il les trouve dans le trésor des histoires chinoises qui embrassent une période de plus de trois mille années. Les auteurs prennent d'ailleurs de grandes libertés avec les faits et, greffant sur un fait réel toute une fable amoureuse avec enlèvements et reconnaissances, à la façon de nos romanciers du xviie siècle, touchent fréquemment au drame domestique ou à la comédie sérieuse.

Pendant toute représentation, la comédie populaire alterne avec le drame. Fait assez bizarre, elle n'est pas plus que lui un objet d'animadversion pour les moralistes, bien qu'elle soit souvent très licencieuse et que les détails de mise en scène et de dialogue en aggravent le caractère. La musique y est plus discrète ; les costumes y sont ceux de la vie quotidienne, parfois un peu ridiculisés. Il n'y a pas de texte fixe, mais un canevas que les acteurs brodent suivant leur inspiration et en plaisantant sur les incidents du jour ou sur les gens qui sont dans la salle. Les situations sont prises dans le train ordinaire des choses et présentées de manière comique : ainsi l'aventure citée par M. R. K. Douglas (1), de ce pauvre diable qui emprunte la femme de son voisin et la fait passer pour sienne afin d'obtenir quelque argent d'un oncle avare. Ces farces sont souvent spirituelles ; le peuple s'y plaît plus qu'aux drames, dont la langue lui est étrangère et dont les sujets lui échappent ; car, si quelques personnages dramatiques semi-historiques, semi-légendaires, sont pour le gros public de vieilles connaissances, il en est beaucoup d'autres dont il n'a jamais entendu parler, qui ne le touchent pas : les batailles et les grands coups d'épée, les exemples de piété domestique, si éloignés du terre-à-terre habituel de la vie chinoise, ne sont que le délassement de lettrés épris d'histoire.

Le peuple comprend mieux les pièces inspirées des mœurs contemporaines ; il supporte cependant le drame et suit attentivement les évolutions des acteurs. Ce n'est pas

(1) *Chinese Stories*, in-18, Londres, 1893.

que la scène elle-même offre un aspect flatteur pour les
yeux : établie sur un des petits côtés du rectangle que
forme la salle, dépourvue de rideau, elle a peu de profondeur ; le mur du fond est maigrement orné de quelques
rouleaux de papier rouge portant des sentences morales ;
il est percé de deux portes qui conduisent au magasin des
costumes et à la loge commune de toute la troupe ; au-dessus est ménagée une sorte de balcon, une loggia, qui sert
à quelques jeux de scène et qui est la résidence habituelle
de l'esprit du théâtre. L'orchestre est placé sur la scène
même, près de l'une des portes, qui a reçu le nom de porte
du tambour. Le décor est nul, et il serait difficile qu'il en
fût autrement, avec des troupes nomades qui passent sans
cesse d'une salle à une autre. Les accessoires employés
sont quelques chaises et quelques tables ; lorsque la pièce
le comporte, on s'en sert suivant leur destination normale ;
s'il en est besoin, on les entasse les unes sur les autres
pour représenter une muraille de ville ou une montagne
escarpée, et les acteurs n'hésitent pas à escalader ces édi-
fices branlants. Souvent on trouve plus simple, tout en res-
tant sur le sol, de simuler les mouvements d'une ascension
pénible. Celui qui monte à cheval lève la jambe comme
pour se mettre en selle, à moins que le cavalier n'arrive à
califourchon sur un bâton. Dans une saynète qui se passait
sur l'eau, j'ai vu la présence du bateau indiquée seulement
par une rame, ou plutôt un bâton orné de soie et attaché à
une corde de couleur : au moyen de cet objet, les acteurs
simulaient les mouvements des rameurs. Pour une bataille,
on voit deux ou trois figurants entrer par l'une des portes,
sortir par l'autre, se poursuivre, faire des mines terribles,
brandir leur sabre et leur pique en prenant des poses plastiques. Un changement de lieu est indiqué soit par la mi-

mique, soit par une déclaration expresse. Lorsqu'une pièce ou un acte est fini, tous les acteurs sortent, et l'on vient ranger les chaises et les tables sous les yeux du public. Même au cours de la pièce, les servants du théâtre entrent, apportent des objets, les déplacent, causent avec ceux des acteurs qui ne jouent pas.

Le public lettré n'a pas besoin de l'illusion scénique, il cherche un plaisir littéraire plutôt que dramatique ; le gros public a l'âme assez naïve pour se prêter à toutes les conventions, voir les objets qu'il a sous les yeux tels qu'il doit les voir et non tels qu'ils sont, ou bien ne pas les voir, s'ils sont censés absents. Il ne faudrait pas remonter bien loin dans l'histoire du théâtre, en France ou en Angleterre, pour trouver des conventions analogues ; mais, si nos exigences modernes sur la mise en scène sont chose récente, je ne pense pas que le public européen, qui cherche dans le drame une image plus ou moins transformée de la vie, se soit, depuis bien des siècles, contenté d'aussi peu d'illusion que le public chinois.

Comme notre xviie et notre xviiie siècles ont vu sans surprise les héros et héroïnes de la Grèce ou de Rome affublés de perruques et de paniers, de même le Chinois trouve naturel qu'on lui montre les personnages de l'antiquité en costume du temps des Ming, c'est-à-dire du xvie siècle : c'est l'uniforme pour tous les rôles historiques. Et dans les drames domestiques, parfois dans les pièces de genre représentant des épisodes de la vie quotidienne, si les vêtements sont ceux d'aujourd'hui, ils sont presque toujours invraisemblables par leur éclat : il n'est pas de batelière qui ne paraisse fardée et vêtue de soie de couleurs tendres. Les casques et cuirasses dorés, les longues plumes qui s'agitent sur la tête des guerriers, les franges de perles sur

le front des femmes, les visages de certains acteurs peints
et grimés de manière fantastique, les vêtements brillants et
étranges, la gesticulation tantôt lente, tantôt précipitée,
jamais naturelle, le débit sur un ton très élevé ou très grave
avec des airs chantés en fausset aigu, la musique qui fait
rage incessamment, tout cet appareil de convention a un
aspect étrange et fantastique : l'Européen n'y peut voir
qu'une transposition de sentiments humains dans une clef
inconnue, son œil est flatté du chatoiement des couleurs,
tandis que les grondements et les grincements de l'orchestre
l'assourdissent et lui déchirent les oreilles. Quant au gros
public chinois, il aime le tapage du tam-tam et admire sur
la scène les vêtements splendides qu'il ne voit pas dans la
vie quotidienne ; quand il s'est bien amusé, il dit qu'il y a
eu « beaucoup de bruit ». Mais l'essence du plaisir dramatique lui échappe.

V

Le drame chinois ne peut, d'ailleurs, produire ce puissant
effet d'ensemble qui, dans l'œuvre d'un Sophocle, d'un
Racine, d'un Shakespeare, est dû au développement des
caractères, à l'enchaînement des péripéties, au nœud serré
de l'action. La forte personnalité, qui est l'étoffe du drame,
manque souvent à l'âme chinoise, tout enserrée dans les pres-
criptions minutieuses des rites ; et si les auteurs dramatiques rencontrent dans l'histoire quelques caractères solidement trempés, ils ne savent pas les mettre en scène. Les
personnages n'agissent guère, n'analysent pas les mobiles
de leurs actions ; ils se bornent à se raconter naïvement

eux-mêmes ; quand un personnage paraît pour la première fois, et souvent lorsqu'il revient après une absence, il se présente au public : « Je suis un tel, fils d'un tel, et j'ai fait telle et telle chose. » Le monologue est fréquent aussi pour décrire le site et suppléer au décor ; le drame est donc ralenti par l'abus des froides tirades en prose ou en vers. Les événements, les péripéties sont rarement mis sous les yeux du spectateur ; souvent les faits se passent dans la coulisse, pendant les entr'actes, et les scènes se bornent à des conversations. Enfin l'auteur chinois sait rarement faire jaillir l'action du caractère même des personnages, et il recourt plus que de raison aux enlèvements, aux reconnaissances, aux apparitions et autres moyens factices qui n'ont rien de commun avec la réalité. Le drame chinois n'est qu'une série de scènes parfois bien traitées, mais entrecoupées de déclamations lyriques et morales, et réunies par la très mince trame des monologues ; il n'y a pas d'ensemble ; il y a parfois une idée dramatique, mais le drame n'est pas fait. On trouve, au reste, les mêmes défauts dans le roman : le romancier chinois ne nous intéresse que dans les scènes séparées et dans les courtes nouvelles.

L'art dramatique en Chine semble donc inachevé, en voie de formation. Il est, d'ailleurs, d'origine récente : car si la Chine antique a eu des danses symboliques représentant les travaux de l'agriculture, la guerre et autres sujets très généraux, si elle a eu aussi des processions où des personnages costumés en bêtes fauves fantastiques feignaient de poursuivre et de chasser les esprits des épidémies, je ne nie pas que ces cérémonies aient quelque rapport avec le théâtre, mais ce rapport est lointain. Le goût des ballets et des processions s'est perpétué à la Cour et dans le peuple, malgré les changements de dynasties et les dominations étrangères, mais c'est tardivement, à la fin du vi⁰ siècle de notre ère, que ces divertissements prirent à la Cour un développement inattendu. A cette époque de civilisation raffinée, les « barbares » de l'Asie centrale venaient fréquemment porter leurs hommages à l'Empereur : on imita leurs danses, leur mimique, on leur emprunta même leurs instruments, on copia leur musique. Un célèbre souverain du viii⁰ siècle, Ming-hoang, était passionné pour ces amusements étrangers: il instruisait lui-même musiciens et danseurs dans un de ses palais, célèbre jusque aujourd'hui sous le nom de Jardin des Poiriers, et c'est à lui que les Chinois font remonter l'invention de leur art dramatique. Le drame hindou aurait ainsi exercé jusqu'en Chine une légère influence. Mais ces premières tentatives scéniques étaient encore loin du drame, et il fallut plusieurs siècles et des invasions étrangères, pour que l'esprit chinois, qui se plaît aux dissertations et aux récits, arrivât, et avec peine, à la synthèse nécessaire au drame : c'est sous la dynastie mongole, aux xiii⁰ et xiv⁰ siècles, qu'ont été écrites la plus grande partie des pièces chinoises et composés les airs qui les accompagnent. Depuis lors, la vogue du théâtre est allée en croissant, mais la production scénique a diminué, et aujourd'hui l'on ne compose presque plus de pièces nouvelles ; la littérature dramatique est arrêtée dans son évolution, sans même avoir atteint son entier développement, sans être complètement dégagée du ballet et du récit d'où elle est sortie.

Sur un sujet aussi complexe et aussi négligé des écrivains chinois, il est difficile présentement de déduire des conclusions ; qu'il me soit néanmoins permis de présenter quelques hypothèses. L'esprit chinois, semble-t-il, est peu doué pour le drame : il note patiemment les détails, mais perçoit mal l'ensemble; les images restent fragmentées et ne s'organisent pas en un tout vivant. On peut faire cette remarque non seulement à propos du théâtre, mais aussi bien pour la littérature en général ou pour les arts plastiques; et c'est en raison de cette demi-incapacité que le théâtre, né si tard et sous des influences extérieures, a conservé un caractère inachevé et flottant, et a rapidement disparu. Je veux dire que sa fécondité s'est bientôt tarie avec la recrudescence de vie purement nationale qui a marqué la chute de la dynastie mongole. Le théâtre n'a pas sa place dans la civilisation confucianiste qui l'a précédé de plus de mille ans : c'est là un vice rédhibitoire, puisque le système des philosophes orthodoxes a pris la valeur d'un dogme et a pénétré toute la vie chinoise; d'ailleurs, ce système est essentiellement moral, et toute morale tant soit peu austère a pour le moins quelque méfiance à l'égard du théâtre et des acteurs. De là, la mince estime où l'un et les autres sont tenus par les gens bien pensants, et il n'est presque personne en Chine qui ne veuille au moins paraître orthodoxe et bien pensant : c'est ainsi que même les auteurs dramatiques, frappés comme tous les hommes instruits de l'empreinte confucianiste, l'ont transmise à leur œuvre, bon gré mal gré.

Cependant la vie ne se conforme pas toujours au dogme : le confucianisme sans rémission semble austère à plus d'un parmi ceux auxquels l'argent donne des loisirs, et, d'autre part, le peuple n'a cure des théories; les riches et les pauvres laissent donc dire les moralistes, fréquentent le théâtre plus ou moins ouvertement et offrent même la comédie aux dieux afin de les réjouir.

UN COUP D'ÉTAT

I

Les événements qui se sont passés à Péking, à l'automne de 1898, n'ont pas laissé de surprendre l'Europe. L'Empereur privé du pouvoir qui lui avait été solennellement remis à l'issue de sa minorité en 1889, toute l'autorité revenant à l'ancienne régente, la séquestration du souverain dans l'un de ses palais, les bruits sinistres qui couraient, et non sans motif plausible, au sujet de sa santé, de son existence même, tout cela était connu par voie télégraphique en un bref espace de temps et était de nature à frapper l'esprit public, plus accoutumé à voir la face des choses changer en Chine par le fait des étrangers ou de la population que par l'action du prince et de son entourage. Mais il n'y avait là que le nœud d'une action engagée depuis quelque temps et dont les premières péripéties nous étaient mal connues. Le public d'Extrême-Orient fut moins étonné que nous en septembre ; mais c'est qu'il était préparé à l'éventualité du coup d'État par les mesures que le gouvernement avait prises depuis le mois de juin. Jusqu'alors, en effet, et l'on peut dire depuis que des diplomates étrangers résident en

Chine, le Palais était resté un sanctuaire fermé dont la vie interne n'éveillait au dehors que des échos assourdis ; en de rares occasions, telles que les changements de règne, la fuite de l'empereur Hien-fong devant l'armée franco-anglaise, la crise sanglante qui a marqué la prise de l'autorité par les deux régentes aidées du prince de Kong en 1861, la personnalité des hôtes augustes de la Ville Rouge s'était révélée par des actes publics ; mais, à l'ordinaire, on n'avait à leur sujet que les rapports, peu dignes de foi, obtenus d'eunuques subalternes ou d'autres informateurs aussi peu recommandables ; et quant aux grands conseillers et aux ministres mêmes, à part de rares exceptions, leurs idées politiques, s'ils en avaient, n'étaient pas connues, leur activité ne dépassait pas les intrigues de coteries, ne se haussait pas jusqu'à concevoir un programme, lutter pour un parti. Un tel gouvernement se bornait à surveiller et sanctionner, approuvant ou rejetant les mesures proposées par quelques hauts fonctionnaires ; si on laisse de côté la vie administrative régulière et machinale, toute l'action officielle était exercée par les yamens des Affaires Étrangères et de l'Amirauté, et plus encore par les vice-rois ; mais, de cette action même, une bonne part était due à la pression des circonstances, à l'impulsion des étrangers.

Tout d'un coup, tout cela changea : du mois de juin au milieu de septembre, on vit paraître une série de décrets, de rapports munis du rescrit impérial, qui marquaient des vues d'ensemble, des préoccupations vraiment politiques, voire réformatrices. Le Trône ne se contentait plus des vieilles formules, jusque-là seul témoignage de son intérêt pour le peuple ; désireux d'entrer en contact avec les diverses classes, il montrait qu'il en connaissait le mode d'existence et les besoins ; il prétendait régler l'un, satisfaire aux autres ; les idées nouvelles de progrès inspiraient les documents publiés dans la *Gazette officielle* et étaient souvent exprimées en des termes élevés, en un style plein et mesuré, tranchant sur le vide habituel de la rhétorique officielle chinoise. Au Palais impérial, une volonté se manifestait, celle de l'Empereur, elle était éveillée et soutenue par l'esprit hardi d'un petit mandarin originaire du Koang-tong, Khang Yeou-oei, familiarisé avec les idées japonaises et européennes, élève et ami, dit-on, des méthodistes anglais, auteur d'une *Vie de Pierre le Grand*, d'une histoire des réformes au Japon, doué d'une grande force d'assimilation et d'imagination ainsi que d'un véritable talent littéraire ; un censeur ayant recommandé Khang au souverain, en un seul entretien celui-ci avait été conquis à son programme, et il en avait, sans tarder, entamé l'exécution ; le petit nombre des adhérents aux idées de réforme devenait ainsi le noyau d'un parti autorisé, encouragé, excité par l'Empereur même, tandis que les innombrables partisans du *statu quo* se trouvaient sans chef et sans organisation, n'ayant jamais eu à lutter.

Il vaut la peine de s'arrêter ici un instant, de chercher, dans les décrets rendus sous cette influence nouvelle, les idées du parti progressiste, et surtout d'indiquer à quelles traditions, à quels intérêts il s'attaquait. Parmi les réformes, la réorganisation de l'armée à l'européenne, la protection accordée à l'agriculture, à l'industrie, au commerce ne pouvaient en principe soulever de graves objections : les troupes des vice-rois sont depuis bien des années dressées par des instructeurs européens, armées de fusils modernes, et, d'autre part, l'un des premiers devoirs du souverain chinois a toujours consisté à être « le père et la mère » de son peuple, à assurer sa subsistance. Mais, si les objurgations et les mesures précises contre les lenteurs et les *squeezes* des mandarins et de leurs clercs n'étaient pas pour déplaire aux administrés, sans doute les bureaux du commerce fondés à Han-kheou et à Chang-haï, les écoles agricoles et industrielles destinées à perfectionner la préparation du thé et de la soie, à introduire les méthodes d'outre-mer (décrets des 4 juillet, 11 septembre) devaient sembler aux laboureurs, artisans et marchands une intervention de l'État dans un domaine extralégal. Mais aussi les vues des réformateurs s'étendaient jusqu'à l'organisation d'une sorte de conscription ou de service obligatoire à la place des engagements volontaires, seuls usités, sous diverses formes, depuis onze cents ans, et ce n'est que l'avis d'un grand mandarin, Tchang Yin-hoan, d'ailleurs favorable aux réformes, qui fit provisoirement rejeter cette transformation (rescrit du 5 septembre). Quelques mois plus tôt, on avait parlé de licencier les troupes chinoises dites des régiments verts, *lou ying*, dernier reste de l'ancienne armée des Ming ; l'armée mantchoue était menacée à son tour par l'extension des corps à l'européenne, les privilèges des Mantchous, compatriotes et loyaux serviteurs de la dynastie, étaient attaqués. Les Mantchous, en effet, avec un certain nombre de Mongols et de Chinois soumis à la première heure de la conquête, sont seuls admis à servir dans les huit bannières et les quelques corps d'élite qui forment la véritable armée impériale ; de grandes facilités leur sont accordées pour entrer dans l'administration et passer les examens ; des terres ont été données à chaque famille au xvii⁰ siècle, lors de la conquête ; en compensation, tous les Mantchous sont tenus de résider près des garnisons provinciales de leurs bannières, à Péking ou dans un rayon de quatre lieues autour de cette ville. Par suite de l'accroissement normal des familles, les terres, concédées il y a deux cents ans, sont devenues insuffisantes ; tous les Mantchous ne pouvant trouver place dans l'armée ou dans l'administration, malgré la partialité de la Cour et des hauts dignitaires, un grand nombre sont réduits à se dissimuler pour faire de l'industrie ou du commerce, pour entrer au service des Européens à la capitale et même en province. Un décret du 13 septembre supprima l'obligation de la résidence et autorisa tout Mantchou à adopter la profession qui lui plairait : c'était reconnaître un état de fait et lever une interdiction onéreuse au petit peuple ; mais c'était aussi assimiler les Mantchous aux Chinois, rendre précaire le recrutement des bannières, c'était miner indirectement les privilèges de la noblesse mantchoue, seule qualifiée pour toutes les charges de la Cour, pour le commandement des troupes tartares, pour une multitude de sinécures lucratives, et détenant, dans l'administration ordinaire, un nombre de places hors de proportion avec son importance numérique, avec son intelligence ou son activité. Précédemment (décret du 15 juin), il avait été question d'envoyer quelques jeunes princes voyager à l'étranger et les hauts dignitaires mantchous, conservateurs par intérêt bien entendu, avaient frémi à l'idée de la contamination d'idées occidentales qui ne manquerait pas d'en résulter.

Toutefois, ce n'était pas pour le présent, c'était pour un avenir plus ou moins éloigné que les conservateurs pouvaient concevoir des craintes, et de telles inquiétudes, pas plus que celles que doit leur inspirer la pression chaque jour plus forte de l'étranger, ne suffisaient à leur faire saisir l'ensemble de la situation et concerter une résistance commune. Je passe sous silence, parmi les réformes projetées, l'adoption du principe des prévisions budgétaires au lieu du système des dépenses faites en partie d'après des lois vieilles de dix ans, vingt ans ou un siècle, en partie au jour le jour sur décret prescrivant à chaque fois une affectation spéciale ; ainsi qu'un plan de récompenses et de brevets à décerner aux auteurs et inventeurs, « qui sont actuellement comme cernés par les anciennes coutumes et ne peuvent produire au jour leurs découvertes ». Il y avait là, pour les intérêts des mandarins, pour les procédés héréditaires des artisans, pour les habitudes de toutes les corporations un danger sérieux, mais non pas immédiat. Jusqu'à ce point, l'œuvre des réformes n'attaquait rien d'essentiel dans la société chinoise et les intéressés pouvaient compter que, les principes s'émoussant vite à la pratique, il leur serait facile de retrouver d'un côté ce qu'ils auraient perdu de l'autre. Aussi bien, la prétendue immobilité de la Chine n'est pas ce que l'Europe imagine et sa fidélité aux principes se réduit souvent à un prétexte. Les télégraphes, ardemment combattus au nom des croyances religieuses, portent aujourd'hui dans toutes les provinces, autant que les ordres du gouvernement, les messages des particuliers et des commerçants ; la petite ligne de chemin de fer, ouverte d'abord de Chan-hai-koan à Thien-tsin et prolongée en 1897 jusqu'à Péking, est utilisée par les Chinois de toute classe, officiels et marchands pour leurs affaires, désœuvrés pour leurs plaisirs. C'est que le Chinois sait à merveille se plier aux circonstances, les tirer à son avantage, et que toujours il fait nettement le départ entre ce qui le touche et ce qui lui est étranger. Or, les affaires publiques ne concernent que l'État, et ni le mandarin en dehors de sa charge, ni le marchand, ni l'agriculteur ne croient devoir s'en inquiéter ; l'État reste donc libre dans son action, tant que les particuliers et les groupements sont ménagés.

Mais, à côté des décrets que j'ai indiqués, d'autres heurtaient de front et les principes de la Chine moderne et les intérêts des classes privilégiées. Le 21 juillet, le *Chi oou pao*, moniteur des questions contemporaines, dirigé à Chang-haï par un ami et partisan de Khang Yeou-oei, était transformé en un journal officiel « chargé d'éclairer le public sur les intérêts de l'Empire et de faire connaître les vœux de la population »; la publication de tous les journaux était autorisée et il leur était recommandé « de travailler à manifester le vrai et l'utile et à dénoncer les abus, de développer les connaissances du peuple: ainsi il sera permis d'exposer en termes exacts les diverses questions relatives à la Chine et aux pays étrangers, sans avoir à taire rien de ce qui, auparavant, devait être passé sous silence ». Le droit d'adresser des rapports au Trône cessait en même temps d'être réservé aux grands conseillers, ministres, censeurs, vice-rois et gouverneurs; il était étendu jusqu'aux intendants de cercle et aux préfets, jusqu'aux sous-préfets et aux simples lettrés ; les fonctionnaires supérieurs étaient astreints à transmettre les rapports de leurs subordonnés, il leur était même interdit d'en prendre connaissance. L'une des théories les plus chères aux moralistes chinois est le devoir qui incombe au souverain de se tenir sans cesse informé de l'opinion publique et d'y conformer sa conduite ; mais ce principe a été rarement appliqué et, depuis longtemps, il n'est aucun moyen pour la population, pour les petits mandarins même, de faire entendre leurs doléances; entre le prince et les sujets, entre les vice-rois et les peuples de leurs immenses provinces, bien plus, entre les sous-préfets et leurs administrés, tout contact est rompu par l'interposition d'intermédiaires qui ont intérêt à imposer le silence ou qui vendent leur complaisance, par les clercs de yamen, par tout le corps des fonctionnaires, par la Cour, enfin, dignitaires et eunuques. Le droit de mémorial au Trône et la liberté de la presse étaient donc, en somme, le retour aux anciens principes, mais l'abandon aussi d'une pratique vieille de plusieurs siècles : en pareil cas, les préceptes des classiques doivent avoir tort, trop nombreux et puissants sont les intérêts opposés. D'ailleurs, l'Empereur ne cherchait pas les suffrages des amateurs de l'antiquité : « L'administration ancienne n'est plus de saison, disait-il dans un décret du 11 juin : il faut marcher avec le monde, il faut étudier l'Occident, qui est. aujourd'hui à la tête de la civilisation. » Et, autre part, il parlait du « fatras et de la lie », que contiennent les anciens livres et qu'il en faut écarter. Le point capital du plan de réformes, c'était, en effet, la réorganisation de l'instruction. On sait que l'instruction en Chine est toute privée ; chacun peut enseigner s'il trouve des élèves, et il existe, en fait, de nombreuses écoles, les unes payantes, d'autres gratuites et de bienfaisance, d'autres entretenues par un clan ou une famille ; à peine pourrait-on citer trois ou quatre écoles officielles, qui, à Péking, instruisent un petit nombre d'enfants mantchous. Mais, par les examens que font passer les fonctionnaires et qui sont la principale porte d'entrée pour les fonctions publiques, l'État a dans la main le couronnement de toutes les études ; sans y intervenir directement, il en est le maître. Dépourvus d'un programme défini, les examens portent uniquement sur les anciens auteurs philosophiques, historiques, poétiques ; les compositions sont des pièces de vers et des dissertations d'une rhétorique très stricte (*oen-tchang*), les qualités requises sont une mémoire exercée, une habileté de mosaïste pour agencer les phrases retenues ; la connaissance pratique des choses, le sens critique n'ont aucune place. Assiégés par une foule de candidats, les grades ne sont pas accordés à un centième d'entre eux et, parmi les élus, seuls les docteurs et une partie des licenciés obtiennent des charges ; tout le reste, licenciés, bacheliers, simples lettrés, forme une classe famélique, incapable de travail productif, fière cependant d'avoir passé par les concours, source de tous les honneurs, affermie dans sa sotte vanité par le respect des populations. Ce système n'a pris son complet développement que depuis quelques siècles ; mais ses racines plongent beaucoup plus profondément ; il est vraiment l'essence de la vie officielle, d'une grande partie de la vie sociale ; y toucher, c'est attaquer toute l'aristocratie, celle des fonctionnaires comme celle des lettrés, aristocratie malgré tout révérée par le peuple, parce que chacun espère d'y voir parvenir un des siens. Sans respect pour ces institutions (mois de juin et juillet), l'Empereur supprima des examens le *oen-tchang*, institua un baccalauréat, une licence, un doctorat nouveaux, prescrivit la fondation d'une Université à Péking, d'écoles officielles de deux degrés dans tout l'Empire, engagea ses sujets à remplacer par des écoles modernes les temples de famille et les bonzeries superflus, mit au programme des nouvelles études les langues étrangères, les sciences physiques, naturelles, économiques et ne laissa à la philosophie, à la littérature, à l'histoire chinoises qu'une place parcimonieusement mesurée. Bien plus, un commencement d'exécution suivit : un terrain fut donné pour l'Université, un grand-maître fut nommé ; on vit au Seu-tchhoan, à un examen secondaire, des candidats admis en tête de liste pour leur connaissance des questions étrangères ; dans quelques villages, les habitants voulurent expulser les divinités de leurs temples et y ouvrir des écoles.

II

En face d'un pareil bouleversement, il n'est pas surprenant que les hauts fonctionnaires aient montré beaucoup de mauvaise grâce et mis une extrême lenteur à étudier, comme il leur fut prescrit, la mise en pratique des nouveaux décrets; des délais donnés pour l'envoi des rapports furent dépassés. Le souverain patienta quelque temps; puis des décrets (26 juin, 24 août, 5 septembre), rédigés en termes assez durs et qui furent rendus publics, gourmandèrent l'inertie du Grand Conseil et du Tsong-li yamen, le mauvais vouloir des vice-rois; quelques-uns de ceux-ci, pour s'excuser, prétendirent n'avoir pu se conformer à des ordres transmis par télégraphe et en avoir attendu la confirmation par les courriers impériaux; un blâme sévère leur fut infligé, et il leur fut enjoint de se soumettre désormais aux instructions télégraphiques ou autres. Entre temps, l'Empereur s'adressait, en termes émus, à ses serviteurs, les adjurant de lui montrer leur fidélité en s'associant sans réserve à la réforme que nécessite la situation de la Chine; il prenait aussi à partie quelques-uns des antiréformistes et les sommait d'expliquer les motifs de leurs convictions, admettant ainsi la discussion de ses propres idées.

Tout en prescrivant, ou du moins en projetant la formation d'un Conseil de dix membres pour diriger l'Empire dans les voies nouvelles, il ne négligeait pas de chercher à persuader les opposants, ordonnait que quelques censeurs et quelques académiciens assistassent aux délibérations

tenues en sa présence et fussent mis à même de se faire
une idée des nécessités politiques modernes; bien plus,
par une impulsion généreuse peut-être, mais trop hâtive,
il prévoyait, dit-on, l'institution du régime parlementaire,
engagé dans cette voie par Khang Yeou-oci et les plus ar-
dents réformistes, retenu, au contraire, par tous ceux qui
avaient quelque pratique des affaires. Non content d'inter-
dire d'une façon précise les malversations et les *squeezes*
(sans lesquelles le traitement des mandarins serait déri_
soire), le souverain décida de faire des économies immédiates par la suppression des rouages inutiles de l'administration : il abolit (décrets du 31 août et du 8 septembre)
six yamens de Péking trois charges de gouverneur (Koang-
tong, Yun-nan, Hou-pei), celle d'inspecteur général (*tsong-
tou*) du Hoang-ho, de nombreux postes dans la gabelle,
tous ceux des assistants sous-préfets; d'une façon générale,
tous les bureaux superflus durent disparaître : un délai
d'un mois fut accordé pour l'exécution des décrets. Parmi
les mandarins privés de leur charge, les plus actifs et les
plus intelligents durent être employés dans les nouvelles
administrations des mines et des chemins de fer; mais
beaucoup d'autres restaient inoccupés, malgré leurs services passés, peut-être longs et intègres; dans la classe
subalterne des clercs de yamen, plus de 5.000 hommes, à
Péking seulement, étaient ainsi privés de ressources, en dé-
pit de véritables droits acquis : il est, en effet, admis que
tous ces postes inférieurs sont la propriété des titulaires
qui, sous l'approbation des mandarins, les achètent, les
vendent, les laissent à leurs héritiers. Cependant une affaire
soulevée par l'exercice du droit de mémorial montra aux
grands fonctionnaires que l'Empereur entendait être obéi :
Oang Siun, secrétaire du Ministère des Rites, ayant pré-

paré un mémoire, où il proposait de nombreuses modifications à l'organisation des bureaux et où il ne ménageait
pas les critiques aux fonctionnaires supérieurs, pria ses
chefs de le transmettre au Palais; les deux ministres et les
quatre vice-ministres, après en avoir pris connaissance (cette
procédure fut interdite à propos du fait même que je rappelle), tancèrent vertement leur subordonné, lui infligèrent
une peine disciplinaire et refusèrent de transmettre son
mémorial; l'Empereur, ayant appris ce qui se passait, dé-
féra les chefs des Rites au jugement du Ministère des Fonctionnaires; ils furent cassés (11 septembre) et Oang Siun
reçut un avancement inusité.

C'en était trop, tous les hauts dignitaires se sentaient
atteints. L'Impératrice douairière, protectrice attitrée de
plusieurs d'entre ceux qui étaient menacés ou qui avaient
déjà été sacrifiés, voyait son crédit ébranlé, moins peut-
être par la chute de ses créatures que par les manifestations insolites de la volonté impériale; il semble bien
qu'elle n'était réellement pas en sûreté et qu'il fut question de lui ôter le droit d'accorder des audiences, de l'enlever de son palais de Yi-ho aux portes de Péking pour la
faire garder étroitement dans une résidence plus éloignée.
Il ne faut pas oublier que l'Impératrice douairière a droit
à tous les respects, surtout de la part de l'Empereur,
qu'elle est une divinité sur terre, placée dans les formules
du langage officiel sur le même rang que les anciens Empereurs et que le Ciel même; il ne faut pas davantage
perdre de vue que l'Impératrice douairière actuelle, Tsheu-
hi, a mis l'Empereur régnant sur le trône; que, comme
régente, elle a exercé le pouvoir près de trente ans; qu'elle
a su tenir tête à la révolte des Thai-phing, reconquérir le
Yun-nan et le Turkestan, refaire la Chine après la guerre

de 1860 : les desseins formés contre elle par l'Empereur, en admettant qu'ils aient été formés, étaient donc doublement contraires à la piété filiale, base de l'organisation sociale chinoise. L'impératrice Tsheu-hi, prévoyant la lutte, avait réussi à donner la vice-royauté du Tchi-li et le commandement en chef du nord à son neveu Yong-lou; elle s'était ainsi assuré l'appui des troupes de terre et de mer de la province; l'Empereur avait répondu à ce coup en mettant comme second auprès de Yong-Lou, avec des pouvoirs très étendus, Yuen Chi-khai, ancien résident en Corée et membre du parti de la réforme. Jusque-là, d'ailleurs, il ne paraît pas que l'Empereur ait cherché d'appui dans l'armée et il était bien tard pour y songer; plus peut-être que l'étendue démesurée des réformes, cet oubli de la part du souverain et de celle de Khang Yeou-oei fait sentir combien ce plan était improvisé, combien peu les inspirateurs méthodistes de Khang ont montré des qualités d'hommes d'État, s'il est vrai que le réformateur, le « Sage moderne » des journaux anglais de Chine, ait cherché de ce côté ses inspirations. Jamais sans doute on ne saura exactement ce qui se passa à partir du 15 septembre, puisque l'on n'a d'autres sources que les dires des parties intéressées. Deux décrets secrets adressés à Khang (16 et 17 septembre), et publiés par lui après le coup d'État, montrent quelles étaient les craintes de l'Empereur : « Nous craignons de ne pouvoir conserver notre trône... Voici comment vous pourrez nous sauver... Il faut que vous quittiez Péking sans délai, et que vous cherchiez des moyens de venir à notre secours. » L'Empereur croyait pouvoir compter sur Yuen Chi-khai, et il lui commanda, verbalement, sans consentir à donner un ordre écrit, d'amener ses troupes à Péking (20 septembre); à son retour à Thien-tsin, Yuen, effrayé de cette mission périlleuse, raconta tout à son chef Yong-lou, qui avertit l'Impératrice douairière. Le résultat ne se fit pas attendre : en laissant de côté les détails mal connus, l'Empereur disparut (22 septembre), un décret fut publié qui remettait à l'Impératrice Tsheu-hi tous les pouvoirs; un grand nombre d'eunuques et de femmes du Palais furent massacrés pour leur dévouement à l'Empereur; les partisans de la réforme, à Péking, puis en province, furent arrêtés, et parmi eux des censeurs, académiciens, vice-ministres, membres du Tsong-li yamen; les uns furent condamnés à la prison perpétuelle, d'autres, à l'exil; six furent exécutés le 28 septembre; les inimitiés et les ambitions privées profitant des circonstances et usant de délation, ce fut pendant plusieurs semaines le règne de la terreur dans tous les milieux officiels de la Chine, parmi les hauts dignitaires de Péking et parmi les eunuques et servantes de la Cour. Toutefois, Khang Yeou-oei, après avoir, dit-on, cherché un appui à la légation d'Angleterre (sir Claude Macdonald était en villégiature au bord de la mer) et avoir passé une dernière nuit à la légation du Japon, avait réussi à gagner Thien-tsin (20 septembre) et à s'embarquer incognito sur le *Chung king*; prévenu à Oou-song par le consul britannique, il fut transféré à bord du *Ballaarat*, partant pour Hong-kong, d'où il put gagner le Japon. Cependant, à Péking, des pouvoirs extraordinaires furent remis à Yong-lou et à deux princes mantchous, investis, dit-on, du droit de mettre à mort sans enquête et sans en rendre compte toute personne qu'ils soupçonneraient de mauvais desseins.

Mais, quelque curieux que soient les détails de la réaction et de la terreur qui suivit, je n'y veux pas insister, et je préfère indiquer comment le coup d'État a été possible sans qu'une protestation se soit élevée. Rien dans la constitution de la dynastie n'autorise l'Impératrice douairière à assumer l'exercice du pouvoir, hors le cas de régence ; comment donc a-t-il été admis qu'elle substituât son autorité à celle de l'Empereur et qu'elle retînt celui-ci en captivité ? Il n'existe d'autre pouvoir que celui de l'Empereur ; ni les provinces ni la capitale n'ont d'aristocratie héréditaire ni terrienne ayant à la fois prise sur les populations et influence dans l'État ; les fonctionnaires provinciaux, nommés par le souverain, révocables *ad nutum*, sont étrangers à la province qu'ils administrent, dont ils ignorent les coutumes et l'esprit ; d'ailleurs, la surveillance qu'ils exercent les uns sur les autres est ingénieusement combinée pour arrêter toute velléité de résistance au pouvoir central ; il n'est pas jusqu'aux vice-rois, véritables chefs d'État par certains côtés, dont l'autorité ne soit balancée par celle des maréchaux tartares et gouverneurs, et qu'un décret de dégradation ne prive instantanément de toute influence, de tout appui. Pour les grands conseils qui siègent à Péking, rien qui rappelle la propriété des charges telle qu'elle existait dans nos Parlements, ni même la situation, ferme en somme, de beaucoup de nos fonctionnaires ; tous leurs membres dépendent de la volonté du maître. Il n'est donc rien qui puisse contrebalancer la puissance impériale, rien non plus qui la puisse soutenir ; il faut que l'Empereur connaisse et dirige tout par lui-même, que ce rouage central soit d'une puissance et d'une précision surhumaines ; si l'Empereur n'est pas un grand homme, toute la machine s'arrête, ou, du moins, les fonctionnaires n'agissent plus que par caprice individuel ; la population, les innombrables associations qui la groupent, n'étant plus dirigées, vivent pour elles-mêmes. Or, les princes sont élevés presque toujours dans le harem, au milieu d'eunuques, de femmes, de fonctionnaires prosternés; la jalousie de l'Empereur ou des régents les écarte des affaires, retarde autant que possible leur initiation au gouvernement; en montant sur le trône ou prenant à sa majorité les rênes du pouvoir, le jeune Empereur n'a aucune connaissance des hommes qui vivent, des choses qui existent; les eunuques et les femmes qui peuplent le Palais, les ministres qui forment le Conseil, sont également intéressés à le tromper pour le maintenir dans la dépendance. Au milieu de ces coteries rivales, en l'absence de tout pouvoir régulier capable de vouloir et d'agir, constitué pour soutenir, au besoin pour remplacer, l'énergie défaillante du maître, l'autorité échoit naturellement au plus apte, et on l'a vue, suivant les époques, tomber aux mains des Impératrices douairières, des princes du sang, des ministres, des généraux, des eunuques.

L'Empereur actuel, mis sur le trône à l'âge de quatre ans, d'une santé délicate, affaibli par la vie de harem, a été facilement et longtemps maintenu dans l'ombre par l'impérieuse personnalité de l'Impératrice Tsheu-hi; doué, semble-t-il, d'une intelligence ouverte et frappé des leçons que la guerre et la diplomatie ont récemment infligées à la Chine, il a tenté avec une ardeur et une inexpérience juvéniles un bouleversement complet de l'Empire. Mais, dans l'ébranlement qu'il a lui-même causé, il était naturel que le sceptre échappât de ses mains débiles et, par son propre poids, retombât dans celles de l'Impératrice douairière qui l'ont déjà tenu pendant de longues années : pour ménager les apparences, c'est un décret de l'Empereur même qui a remis l'autorité à sa mère adoptive; auprès du trône de celle-ci un autre trône a été dressé pour le souverain; mais son règne semble bien fini, jusqu'au jour du moins où viendrait à faiblir l'énergie de celle qui, depuis la mort du prince de Kong, est le seul homme de la dynastie. Dès son retour aux affaires, l'Impératrice-douairière a prouvé qu'elle est vraiment capable d'exercer le pouvoir : sans doute la réaction a été cruelle; mais elle n'a pas dépassé ni même atteint ce que présentent bien d'autres pages des annales asiatiques. Et, en même temps, l'Impératrice a compris sans hésiter que les réformes entamées ne pouvaient être toutes abolies : ainsi l'Université de Péking subsiste, les écoles d'agriculture et d'industrie, les associations agricoles et industrielles sont autorisées; rappellerai-je que l'Empereur a été soumis à l'examen d'un médecin français, que les dames du corps diplomatique ont été reçues en audience par l'Impératrice douairière, par l'Empereur et l'Impératrice? Ce sont de petits faits; mais ils sont nouveaux; et il est vrai que les réformes les plus importantes ont été abrogées; cela montre toutefois qu'avec un sentiment juste de la situation, on n'essaye pas de reprendre toutes les concessions faites aux nécessités présentes; l'initiative généreuse et téméraire de l'Empereur aura servi à répandre ces ferments de progrès et l'on doit souhaiter qu'ils se développent, mais plus lentement, avec un moindre bouleversement.

Peu d'événements ont fait naître plus de rapports dé-
taillés et contradictoires, que ceux qui se sont déroulés l'an
dernier à Péking et autour de Péking. L'imprévu de la
situation, le silence menaçant de la capitale, les coups de
théâtre qu'annonçaient avec fracas des télégrammes éma-
nant de Chang-haï, de Hong-kong, fabriques habituelles de
fausses nouvelles, situées à plus de dix jours de distance de
la scène principale et coupées alors de toute communication rapide avec elle ; les soupçons, semblant trop justifiés,
que faisait naître la position de moins de six cents Européens assiégés par des armées chinoises : tout cela a fait
vivre à l'Europe et à l'Amérique quelques semaines dramatiques. Si le dénouement, d'après le ferme espoir du plus
petit nombre, a été heureux, on peut dire que la pièce n'est
toutefois pas terminée et que, pour traîner en longueur, elle
est loin d'être dépourvue d'intérêt. Pour en comprendre
l'acte le plus émouvant aussi bien que la suite, il faut
mettre de côté et nos préjugés occidentaux et ces sympathies ou antipathies pour tel ou tel « parti » chinois qu'ont
fait naître ou qu'entretiennent surtout les journaux anglais : en dehors de toute falsification volontaire ou con-

science, ceux-ci ne savent plus voir à la Cour de Chine que les pires désordres, le ; plus viles infamies, les plus noirs desseins depuis que l'Impératrice douairière a chassé le protégé et ami des missionnaires méthodistes, Khang Yeou-oei, conseiller ambitieux et brouillon d'un Empereur généreux, mais trop confiant et trop faible. Quand nous aurons ainsi fait table rase, nous pourrons considérer les choses mêmes et tâcher de connaître les principaux personnages pour démêler leur rôle.

I

Le peuple chinois n'a point de part au gouvernement du pays: cependant, en tous temps, l'opinion, appuyée sur la coutume, exerce une grande influence et, au milieu de troubles, lorsqu'elle peut se traduire par l'action de millions d'hommes, elle doit entrer en compte. Ce peuple est essentiellement pacifique et maniable ; habituellement les mandarins sont obéis, les étrangers peuvent voyager dans l'intérieur sans être molestés, l'ordre règne; et cependant les forces chargées de le maintenir sont infimes : un sous-préfet, qui gouverne un district de 300.000 âmes, n'a pas à sa disposition 500 hommes représentant la police et l'armée ; les troupes, massées sur un petit nombre de points (surtout les *lou-ying*, qui ne sont guère qu'une garde nationale), sont peu nombreuses, mal recrutées, mal payées, mal armées, mal exercées, encore plus mal commandées (cela dit en général, il peut y avoir des exceptions). Le Chinois connait très nettement la limite entre les droits de l'État et ceux des individus ou des associations, bien qu'aucun texte ne la définisse ; cette limite, variable suivant les régions, est toujours tracée, spécialement pour les impôts et la justice, de manière à favoriser l'État et ses représentants ; tant qu'elle n'est pas transgressée, le peuple obéit de bonne grâce ; si elle est franchie, il murmure et fait connaître son mécontentement bien avant de se décider à résister. Si la Chine n'est pas constamment en révolte sur tous les points, c'est que le peuple est naturellement respectueux des lois et de l'autorité : il obéit parce qu'il le veut, parce qu'il est tout à son travail et à son commerce. Surtout agricole, la population se presse sur un territoire insuffisant, insuffisamment exploité ; en peinant du matin au soir, du début de l'année à la fin, elle arrache au sol le strict nécessaire comme nourriture et comme vêtement ; elle est trop pauvre pour songer à mieux et se résigne, dès qu'elle ne meurt pas de faim. Aussi est-il de principe que chacun donne tout son temps à son métier ; personne ne prend intérêt aux affaires générales, à la direction du gouvernement que dans la mesure où il en est affecté. Ce qu'on demande, c'est qu'un impôt pas trop lourd soit perçu sans trop de vexations, c'est que la justice des mandarins et leur administration s'ingèrent aussi peu que possible dans les affaires privées, parce que leurs moindres démarches sont coûteuses et parce que leur rôle est tenu souvent, et avec avantage, par les associations multiples où l'individu est engagé. C'est donc, avec l'ordre matériel, un large laisser-faire que désire le peuple chinois, sachant l'utiliser avec ténacité pour gagner sa vie, tout prêt à user de nouveaux instruments de travail, dès que, sa méfiance apprivoisée, il en aura senti la valeur pratique ; grâce à qui et de par quels principes il jouit de cet ordre, de cette tolérance, de ces moyens de subsistance, peu lui importe; si, lui permettant de gagner sa vie, vous ne touchez ni à ses cercueils, ni à ses fêtes religieuses, ni à ses habitudes quotidiennes, il vous tiendra quittes de tout le reste. Encore peut-on (l'expérience faite sur les concessions et dans les Missions l'a démontré), si l'on sait s'y prendre et s'il n'y a pas trop d'excitations extérieures, désaffecter des terrains consacrés, habituer les gens au spectacle de coutumes étrangères, les soumettre aux règles d'une police et d'une voirie européennes et leur faire peu à peu apprécier par fragments notre civilisation qui leur répugne en bloc : le tout est d'user de ménagements et de discrétion.

Dans ce peuple maniable et crédule, si facile à conduire comme à exciter, il existe bien des tempéraments provinciaux divers, depuis l'esprit d'aventure des hommes du Fou-kien, l'ardent patriotisme local, l'orgueil des Hounannais, les qualités littéraires de ceux du Kiang-sou, jusqu'à l'âpreté au gain, l'habileté aux affaires d'argent des indigènes du Chan-si. Les hommes du nord, et principalement ceux du Tchi-li, sont d'un tempérament calme, d'un esprit lent, mais solide, accordant difficilement leur confiance, mais susceptibles de l'accorder même à des étrangers, capables alors de dévouement. Plus pauvres que les habitants de la plupart des autres provinces, peu raffinés, peu littéraires, ils connaissent moins que d'autres les réunions clandestines où les lettrés pérorent, censurent le pouvoir, attaquent les étrangers ; les lettrés sont peu nombreux, moins remuants, moins influents qu'ailleurs ; le sentiment hostile à l'aubain, à l'étranger de Chine ou à l'étranger d'Occident est moins vif : l'existence d'une nombreuse population musulmane au milieu des sectateurs du bouddhisme et du taoïsme a habitué à la tolérance religieuse et, sans être aimés des païens, les chrétiens, soit du village voisin, soit vivant dans le même village, sont tolérés facilement, parfois sont estimés : c'est au contraire chez la minorité musulmane que des résidents bien informés s'accordent à reconnaître une opposition marquée aux étrangers, aux chrétiens. Moins excitables que leurs compatriotes, moins prompts à s'armer contre l'arbitraire d'un mandarin, contre l'attaque d'une bande pillarde, les hommes du Tchili, poussés à bout, luttent avec énergie : ainsi quand les Nien-fei, dernier remous causé par la grande insurrection des Thai-phing, arrivèrent dans le sud de la province à la fin de 1867, les paysans apeurés commencèrent par fuir, mais, après avoir vu pendant plusieurs semaines le pillage, l'incendie, le massacre, la dévastation exercée indistinctement contre chrétiens et non-chrétiens, tous s'armèrent de bâtons, de couteaux, de piques, coururent sus aux brigands, les tuant, enterrant vifs ceux qui étaient pris, et en peu de temps les rejetèrent hors des limites de la province.

II

Malgré les dispositions pacifiques du peuple, l'ordre est loin de régner partout et toujours en Chine et, s'il est violé, l'autorité reste longtemps incapable de le rétablir, insuffisante à réprimer les troubles dès leur début aussi bien qu'à en prévenir la naissance. Parmi les causes qui produisent les mouvements populaires, je n'en signalerai que deux. Dans la plupart des provinces, la population est tellement dense qu'en temps normal la majeure partie a le strict nécessaire pour ne pas mourir de faim ; mais les inondations, les sécheresses sont fréquentes et terribles sous un climat plus extrême que celui de l'Europe ; sur une pareille étendue de territoire, il ne peut se faire que, chaque année, la récolte ne manque dans quelques districts ; le grain y devrait alors venir d'autres districts plus favorisés et, par suite de l'étendue même, la Chine devrait en tout temps suffire à ses propres besoins. Mais l'industrie étant rare, la production étant avant tout agricole, le paysan privé de sa récolte n'a pas d'argent pour acheter de quoi subsister ; en eût-il, il ne trouverait pas où se fournir, parce que les octrois intérieurs et l'état des routes empêchent la circulation des marchandises : au delà de 100 *li* (10 lieues), les céréales ne peuvent se transporter, le prix en devenant exorbitant et montant de 50 p. 100. En cas de disette, les autorités prennent quelques mesures, achètent des grains et les mettent en vente, ainsi que ceux des greniers publics, diminuent ou suppriment les octrois dans les districts menacés, font des distributions gratuites ; mais la libre circulation n'existe pas partout et, dans d'autres districts, on interdit l'exportation, de peur d'insuffisance : si bien que la faim règne toujours sur quelque partie de la Chine, tandis que dans le reste les grains se vendent au cours normal ou à vil prix ; parfois la vraie famine s'étend à une province entière, à plusieurs provinces, causant la mort de millions d'hommes. Aussi les désordres commencent presque toujours en hiver et s'accentuent au printemps, quand, les provisions étant épuisées, la moisson nouvelle est encore sur pied. On voit des familles, des villages entiers partir en campagne de mendicité ; souvent tout se borne là, souvent il s'organise des bandes qui prennent au lieu de demander ; puis d'autres bandes se forment qui, prétextant de la faim d'autrui, font métier de piller les voyageurs, les habitants des villages isolés ; ceux-ci, lorsqu'ils sont ruinés, ne sont pas loin de se joindre aux premiers, qui se grossissent encore des soldats impayés, de ceux qui, après licenciement, se trouvent incapables de travailler pour vivre : entre les brigands et les soldats chinois, il y a peu de distance, des troupes des uns aux bandes des autres, et inversement, les échanges sont fréquents. Le brigandage est donc endémique dans plus d'une région ; après quelques mauvaises années, il s'étend et paraît de tous côtés ; parfois les brigands se montrent chaque hiver, comme faisaient vers 1890 les *ma-tsei* (voleurs à cheval) qui opéraient dans le sud et l'ouest de la Mantchourie ; parfois ils trouvent un chef, s'organisent, s'installent dans quelques districts, font partie des pouvoirs locaux, traitent avec les mandarins, ainsi qu'il est arrivé pendant plus de dix ans à Yu Man-tseu et à ses fidèles dans le Seu-tchhoan oriental. C'est par des campagnes d'hiver au Ho-nan que les Nien-fei ont débuté pendant six ans avant d'arriver à une rébellion ouverte ; c'est dans des circonstances analogues que se sont fait connaître les Siao-tao du Ngan-hoei dont l'Europe a appris le nom l'hiver dernier, les Ta-tao du Chan-tong et des provinces voisines, qui se sont transformés en Yi-ho-khiuen, « poings de la justice et de la concorde », nommés Boxeurs par les journaux d'Extrême-Orient. D'habitude, les Puissances ne sont que peu émues de ces secousses de l'Empire Chinois. Si l'attention s'est fixée sur la rébellion de ces derniers, ce n'est pas tant à cause de sa gravité propre que de l'importance des intérêts moraux et matériels engagés dans cette région, où est établi depuis peu d'années, autour de la capitale, le centre de l'exploitation industrielle du nord.

Mais, chez les Boxeurs comme chez Nien-fei, il y a autre chose que du simple brigandage; les uns et les autres sont des associations à visées politiques et touchant aux sociétés secrètes. Celles-ci ont souvent pour élément principal les lettrés. Les concours, on le sait, sont la plus importante des voies d'accès aux fonctions publiques, et toute l'instruction n'a d'autre objet que d'y préparer, car c'est seulement un apprentissage pratique qui initie aux professions diverses de cultivateur, ouvrier, marchand, médecin, juriste, géoscope, etc.; est donc lettré en général tout homme qui a étudié pour se présenter aux concours, mais surtout celui qui, arrêté à un point quelconque de cette préparation, n'a pas réussi à obtenir une charge, à devenir mandarin; on peut donc dire que les lettrés sont des ratés, des déclassés. Leurs études antérieures de morale et d'histoire, de rhétorique ont mis en jeu uniquement la mémoire et une certaine ingéniosité verbale, aux dépens de la connaissance des faits et des choses, aux dépens du simple bon sens; elles ont fait d'eux presque toujours des sots incapables d'un travail utile, mais remplis de leur importance; et le respect conçu pour l'instruction est tel que le peuple, assez fin pour percer à jour la vanité et l'incapacité des lettrés, les vénère tout en se moquant d'eux et se laisse prendre à leurs paroles creuses. Ces lettrés, innombrables (il n'y a pas un docteur reçu sur dix mille candidats qui se sont présentés aux concours successifs), réduits à un petit nombre de professions précaires et peu lucratives, deviennent des mécontents: quelques-uns, à l'imagination plus échauffée, à la langue plus agile, prêchent la réforme d'une société qui les méconnaît, dont eux-mêmes ignorent la vie, ne sentent pas l'activité féconde; ils s'attaquent, en des réunions secrètes, aux institutions, à la dynastie régnante, prêchent le retour à l'antiquité qui est leur âge d'or, mêlent aux théories sociales les abstinences, les observances religieuses, les croyances qu'ils inventent ; par là ils ont prise sur les hommes qui, en toutes situations, recherchent le mystère, aiment les mots vides et se conforment volontiers à des rites puérils et solennels. Ainsi se recrutent les adhérents dans le peuple et parmi les mandarins, et ils sont retenus par des initiations bizarres, des serments et des menaces parfois terribles. La Chine est couverte de ces sociétés secrètes qui se perpétuent ou se transmuent les unes dans les autres, changent de nom pour dérouter les recherches de l'autorité, sont traquées après une rébellion ou une conspiration, puis sont oubliées, tolérées, protégées. Malgré l'ombre dont elles s'entourent et la fluidité déconcertante de leur nature, on a sur elle quelques renseignements, trop maigres encore, par suite de leur apparition au jour dans tel ou tel mouvement, par le moyen de transfuges qui en ont dévoilé les principes à quelques missionnaires.

Les sociétés secrètes sont pour les soulèvements populaires un état-major toujours prêt ; si elles ne les font naître, elles leur tracent la voie et elles les encadrent : c'est ce que l'on a vu avec les Tchhang-mao ou Thai-phing, avec les Nien-fei, ainsi que dans les troubles moins importants, quoique graves encore, qui depuis trente ans ont éclaté à un moment ou à un autre dans toutes les parties de la Chine. Parfois ces bandes s'attaquent uniquement ou d'abord aux chrétiens ou aux étrangers, comme à Thien-tsin en 1870, comme dans la vallée du Yang-tseu en 1891 : c'est que les lettrés voient dans les « barbares » des ennemis de leur civilisation, dans les indigènes convertis des traîtres aux principes du confucianisme et de la société, et que le gouvernement laisse faire, n'étant pas mécontent d'effrayer un peu les « diables étrangers ». Mais, dès qu'un mouvement est plus étendu, plus organisé, ses visées ne sont pas moindres que de renverser l'Empereur, de substituer une dynastie nationale aux souverains mantchous, motif persistant ou prétexte réitéré des soulèvements, comme on l'a vu pour la conspiration de 1813, pour la rébellion des Thai-phing, pour celle des Nien-fei. De même, c'est parmi les Tsai-li et les Ta-tao que la rébellion actuelle a trouvé ses cadres; les chefs n'ont pas caché d'abord qu'ils en veulent au souverain et à tout l'état de choses actuel; le nom pris par les rebelles est une invocation à la justice, *yi*, dans les mêmes termes qu'emploient depuis plus de deux mille ans ceux qui méconnaissent le pouvoir d'une dynastie : quand on veut la combattre, on la déclare injuste, on dit que le « mandat du ciel » lui a été retiré. Les Boxeurs ont lutté dès l'origine contre les mandarins représentants de l'Empereur, ils ont pillé le trésor et les greniers de plusieurs sous-préfectures, ils ont attaqué les Chinois non chrétiens comme les chrétiens, ils ont résisté aux troupes impériales envoyées pour les réduire et, du Chan-tong, ils ont passé dans le Tchi-li. On les voit d'abord ruiner sans distinction le peuple qui ne demande que l'ordre pour travailler et pour gagner sa vie; on les voit s'attaquer à l'autorité et au titre même de l'Empereur.

Le mouvement n'a donc été à ses débuts ni officiel, ni national, et l'on se tromperait si l'on y rattachait l'effervescence qui a pu régner sur le Yang-tseu et au Hou-pei, les troubles qui, au Yun-nan, ont compromis la sécurité de nos compatriotes. La présence dans les chantiers à Hankheou, à titre d'agents subalternes, contremaîtres ou autres, d'Européens dépourvus d'éducation, grossiers, peu recommandables même, a déjà été signalée comme cause de difficultés sérieuses; et quant à Yun-nan-fou et Mong-tseu, il suffit de rappeler l'incendie de la douane, l'attaque du consulat de France en juin 1899, pour prouver que l'irritation, quelle qu'en soit la cause, est bien antérieure. Seulement la révolte locale entourant Péking a ébranlé en ondes concentriques tout l'Empire, et de ces ondes sont nés des remous plus ou moins violents, là où il se trouvait quelque obstacle, quelque cause préexistante.

III

Toutefois, au début du mois de juin, le mouvement fut orienté contre les étrangers. Étudions donc les tendances, les antécédents de ceux qui, étant au pouvoir, avaient charge de maintenir ou de rétablir l'ordre. Ceux-là, ce sont les mandarins, civils et militaires, c'est la Cour, avec l'Empereur et l'Impératrice douairière.

Les mandarins civils, pas plus que les lettrés, n'ont de raison de nous aimer ; esprits de pure formation confucianiste, ils voient en nous des barbares ignorants qui ne veulent pas courber leur orgueil devant la seule civilisation, qui bien souvent ne dissimulent même pas leur mépris ; serviteurs de l'État, ils n'oublient pas tous les chocs, tous les frottements qui forment la trame des relations entre la Chine et l'étranger, ils savent que, venus sans être invités, nous nous sommes imposés par la force, que la plupart des Européens condamnent sans examen tout l'édifice chinois et y veulent introduire des principes dangereux pour son

ordonnance et sa solidité; fonctionnaires ayant travaillé et
dépensé pour se faire une situation, ils n'ont pas de peine
à démêler combien nos études scientifiques et spécialisées
sont contraires à leur éducation qui ne tient compte que de
l'ensemble moral et de la forme littéraire, combien notre
recherche de la précision est hostile à leur laisser-aller
administratif, à leur sans-gêne financier; aristocratie, personnelle et non pas héréditaire, mais enviée, respectée et
admise sans discussion, ils n'ignorent pas que leur suprématie ne saurait résister à l'extension des idées européennes. Mais ils ont horreur des troubles, des luttes, des
séditions; la prospérité du peuple qui leur est confié n'importe guère, il est vrai, à beaucoup d'entre eux; par contre
tous savent qu'il est deux choses que le gouvernement ne
pardonne pas, et que c'est de ne pas faire rentrer les impôts, de créer des affaires : malheur à ceux qui irritent le
peuple, qui, par excès d'oppression ou de négligence,
laissent les troubles s'étendre en massacres, en révoltes. La
crainte des complications est pour le fonctionnaire le commencement de la sagesse : il faut d'ailleurs reconnaitre que
les difficultés avec l'étranger sont, fréquemment et suivant
les dispositions de la Cour, péché véniel à ses yeux. Parmi
les mandarins ayant eu des rapports directs avec les étrangers et avec les représentants des Puissances, beaucoup
ont vu et, aveuglés d'orgueil confucianiste, n'ont pas perçu ;
une minorité a senti la force des étrangers et en a gardé
une impression salutaire, a compris qu'il faut accepter
l'inévitable, vivre avec ceux qu'on ne peut chasser, se
mettre même à leur école pour leur ravir le secret de leur
pouvoir; de ce type sont ou ont été les hommes d'État tels
que les princes de Kong et de Choen, Li Hong-tchang et
Tchang Tchi-tong. On rencontre donc, chez les adminis-

trateurs responsables des provinces, habituellement l'hostilité déguisée sous la courtoisie, toujours la crainte de la violence : une entente entre eux et les rebelles, fût-ce contre les chrétiens et les étrangers, semble donc impossible. Aussi l'on a vu les vice-rois des provinces du Yang-tseu prendre des mesures pour maintenir l'ordre et y réussir en somme durant toute la crise; le vice-roi du Yun-koei armer d'abord ses troupes régulières et ses milices, puis, quand le consul français et ses compagnons eurent échappé à l'attaque qu'il pouvait prétendre ignorer, retenir nos compatriotes, pour les empêcher de courir l'aventure de quinze jours de marche au travers d'un pays troublé, puis les faire escorter jusqu'à la frontière ; le vice-roi des Deux Koang, Li Hong-tchang, accepter ou rechercher le rôle de médiateur entre Péking et l'étranger : symptômes qui, en opposition avec les événements du nord, marquent la diversité des opinions chinoises et l'indépendance gardée par les chefs des provinces sous la lointaine direction de la Cour.

Bien différents sont les hauts mandarins militaires, souvent grossiers, divers d'origine et de formation, n'ayant, sauf de rares exceptions, aucuns rapports avec les étrangers, ignorant habituellement tout des armées étrangères puisque les troupes exercées à l'européenne, si peu nombreuses, sont dans la dépendance immédiate des vice-rois. Les officiers chinois, imbus de stratégie chinoise, commandent et exercent à la chinoise des troupes qui ne sont souvent que des bandes démarquées de brigands, qui sont payées mal et irrégulièrement, où il n'existe aucun service régulier d'intendance: quand de pareils corps s'abattent sur un district, ils y font autant et plus de dévastation que les bandits qu'ils doivent combattre. Le peuple redoute les uns autant que les autres. Les mandarins militaires n'ont pas charge d'administrer, mais de soumettre ; l'usage de la force, qui répugne aux mandarins civils, est au contraire ce qu'on leur demande. Comme ils sont beaucoup moins connus des Européens que leurs collègues civils, il est difficile d'avoir idée de leurs sentiments, malgré les informations d'une précision affectée qui ont été publiées sur certains d'entre eux. Il est bien croyable que, dans les conseils de l'Empire, ils sont du parti de l'ignorance aveugle et de la violence, tout prêts à laisser leurs troupes fraterniser avec les brigands, piller et incendier de compagnie des villageois sans défense, des étrangers peu nombreux, plutôt que de combattre les rebelles chinois et de s'exposer à leurs coups. Mais d'habitude ils n'ont aucun prestige, aucune influence dans l'État : si Thien-tsin et les environs de Péking ont été en proie aux forces combinées de la rébellion et du gouvernement, c'est que cette alliance étrange, dangereuse surtout pour la dynastie, a été autorisée ou tolérée par ceux qui, à Péking, détenaient le pouvoir, ou par quelques-uns d'entre eux.

IV

Depuis l'ouverture des rapports réguliers avec les étrangers, il a toujours existé, à la Cour et autour d'elle, un parti intransigeant formé de ceux qui, ne connaissant pas les Européens, fermant les yeux aux manifestations de leur puissance, croient ou veulent croire facile de se débarrasser d'eux par la force ; formé des ambitieux aussi qui, à défaut d'une conviction, pensent qu'il est de l'intérêt de leur carrière de s'appuyer sur les sentiments hostiles aux étrangers. Recrutés parmi ceux qui sont confinés dans les emplois de la Cour et éloignés des affaires, parmi les membres de la famille impériale à qui sont fermées la plupart des fonctions provinciales, ces irréductibles comptent dans leurs rangs et des Mantchous ordinaires et des Chinois; il n'y a donc pas de raison de les tenir pour un parti mantchou, d'autant que la race dominante n'est pas sans avoir fourni plus d'un homme ayant su comprendre les nécessités que l'extension de la politique européenne impose à la Chine. Ce parti n'est uni que par l'antipathie pour l'étranger et par l'ignorance de la politique extérieure, il n'a pas de plan de gouvernement; d'ailleurs il n'existe à l'intérieur aucun parti muni d'un programme, mais seulement des intérêts rivaux, des coteries personnelles. Ces hommes, qui veulent restaurer le passé et fermer la Chine, ne trouvent pas d'opposition sérieuse parmi la foule des mandarins, dont les désirs, sinon les plans, ne sont guère différents des leurs; ils ne rencontrent de résistance que parmi ceux qui, ayant eu à faire les traités avec les Puissances, à résoudre des questions diplomatiques épineuses, ont pu se convaincre de la folie des visées ultra-conservatrices; mais ces hommes sont rares, dispersés et ne forment pas un parti.

En ces dernières années, et jusque aujourd'hui, on a beaucoup parlé des réformateurs et de leurs sympathies pour l'Europe. Mais transformer les finances et l'armée, renverser l'étude des classiques, les examens sur quoi tout repose, installer dans les bonzeries des écoles, créer une Université européenne, accorder la liberté de la presse, généraliser le droit de mémorial à l'Empereur, parler du régime représentatif, supprimer trois gouvernements provinciaux, six administrations de la capitale, d'innombrables postes subalternes, priver de moyens d'existence plusieurs milliers de fonctionnaires et d'employés sans tenir compte des droits acquis : faire tout cela à la fois, en quelques semaines, est-ce réformer, est-ce bouleverser? et entreprendre cette œuvre sans se préoccuper des moyens financiers, sans songer à s'assurer d'une force pour contraindre les récalcitrants, est-ce le fait d'un homme d'État qui a un plan, ou d'un fou hanté par son idée fixe et qui brise tout autour de lui? Et les membres de cette cabale, Khang Yeou-oei, le « Confucius moderne », Than Seu-thong, Tchang Yin-hoan et les autres, qu'ont-ils de commun sinon une ambition inquiète, peut-être généreuse, un superbe mépris de tout ce qui existe dans l'Empire, une teinture superficielle des idées européennes, teinture toute de marque anglaise? Quand ont-ils fait l'apprentissage des affaires, surtout du gouvernement intérieur? dans cette cohue y avait-il un chef connaissant les hommes et sachant les conduire? Tchang Tchi-tong même, le promoteur des chemins de fer, le créateur d'usines, l'initiateur de la frappe de monnaies en argent, le promoteur de l'instruction, malgré la communauté d'idées sur quelques points, en était-il? Quant aux sentiments des réformateurs pour les étrangers, on peut, dans les publications de Liang Khi-tchhao, l'un des leurs, juger de leur orgueil chinois, de leur antipathie. Il n'y avait pas là un parti capable de soutenir les intérêts européens, mais une association d'ambitieux et d'utopistes pouvant tout désorganiser et réduire l'Empire à la merci de l'étranger. De là l'exaspération du parti national et conservateur. S'il est vrai que l'Angleterre ait été l'inspiratrice et le soutien de Khang Yeou-oei, les journaux anglais auraient pu à plus juste titre accuser ses menées qu'incriminer l'ambition russe, d'avoir amené la crise qui dure encore.

De l'échec inévitable des réformateurs, de l'humiliation
de la Chine forcée d'ouvrir ses provinces, de céder Kiao-
tcheou, Port-Arthur et Ta-lien-oan, Koang-tcheou-oan, Oei-
hai-oei, les ultra-conservateurs ont tiré plus de force qu'ils
n'en avaient eu depuis longtemps. Le pouvoir impérial
s'était appuyé sur eux pour réagir, ils l'ont lentement in-
vesti, ont massé les troupes dans le Tchi-li (plus de 70.000
soldats mantchous), écarté les hommes gênants comme Li
Hong-tchang nommé vice-roi des Deux Koang, enfin mis de
côté le prince de Khing, président du Tsong-li yamen, fait
échec à l'influence des modérés tels que Yong-lou, neveu de
l'Impératrice douairière. Dès lors, toute l'influence appartint
à Kang-yi, d'abord chargé de hautes missions dans les provinces, puis conseiller écouté à la Cour, à Tong Fou-siang,
musulman, chef de l'armée aguerrie et demi-sauvage du
Kan-sou dont une partie avait été appelée au Tchi-li ; au
prince de Toan, cousin germain de l'Empereur, appartenant
à une branche aînée, comme fils du Cinquième Prince, longtemps exilé à Moukden, ignorant de tout ce qui est moderne, père enfin du jeune prince nommé en janvier 1900 héritier présomptif. Entre les modérés et les violents, la lutte a
été vive ; elle s'est propagée, dit-on, sous formes d'alterca-
tions violentes, jusque dans le Grand Conseil malgré la présence des souverains ; elle a duré pendant toute la période
des troubles et elle dure encore à Si-ngan-fou. Selon que les
uns ou les autres l'emportaient, l'attaque a été plus ou
moins vive contre les Légations qui n'eussent pas résisté
à un ennemi uni et persévérant. Dans les journaux du
siège, celui de M. Pichon, celui de sir Claude Macdonald,
qui notent tantôt le bombardement et l'assaut furieux,
tantôt de demi-armistices, on sent que tantôt les violents
se croient sûrs du triomphe, tantôt les modérés, compre-

nant le poids de la responsabilité encourue, essaient timi-
dement, avec des faux-fuyants, de protéger les étrangers.

Dans ces alternatives on voit aussi le contre-coup de ce
qui se passe hors de Péking. Un décret de novembre 1899
avait ordonné aux vice-rois de résister par la force à toute
tentative de violence de la part des étrangers, obviant ainsi
à la répétition du coup de main de Kiao-tcheou. Aussi,
quand les amiraux eurent ouvert le feu sur les forts de
Ta-kou, les autorités chinoises attaquées devaient se défendre. Je ne prétends pas juger si la prise des forts s'im-
posait; dès qu'on y recourait, il fallait être prêt à aller
jusqu'au bout et ne pas différer pendant six semaines la
marche sur Péking, que l'on eût eu peut-être le moyen
d'effectuer, non pas immédiatement, mais plus tôt. Cette
mesure incomplète exaspérait les ultra-conservateurs chinois et leur faisait croire à l'impuissance des ennemis.
Sans doute, auparavant, une entente s'était déjà établie
entre divers personnages de la Cour et les Boxeurs, ceux-
ci commençaient d'entrer dans la ville; mais seulement,
après la prise des forts connue le 19 juin à Péking, eurent
lieu l'attaque de la colonne Seymour par les forces régulières, le meurtre du baron von Ketteler, le siège des Légations par les troupes officielles jointes aux Boxeurs. Dès
lors et jusqu'au milieu de juillet, les modérés furent dé-
bordés, et l'anarchie régna dans la ville pendant que résis-
taient vaillamment les Occidentaux des Légations et du
Pei-thang. La suite chronologique des événements depuis
1898 montre le progrès du parti et explique la crise qui a
éclaté au mois de juin 1900; dans tous ces faits on retrouve l'adresse et la duplicité de tous, la violence aveugle
de quelques-uns en face du peu d'énergie du grand nombre,
et surtout l'ignorance, la présomption de ceux auxquels la

défaite n'apprend rien. Les ultra-conservateurs ont oublié la leçon de la guerre avec le Japon, ou plutôt ils ne l'ont jamais comprise. C'est un parti semblable qui entourait l'empereur Hien-fong quand les forts de Ta-kou canonnèrent les vaisseaux français et anglais venant échanger les ratifications du traité de Thien-tsin (1859), quand le prince Seng prépara le guet-apens de Tchang-kia-oan (1860), quand l'Empereur, réfugié à Jehol et sur le point de mourir (1861), institua un conseil de régence formé des princes de Yi et de Tcheng, de Sou-choen et autres, ennemis de ses propres frères, les princes de Kong et de Choen, et opposés à toute entente avec les étrangers. Alors comme aujourd'hui, le parti vieux-chinois n'avait rien appris, rien oublié.

V

Mais, en dernière analyse, c'est à l'Empereur qu'appartient la décision, et c'est la nullité de Hien-fong qui laissa l'orgueil, l'ignorance, la faiblesse des ministres et des vice-rois déchaîner sur l'Empire le fléau de la guerre civile et étrangère. Aujourd'hui il y a au Palais deux pouvoirs, l'Empereur et l'Impératrice douairière, sa mère adoptive et doublement sa tante.

Agé de quatre ans à son avènement (1875), Koang-siu prit le pouvoir en 1889 ; intelligent et bien intentionné, paraît-il, mais d'une santé faible et d'un caractère indécis, d'aucuns disent puéril, l'Empereur, devenu majeur, suivit d'abord les conseils de l'ancienne régente ; d'autres influences prirent le dessus, et alors fut engagée la guerre contre le Japon ; puis parut Khang Yeou-oei, qui capta l'esprit du souverain et l'engagea dans la politique réformatrice que l'on sait : au jour du péril, l'Empereur sut avertir son conseiller menacé, mais auparavant, ayant bien tard songé à appeler les troupes de Yuen Chi-khai, il ne put se décider à sceller l'ordre de les faire venir. Remis dans l'ombre par le coup d'État de septembre 1898, il n'a plus de part aux affaires du gouvernement : il n'a jamais été qu'un instrument dans les mains de la régente ou de ceux qui ont su l'accaparer.

Depuis la fuite et la condamnation de Khang Yeou-oei, l'Impératrice douairière Tsheu-hi a été dépeinte des plus noires couleurs par les journaux anglais et par des journaux français à leur suite. Quelques mots sur sa carrière feront justice de la plupart de ces imputations. Née en 1834 d'une bonne famille mantchoue du nom de Yé-ho-na-la, elle entra vers 1853 ou 1854 au harem impérial en qualité d'épouse inférieure (ce qui n'est nullement une déchéance dans les idées chinoises), comme sa sœur devint épouse principale du prince de Choen, frère de l'Empereur ; celui-ci, régnant sous le nom de Hien-fong, était devenu veuf en 1849, avant son avènement ; monté sur le trône, il accorda à sa femme principale le titre et les honneurs posthumes d'une Impératrice, puis en 1852 fit Impératrice l'une de ses femmes, de la famille Nieou-kou-lou, qui était au harem au moins depuis le début de l'année et qui resta sans enfants. L'Empereur n'avait pas de fils : on sait quelle est l'importance d'un fils pour tout Chinois, à plus forte raison pour le souverain. En 1856, la jeune concubine Yé-ho-na-la lui en donna un ; elle fut élevée par suite jusqu'au grade de *koei-fei*, sans devenir Impératrice ; c'est seulement au lendemain de la mort de Hien-fong (1861) que l'Empereur Thong-tchi, son fils, donna à l'Impératrice

Nieou-kou-lou et à sa propre mère le titre d'Impératrices douairières, la première conservant la préséance et résidant au palais de l'Est, tandis que la seconde devenait Impératrice de l'Ouest ; ni l'une ni l'autre ne fut d'abord tenue pour complètement égale à l'Impératrice principale morte en 1849, mais, au bout de quelques mois, le jeune Empereur accorda aux ancêtres des deux Impératrices régentes le rang ducal qui appartient légitimement au père et aux aïeux de la véritable Impératrice. Il n'y a pas là trace de faveurs scandaleuses pour une ancienne esclave, comme on en a parlé. Quand l'Empereur Thong-tchi mourut sans enfants, des suites de ses débauches (janvier 1875), a-t-on dit, l'Impératrice de l'Ouest éleva au trône Tsai-thien, fils de sa propre sœur et du prince de Choen et doublement cousin germain du défunt. Ce choix put être dicté par la double parenté du jeune prince avec l'Impératrice douairière Tsheu-hi : susceptible d'objections, il n'était pas incorrect. L'Empereur aurait dû avoir pour successeur un prince d'une génération inférieure, fils, neveu, fils de cousin-germain ; mais, si cette génération n'était pas encore représentée, il fallait chercher ailleurs ; le prince de Choen, il est vrai, n'était que le Septième Prince, septième fils de Tao-koang et moins qualifié que ses aînés pour fournir un héritier impérial ; mais les premier, deuxième, troisième princes étaient morts en bas âge, la lignée de l'Empereur Hien-fong, quatrième prince, venait de s'éteindre ; le Cinquième Prince était sorti par adoption de la descendance de Tao-koang, le Sixième Prince, autant que je puis savoir, n'avait alors qu'un fils et ne pouvait en être privé ; il faut dire de plus que la dévolution de la couronne ne suit pas forcément l'ordre de la naissance et qu'un souverain peut toujours choisir comme héritier l'un quelconque de ses fils. Tsai-thien, cousin-germain de l'Empereur Thong-tchi, ne pouvant devenir son fils adoptif, fut tenu pour son frère, pour le fils adoptif de Hien-fong ; mais, conformément à la coutume chinoise, il fut décidé que le fils issu de Tsai-thien ou Koang-siu serait donné en adoption posthume à Thong-tchi, pour que ce souverain, l'aîné de la famille, ne fût pas privé d'héritier et de sacrifices. Depuis longtemps l'état de santé de l'Empereur Koang-siu a permis de croire qu'il n'aurait pas d'enfants : lors donc qu'au mois de janvier dernier on a désigné le fils du prince de Toan comme héritier présomptif et fils adoptif de Thong-tchi, on n'a fait que tenir les engagements de 1875.

Sous d'autres dynasties, il s'est trouvé des Impératrices douairières pour déposer formellement l'Empereur et s'emparer ouvertement du pouvoir, les historiens sont unanimes à condamner ces usurpations. Aujourd'hui les faits sont différents: l'Empereur continue de régner, mais l'exercice de l'autorité lui a été enlevé ; le fond peut être le même, la forme diffère. Usurpatrice peut-être d'après les idées européennes, l'Impératrice Tsheu-hi doit sans doute être jugée moins sévèrement du point de vue chinois : comme mère adoptive, elle a droit à tout respect, à toute obéissance de la part de son fils adoptif; comme Impératrice douairière, elle peut donner des ordres à l'Empereur et, tant qu'elle est en vie, elle seule est qualifiée pour prendre certaines décisions relatives au statut personnel de celui-ci et de son père, le feu prince de Choen, ainsi qu'à quelques affaires de deuil et autres. Sans doute, quand l'Empereur est majeur, ce sont des prérogatives plutôt honorifiques; mais la limite est bien difficile à tracer entre l'usage légitime et l'abus : une aussi délicate question de droit dynastique n'est pas de la compétence des étrangers, quelque désinvolture qu'apportent certains publicistes à la trancher. Aussi bien, qu'aurait pu gagner l'Europe à soulever un débat de légitimité et à répondre au prétendu appel de l'Empereur, appuyé, dit-on, par des vice-rois, aux protestations de bonne volonté et de soumission qu'on lui attribue ? Ne serait-ce pas froisser inutilement les sentiments des Chinois, qui diraient, à bon droit cette fois, que notre ingérence outrepasse les limites de la raison ? Ce qu'on doit demander au gouvernement chinois, c'est de rétablir et de garantir l'ordre : peu importe qui donne ces garanties.

L'Empereur, depuis vingt-cinq ans qu'il règne, n'a montré que de bonnes intentions sans aucune capacité politique. L'Impératrice Tsheu-hi s'est révélée au lendemain de la mort de Hien-fong. Dominant l'Impératrice de l'Est, Tsheu-ngan, et d'accord avec leur beau-frère, le prince de Kong, qui venait de traiter avec les alliés, elle a dispersé et fait mettre à mort le conseil de régence hostile aux étrangers et qui voulait confisquer le jeune Empereur ; à la mort de celui-ci, appelant secrètement Li Hong-tchang et ses troupes, elle a su éviter les troubles possibles par la prompte désignation d'un successeur ; sous ses ordres de régente ou sous son influence d'Impératrice douairière, les rebelles Thaiphing et Nien-fei, les musulmans du Yun-nan, du Chàn-si, du Kan-sou, de l'Asie centrale ont été dispersés et soumis, Kouldja a été recouvré, le Turkestan et Formose ont été organisés en provinces, le télégraphe a rayonné sur tout l'Empire, les premières lignes de chemins de fer se sont construites, le nombre des ports ouverts s'est multiplié, le Si-kiang et le Yang-tseu ont reçu les vapeurs sur tout leur parcours navigable, les armées des vice-rois ont été organisées à l'européenne, les arsenaux, Fou-tcheou, Oei-hai-oei, Port-Arthur, ont été fondés. Sans doute le progrès a été lent : mais il serait absurde d'exiger de la Chine autant de rapidité à la transformation qu'en a montré le Japon. L'Impératrice Tsheu-hi fait preuve depuis quarante ans des qualités d'un homme d'État éminent; elle a reçu l'Empire presque ruiné et elle l'a relevé de façon à faire illusion à tout l'Occident jusqu'à la guerre sino-japonaise entreprise malgré elle : nous n'avons pas à nous occuper des passions, des vices privés dont on l'accuse, et nous devons, pour être justes, reconnaître en elle une grande souveraine, comparable aux plus grandes qui ont régné dans les siècles passés. Ses antécédents répondaient d'elle, quand elle a repris le pouvoir en 1898, et les étrangers, pas plus que les Chinois, n'avaient à concevoir d'inquiétudes sur le gouvernement de celle qui a su choisir ou maintenir pour ministres et pour vice-rois le prince de Kong, Tseng Koe-fan, Tseng Koe-tshiuen, Tso Tsong-thang, Li Hong-tchang, Tchang Tchi-tong. Comment auourd'hui ce gouvernement peut-il être accusé d'avoir pactisé avec les rebelles, déchiré les traités, violé cyniquement le droit des gens ? comment admettre que tant d'imprudence, qu'un si grand acte de folie ait été le fait de l'Impératrice Tsheu-hi, telle qu'on la connaît par ses actes antérieurs ? S'étant appuyée contre Khang Yeou-oei sur la réaction ultra-conservatrice, elle est devenue prisonnière du prince de Toan et de ses acolytes ; ayant eu le tort d'hésiter au début, elle a glissé dans l'aventure où son pouvoir a été bafoué et a failli périr. Cette défaillance politique est conciliable avec le reste de sa carrière, ce qu'on ne saurait dire du guet-apens insensé dont on l'accuse (1).

(1) Telle est d'ailleurs l'opinion exprimée par M. Pichon, par Sir Claude Macdonald, par Mgr Favier, tous trois témoins autorisés.

Aujourd'hui qu'il s'agit de réorganiser l'ordre, espérons que l'on saura quelles sont les volontés, quelles les forces, quels les intérêts capables de fournir un point d'appui — et pour cette œuvre on peut espérer trouver l'Impératrice douairière et un certain nombre de mandarins qui sont, l'une comme les autres, de véritables hommes d'État, le peuple travailleur aussi, qui souffre des troubles et ne demande que l'ordre ; — où se trouvent au contraire l'irrésolution et les violences vaines, l'ignorance présomptueuse et les utopies puériles — en ce sens les réformateurs sont aussi dangereux que les ultra-conservateurs : il faudra savoir se servir des uns, se méfier des autres et ne pas confondre tous les partis, toutes les classes dans la même réprobation.

ÉTRANGERS ET CHINOIS

Les événements qui ont eu lieu l'an dernier en Mantchourie ainsi qu'au Tchi-li, et dont l'issue ne saurait encore être prévue, ont posé une fois de plus la question des rapports entre la Chine et les étrangers. Le Congrès de la Paix a alors évoqué l'affaire, déterminé les causes des troubles, parmi lesquelles il ne semble avoir oublié que les causes intérieures, et voté une résolution se terminant par ce paragraphe : « La seule politique commandée par les circonstances présentes consiste à préparer l'abandon formel du protectorat religieux, à favoriser la constitution en Chine d'un gouvernement indigène fort et sagement progressiste, capable d'accomplir les réformes intérieures indispensables, et à assurer, sous le régime de la *porte ouverte*, l'efficace protection du commerce étranger honnête pour le plus grand bien de la civilisation. » (Le *Temps*, nᵒˢ des 4 et 5 octobre 1900.) Il serait trop long de discuter en détail ce programme politique; j'ai déjà dépeint brièvement la face interne de la situation en Chine, je voudrais donner quelques indications sur les relations entre les étrangers, missionnaires ou autres, et les Chinois; pour les rendre plus claires, je dois d'abord tracer une esquisse du caractère de ces derniers : de cette étude et de cet examen de conscience sortiront quelques conclusions susceptibles d'application prochaine.

I

Le trait dominant du Chinois, c'est un esprit très pratique, patient et avisé, joint à une imagination pauvre et impersonnelle. D'une situation, le Chinois sait tirer toutes les applications utiles; le régime patriarcal lui a offert la première organisation régulière de la famille, de la *gens*, fondée sur le *hiao*, c'est-à-dire sur le culte filial; depuis lors, il n'a pas cherché autre chose. La famille, la *gens* sont aujourd'hui ce qu'elles étaient deux cents ans avant notre ère, presque les mêmes qu'au temps de Confucius. De cet organisme primitif, la race, ingénieuse, a déduit toutes les institutions nécessaires à son évolution comme peuple : d'abord, une féodalité patriarcale, qui semble avoir duré environ neuf siècles; puis, à la chute de celle-ci (221 avant notre ère), une monarchie absolue, patriarcale aussi, où l'Empereur est le chef des familles, le « père et la mère » de ses sujets; enfin, après quelques oscillations entre les deux formes de gouvernement, la monarchie s'est fixée depuis l'époque des Thang (618-907). Plus récemment, aux familles et aux *gentes* se sont ajoutées d'autres associations, communes rurales (depuis le xie siècle), corporations commerciales (avant le xvie siècle), qui ont imité la forme de l'association familiale. C'est toujours au même principe de groupement que le Chinois a eu recours; manquant de personnalité, il ne peut vivre seul et ne sait rien être sinon une cellule d'un organisme, mais il ne conçoit pas de groupe plus vaste que celui que son œil embrasse à la fois : famille, association communale, commerciale ou autre. Au vii⁰ siècle avant notre ère, la Chine, ne s'étendant guère au delà des sites où sont Péking, Si-ngan, Han-kheou, Chang-hai, comprenant moins de sept des provinces d'aujourd'hui, était déjà en voie de concentration et ne renfermait pas moins d'une trentaine de royaumes unis par un lien féodal très lâche, sans compter plusieurs tribus barbares indépendantes ; le Chinois d'alors ne connaissait pas autre chose que ces petits États ; son descendant n'élève pas sa conception plus haut que la sous-préfecture où il est né et dont les intérêts le touchent ; s'il n'est pas mandarin, la province, l'Empire ne sont pour lui que des mots, et leurs affaires ne le concernent pas.

Habile à employer ce qu'elle a sous la main, cette race redoute l'inconnu : aussi l'amour de la tradition a-t-il été érigé en principe, comme respect des anciens et de l'autorité. Cinq cents ans avant l'ère chrétienne, il s'est trouvé un homme, Confucius, qui réunissait à un degré éminent les meilleurs traits du caractère national, respect de l'antiquité, amour de la justice, modération, sens pratique. Après avoir été pendant sa vie un conseiller souvent peu écouté, mort, il est devenu le type même de la race, « l'instituteur de toutes les générations, » et, pour observateur soumis des idées et des formes léguées à son époque par les ancêtres, qu'ait été le « Saint », il a compris assez la variété chinoise de la nature humaine pour que sa doctrine, résistant aux bouleversements politiques et sociaux, s'applique encore à la famille et à l'individu comme aux jours de sa vie. De là, la fortune de cet homme qui ne s'est donné ni comme dieu ni comme prophète, et qui, depuis

plus de deux mille ans, reçoit l'hommage d'une vénération
semblable à un culte. Un souverain chinois a rendu au confucianisme un service de premier ordre : deux cent cinquante ans après la mort du maître, à l'heure où sa mémoire encore vivace s'était déjà nimbée de légendes, mais
où, de sa doctrine, exposée et déformée par diverses
écoles, n'était pas encore né de système capable de la sup-
planter, Chi-hoang-ti, ayant anéanti la féodalité, fut blâmé
par les lettrés disciples de Confucius. A leur interprétation
politique de la doctrine, il n'eut pas l'esprit d'en opposer
une autre plus large et seulement humaine ; il mit à mort
les lettrés et brûla leurs livres. Il en résulta qu'à la chute
de sa dynastie, qui lui survécut à peine, le confucianisme
qui n'était qu'une morale privée et publique, sans aucun
dogme, sans aucun culte, s'était mué en une sorte de religion. Les lettrés en furent les prêtres laïques, les *King* ou
Livrescanoniques, recouvrés à grand'peine en furent la Bible.
Mais ces *King* correspondaient à un état de civilisation in-
compris désormais par suite de la violence même des con-
vulsions qui l'avaient ruiné ; ils étaient écrits dans une langue
archaïque, en caractères anciens, et présentaient des rédactions divergentes ; les lettrés ne furent plus seulement des
moralistes continuant la pensée du maître, ils devinrent des
philologues étudiant la lettre encore plus que l'esprit, des
archéologues cherchant à reconstituer la société antique.
Ainsi naquit autour des textes sacrés une littérature exé-
gétique, bien différente des œuvres antérieures d'esprit
plus indépendant ; l'histoire, la poésie, la philosophie, la
critique des anciens textes sont issues, plus ou moins directement, de cette source orthodoxe et, même au temps
de leur plus brillante floraison, en ont gardé la saveur ; les
rejetons des autres écoles, soit de l'antiquité, soit de l'étran-

ger, tenus en défiance, se sont maigrement développés; les formes nouvelles, méprisées, laissées au peuple grossier, sont restées sans influence.

Confucius, semblable à ses compatriotes, homme de sens pratique, manquait de l'imagination qui construit, était peu capable de l'abstraction qui généralise ; analyste des hommes et des institutions, il voulait les ramener à leur pureté antique; mais il ignorait la nature matérielle où l'homme est plongé; du mystère du monde, il n'avait pas ce sentiment si remarquable dans les écrits taoïstes; il ne tressaillait pas de cette universelle sympathie, si marquée dans le bouddhisme qui ne devait parvenir en Chine que cinq siècles après sa mort; il était étranger à cette curiosité des idées qui aiguillonnait les Grecs dès avant Socrate et Euclide. Comme lui, ses disciples ne connaissent ni la science ni la métaphysique, ni la charité ni l'amour de la vérité : c'est pourquoi, depuis deux mille ans, frappés par l'éducation de cette empreinte unique, les Chinois, surtout ceux des classes supérieures, restent volontiers fermés à tout sentiment d'expansion, confinés dans leur admiration pour les formes orthodoxes de la morale et de la littérature. Aussi, dans ce pays où l'on a peut-être plus écrit, étudié avec plus de patience que dans aucune autre région de la terre, la science n'existe pas : l'histoire naturelle n'est qu'un catalogue de faits à peine classés, rapportés à un usage médical, agricole ou industriel; l'alchimie, négligée aujourd'hui, semble-t-il, l'astrologie toujours en honneur, n'ont jamais eu d'autre but que de connaître et de modifier la destinée de l'homme, de satisfaire ses passions, jamais d'autres règles que des recettes qui ne sont liées en aucun système clair prétendant traduire la réalité; les mathématiques se composent de formules empiriques, destinées à la solution de problèmes particuliers, et ignorent cet enchaînement de propositions dont les Grecs ont posé les premiers termes.

Ce qui manque partout, c'est l'idée de la loi scientifique ; la conception des séries de faits liés constamment ou habituellement a jusqu'ici dépassé la force d'abstraction du Chinois. Dans son esprit, les phénomènes s'associent par contiguïté. A ceux qui n'ont pas d'explication voisine, on suppose des causes mystérieuses. Pour le lettré, tout l'univers se réduit aux combinaisons de deux principes, le *yin* et le *yang*; tout le raisonnement scientifique aboutit à un cliquetis de mots. Pour l'ignorant, tout résulte de l'action d'esprits innombrables, doués de peu d'attributs distincts ; les uns, sans figure, animant des animaux, des objets, parfois étant ces objets mêmes ; les autres, conçus comme des hommes, personnages historiques ou anecdotiques qui ont acquis un nouveau genre d'existence. De cette absence de notions scientifiques, naissent à la fois le scepticisme et la crédulité : on n'admet pas les constatations les plus simples de la physiologie, de la physique, des mathématiques ; et l'on croit que de la place d'un tombeau dépend la ruine d'une famille ; que des démons en papier peuvent couper les nattes de toute une population ; que des exercices, des formules, des méditations permettent de traverser les murs ou rendent invulnérable. Comme les deux principes, comme les esprits déchaînent les maladies, les inondations, les sauterelles, l'incendie, comme ils régissent les fléaux et la prospérité des familles et de l'Empire, l'acte le plus simple, interprété par le croyant ou le malveillant, peut soulever une tempête de fanatisme, qu'une explication conforme aux préjugés pourra seule à son tour apaiser.

Interrogé sur les esprits et sur l'au-delà, Confucius répondit : « Je ne sais pas encore les choses de la vie, comment saurais-je les choses de la mort ? » et il conseilla, pour les rapports avec les divinités, de se conformer aux coutumes des anciens. Fidèles à cet enseignement, ses disciples font des sacrifices en l'honneur de leurs ancêtres, des héros bienfaiteurs et protecteurs, des dieux qui président aux phénomènes de la vie et de la nature, ils prennent part aux cérémonies du taoïsme et du bouddhisme ; mais de tout cela ils ne cherchent pas la signification, ils ne se demandent pas s'ils croient ; le mot de foi n'a pas de sens pour eux, et leur morale a sa base ailleurs. Quant à l'ignorant, il croit indistinctement à tous les esprits dont on lui a parlé, et s'efforce d'avoir des intelligences parmi eux ; c'est là une foi intéressée, individuelle, susceptible de réunir les hommes seulement si quelque offense contre les esprits, commise ou supposée, fait redouter leur vengeance. Toutefois il y a eu souvent en Chine des hommes qui, adoptant la foi en un esprit quelconque, ont, en son nom, imposé des épreuves d'initiation, ont formulé des règles de morale, ont organisé une hiérarchie et un culte, ont enfin formé des sectes ressemblant à des religions agissantes ; cet élément est présent dans la plupart des sociétés secrètes ; mais jusqu'ici, ces confréries fluides, sans durée, sans extension, n'ont rien organisé, n'ont même pu soulever de troubles que pour des motifs étrangers, économiques ou politiques.

La religion proprement dite n'est donc pas une force en Chine ; et il en est de même de cette autre religion, qui a aussi sa foi et ses martyrs, je veux dire le patriotisme. Concevoir un pays comme un être qui vit et se développe, qui peut souffrir et périr, exige une puissance d'abstraction rare ou absente dans l'esprit chinois. Le paysan défend son champ et sa maison, il s'inquiète des troubles qui ont lieu dans son

district ou dans le district voisin et dont le contre-coup peut
l'atteindre ; mais l'homme du Chan-tong ne se soucie pas de
l'invasion qui menace le Tchi-li et qui sans doute ne s'éten-
dra pas jusqu'à lui. Quand les troupes franco-anglaises, ou
japonaises, ont occupé des provinces chinoises, la population s'est aisément soumise et a vaqué à ses travaux, dès
que l'ordre a été assuré : bien plus, des *coulis* chinois,
loués par les armées étrangères, ont bravement fait le service pour lequel ils étaient engagés, même contre les
troupes impériales. En raison de ce manque de cohésion,
les Chinois ont fini par subir toutes les invasions, depuis
les peuples tartares, To-ba, Mou-yong et autres dans les
premiers siècles de l'ère chrétienne jusqu'aux Mantchous
au xviie siècle ; ils ont accueilli tous les maîtres, du moment
que ceux-ci, s'étant établis par la force, ont à peu près respecté les propriétés, les coutumes des vaincus. D'ailleurs,
tout en attendant la mort avec indifférence, le Chinois redoute la guerre intérieure ou extérieure, qui l'arrache à
son champ ou à son métier. La perte immédiate qu'il subit
en cessant de travailler est plus grave à ses yeux que le
danger éloigné et incertain qu'il faudrait combattre ; l'organisation patriarcale et égalitaire des associations de
tous genres s'accorde mal avec la discipline d'une armée,
si vague soit-elle : ni la nécessité, ni les principes d'une
forte organisation militaire ne sont compris ; et l'on voit ce
trait se marquer, surtout depuis que, la féodalité ayant dé-
finitivement disparu, la propriété individuelle a, au viie siècle,
remplacé la propriété de l'État, qui était en partie concé-
dée aux nobles, en partie partagée périodiquement. Dès
lors, les fortunes privées ont pu s'édifier, le commerce
s'est développé. La Chine est assez riche en produits naturels, le Chinois sait assez tirer parti de ces produits pour

fournir aux besoins du plus grand nombre : les industries multiples et raffinées, touchant à l'art, mais n'y atteignant pas souvent, satisfont aux recherches de l'élégance et de la sensualité ; l'organisation démocratique permet à chacun d'aspirer, pour lui ou pour les siens, à l'instruction, aux examens, aux charges ; la famille et les autres associations guident, de la naissance à la mort, l'individu qui a peu de personnalité et redoute l'isolement ; la littérature et la morale orthodoxes, en théorie bien commun de tous, sont, pour le lettré, l'expression adéquate de toute beauté, de toute vérité. De cette civilisation, le Chinois jouit avec amour ; il ne conçoit rien en dehors, est même incapable de percevoir ce qui lui est étranger, et il reporte sur elle tout le dévouement qu'il n'a pas pour sa patrie.

Ce dévouement n'est pas sans égoïsme, mais il n'est pas dépourvu de désintéressement, puisque, dans cette civilisation complexe, comme dans d'autres, se mêlent les idées élevées et les jouissances matérielles. L'esprit terre à terre du peuple s'est appliqué avec succès à tout ce qui facilite la vie : il est superflu d'insister sur l'activité des Chinois, sur leur ingéniosité à gagner de l'argent. Chez le travailleur, l'avidité est tenue en bride par l'intérêt bien entendu : les commerçants sont renommés pour leur honnêteté, et je ne pense pas que sur ce point, surtout dans la population rurale, le niveau moral diffère sensiblement de ce qu'il est autre part. Chez le mandarin, l'avidité, qui est la même, ne trouve pas à se satisfaire par des gains licites, les traitements étant notoirement insuffisants : il ne reste de ressource que la concussion sous les formes les plus variées. Les moralistes la condamnent ; mais l'État la tolère, l'opinion l'absout et la coutume ancienne la consacre ; la corruption est telle cependant qu'elle sera bien difficile à guérir et qu'elle arrêtera, on peut le craindre, toutes les réformes tentées. Le désintéressement n'en est pas moins prêché par les lettrés, alors qu'ils ne le pratiquent pas ; les enfants sont nourris d'exemples de fidélité au souverain, d'amour de l'étude, de mépris des richesses : ces préceptes influent parfois sur la vie. En face des mandarins rapaces, on en cite qui instruisent, secourent leurs administrés ; en face des lettrés qui, par l'étude, ne poursuivent que les honneurs lucratifs, on en trouve qui ont entrepris de longues recherches, composé des œuvres importantes, dont ils ne tirent aucun profit, puisqu'il n'y a pas de propriété littéraire et que souvent les ouvrages sont publiés après la mort de l'auteur. On rencontre aussi des hommes qui consacrent leur fortune à secourir les lettrés sans ressources, à imprimer des livres écrits par des savants pauvres, aidant ainsi doublement le peuple, par l'argent et par l'instruction qu'ils répandent. Il serait peut-être paradoxal, mais vrai, de dire que le Chinois instruit méprise l'argent, ou du moins ne le recherche que pour les satisfactions élevées qu'il en tire.

II

La civilisation chinoise, totalement différente, n'est donc ni moins complexe, ni moins raffinée que la civilisation européenne, mais, encore moins que celle-ci, elle inspire aux hommes l'intelligence et la tolérance des idées étrangères. L'Européen de valeur moyenne ne comprend pas, d'habitude, les Asiatiques et, dans leurs coutumes les plus indifférentes ou les plus louables, ne trouve qu'objet de raillerie ou de dédain; le Chinois grossier, comme le cultivé, n'a pour nous que du mépris, ou, s'il est singulièrement bienveillant, de la pitié. L'isolement séculaire où la Chine a vécu explique en partie ces sentiments. Jusqu'au III⁰ siècle avant l'ère chrétienne, les petits États qui composaient l'Empire étaient liés surtout par la communauté de langue et d'institutions; la Chine antique ressemblait à l'Europe du moyen âge, où de nombreux souverains indépendants se partageaient les populations de civilisation chrétienne et reconnaissaient la suprématie plus ou moins efficace du Pape et de l'Empereur. Entre les royaumes chinois existaient des relations réglées par un véritable droit des gens; mais de ces rapports réguliers étaient exclues les tribus barbares, c'est-à-dire de langue différente, d'organisation primitive, qui peuplaient le pourtour de la confédération et vivaient à l'intérieur même de ses limites, comme, en Occident, l'Islam fut longtemps privé des droits admis en faveur des chrétiens. La chute des petits royaumes féodaux, substituant aux relations internationales celles de province à province dans un même empire, ruina à sa base l'idée du droit des gens; et, comme cet événement coïncida avec une subite extension de puissance qui porta l'autorité du Fils du Ciel approximativement jusqu'aux frontières de ce que nous appelons la Chine propre, l'Empire n'eut plus d'autres voisins que des peuples encore barbares, dont un bon nombre étaient nomades et dont les plus avancés connurent l'écriture cinq ou six siècles plus tard. Quelques-uns de ces peuples copièrent son organisation, apprirent ses industries; tous voulurent avoir part aux élégances de sa civilisation et subirent son ascendant. Centre d'où rayonnait tout ce qu'il y avait d'art et de science dans la moitié orientale de l'Asie, foyer de la propagande bouddhique qu'elle avait d'abord accueillie, puis à son tour entreprise, source de richesses naturelles et fabriquées, la Chine domina, souvent par les armes et la diplomatie, toujours par l'industrie et l'intelligence, tout le monde connu d'elle, monde dont elle emplissait en réalité la plus grande partie. Car, au delà des barbares soumis à son influence ou à son autorité, de l'autre côté des océans, des montagnes, des déserts, il existait sans doute encore des hommes, voire des empires : mais l'éloignement, la difficulté et la lenteur des voyages faisaient de ces peuples une autre humanité, de ces régions les confins à demi fabuleux de l'univers. Isolé et par la configuration du sol, et par sa propre supériorité intellectuelle, il n'est pas étonnant que le Chinois ait conçu de lui-même un contentement exagéré, où il était déjà porté par la nature de son esprit, qu'il ait tenu l'étranger pour un barbare, ignorant, sans lois, sans droits; deux mille ans de cette orgueilleuse solitude l'ont rendu presque incapable de voir; car l'Annam et la Corée copiaient la Chine, leur suzeraine, le Japon vivait isolé par ses mers, ses luttes internes, sa politique ; au XIXe siècle seulement, le développement économique et les inventions industrielles ont établi le contact permanent entre la Chine et l'Occident et le reste du monde.

Toutefois l'expansion maritime de l'Europe au XVIe siècle avait déjà raccourci les distances et jeté sur les côtes extrêmes de l'Asie des hommes hardis qui, par leurs entreprises et celles de leurs successeurs pendant trois siècles, fournirent aux Chinois la première occasion d'apprécier notre monde moderne. A l'époque où Cortez renversait l'empire des Aztèques, où Vasco de Gama et les Albuquerque venaient de soumettre différents princes sur les côtes des Indes et de la Malaisie, les Portugais arrivaient à

Canton (1514), y étaient assez bien accueillis et obtenaient d'envoyer une ambassade à la Cour. Mais, émules des grands pirates qui fondaient les colonies de l'Espagne et du Portugal, ils ne s'aperçurent pas qu'ils n'avaient pas affaire à des Américains, des nègres ou des Hindous, et, dans cet État organisé, ils voulurent parler en maîtres, acheter des esclaves, violer impudemment les lois; ils furent aussitôt chassés de Canton, leurs envoyés furent emprisonnés (1522 ou 1523), puis relégués dans des provinces éloignées, où le principal, Pirez, se maria et acheva ses jours. Plus tard, établis près de Ning-po, ils furent massacrés pour avoir fait violence à des femmes indigènes (1545); de même ils furent chassés d'Émoui, de Tshiuen-tcheou (1549); enfin, des trois localités qu'ils avaient occupées sur les côtes méridionales, Macao seul leur resta : on leur abandonna cette île déserte, où ils construisirent une ville et où, moins arrogants que par le passé, ils acceptèrent la surveillance la plus rigoureuse des mandarins. En 1844 seulement, ils furent autorisés à construire de nouvelles églises et exemptés de l'ingérence des autorités chinoises dans les affaires de la ville; mais ce n'est qu'en 1887 que la propriété en fut reconnue au Portugal. Jusque-là, les Portugais étaient tolérés comme vassaux; on peut s'expliquer cette tolérance par l'infime importance d'une poignée d'étrangers installés au bord de la mer, sur les confins d'un immense empire, aussi bien que par les profits de toute nature qu'apportait aux mandarins et à la population le commerce d'outre-mer. Mais, si les Chinois, moins patients et plus prévoyants, avaient dès l'abord réglé plus nettement la situation de ces premiers étrangers et de ceux qui les suivirent, le cours de l'histoire chinoise eût pu être changé. Les Hollandais, en 1622, attaquèrent Macao, puis s'établirent aux Pescadores, d'où, sur l'ordre des Chinois ils se retirèrent à Formose, encore sauvage et indépendante. Les Anglais, en 1637, débutèrent par s'emparer des forts de Canton. Les relations entre Chinois et étrangers étaient à peu près celles de pirates qui attaquent et d'habitants qui se défendent ; parfois ceux-ci, instruits par les violences précédentes, ouvraient le feu, repoussaient les vaisseaux, enfermaient les envoyés. Les Hollandais, à Batavia, répondaient à des soupçons de conspiration par le massacre des Chinois ; à Manille, les Espagnols avaient institué un système de taxes, de surveillance, d'oppression qui inspira peut-être l'organisation des marchands hannistes de Canton. Les Européens, entre eux, usaient des mêmes procédés qu'envers les Chinois ; les intrigues, la calomnie, la piraterie, les attaques jusque dans les eaux chinoises étaient fréquentes et bien faites pour donner aux Asiatiques une juste idée de la concorde régnant alors en Europe. Parfois les étrangers se montraient aussi souples qu'ils avaient été arrogants ; les coupables de meurtre étaient livrés à la justice chinoise, même, à la fin du xviiie siècle et au début du xixe, si l'homme tué était un étranger. Les marchands et leurs employés ne pouvaient résider à Canton, seul port qui soit resté constamment ouvert de 1684 à 1842, que pendant la saison des affaires et seulement dans d'étroites factoreries où ils étaient parqués. Les envoyés des souverains étaient conduits à Péking sous bonne escorte et se prosternaient devant l'Empereur, acceptant ainsi pour leurs maîtres la qualité de tributaires. Parfois, sans motif apparent, on résistait à ces exigences pour les subir bientôt après : ainsi les Chinois ne pouvaient voir aucune raison dans une conduite aussi contradictoire. C'était, de la part des étrangers, accréditer l'idée qu'ils n'étaient que des barbares, prêts à subir toutes les avanies, pourvu que leur commerce prospérât.

Les guerres et les relations d'affaires, depuis 1849, ont montré à la Chine que les États étrangers sont plus forts qu'elle, que, sur un petit nombre de points, ils sont toujours d'accord, mais que, dans la plupart des cas, il est facile de les opposer les uns aux autres ; si la raison n'est pas la même à Londres ou à Berlin qu'à Pétersbourg, en quoi celle que l'on suit à Péking serait-elle inférieure ? et si l'usage de la force a trahi la Chine, la fortune ne peut-elle pas tourner ? Ce ne sont pas, je le veux bien, les sentiments de tout un peuple, mais ce sont sans doute les vues de ceux qui dirigent, soit qu'ils cherchent à nous imiter pour nous résister, soit que, de nous, ils repoussent tout indistinctement. Les traités imposés ont introduit, au moyen du canon, les principes d'un droit des gens nouveau pour la Chine, après quoi les meilleurs ouvrages ont été traduits pour les lui faire connaître. Ces principes, résultant chez nous d'une évolution séculaire, les Chinois en pourraient juger à l'usage ; mais, qu'il s'agisse de guerre ou de paix, lequel de ces principes n'a pas été violé par un État civilisé à l'égard d'un autre ? L'histoire, depuis cent ans, suffit à répondre. Que si l'information des Chinois est trop pauvre en cette matière, ils peuvent se rappeler leurs relations avec l'étranger, depuis qu'ils ont été tirés de force dans la société des nations. L'Europe leur a imposé l'opium, leur a fait la guerre sans déclaration, s'est emparée de leurs ports sans état de guerre ; tout cela était amené par leurs confiscations, par leur mauvaise foi, par leurs meurtres, je l'accorde. Mais, si nous sommes en droit de nous plaindre, avons-nous lieu d'être surpris qu'ils oublient à l'égard de nos ambassadeurs ce droit international qui n'est pas le leur, alors que nos intérêts le méconnaissent si facilement ? Un article de notre credo international, c'est le droit des peuples « civilisés » à commercer partout suivant leurs propres usages. Incontestable du point de vue desdits peuples, l'utilité du commerce extérieur est réelle même pour les autres, pourvu toutefois que ces derniers soient assez fortement organisés pour supporter l'état économique plus tendu que nous leur imposons. C'est ainsi que la nation japonaise, avec son unité profonde et son admirable ressort, a presque immédiatement tiré avantage de la transformation subie d'abord et bientôt consentie. Mais la Chine actuelle, issue d'une évolution qui n'a eu de pareille ni au Japon ni en Europe, n'est pas prête pour notre régime économique et social ; sans tenir compte de ses répugnances légitimes, on a d'abord ouvert ses ports et ses villes les uns après les autres ; depuis 1895, et tout à la fois, on a voulu la sillonner de trains de chemin de fer et de bateaux à vapeur, la couvrir d'usines, éventrer ses mines, bouleverser ses coutumes. L'Angleterre prétendrait-elle de même imposer ses habitudes économiques à la Russie, ou l'Allemagne aux États-Unis ? En agir autrement avec la Chine était peu généreux et peu profitable. Si la Chine n'était pas prête, il fallait la préparer, et je sais bien que la persuasion n'y eût pas suffi : du moins fallait-il agir avec moins de hâte et plus de discernement. Notre impatience et notre brutalité ne sont pas de nature à donner une haute idée d'une civilisation qui ne trouve pas d'autres arguments.

Malheureusement, la conduite individuelle des Européens ne peut parfois que confirmer les Chinois dans leur antipathie. Je ne parle pas des vols, des actes de violence et d'immoralité qui sont commis dans toute agglomération humaine. Encore est-il fâcheux de voir des étrangers proposer à d'honnêtes indigènes qu'ils ont à leur service, un rôle de pourvoyeur de plaisirs qui n'est pas plus estimé en Chine qu'en Europe; d'autres, après avoir fait sur le paquebot étalage de sentiments humanitaires, dès la première escale chinoise, encourager de la canne les *coulis* qui tirent leur *zinrikcha* ou portent leur chaise; d'autres, explorant quelque province de l'intérieur, se frayer à coups de fouet un passage sur une route encombrée. Mais que dire, quand un personnage, muni des meilleures recommandations pour un résident européen de l'intérieur, use de l'hospitalité qu'il reçoit pour chercher à faire violence aux femmes et aux filles des Chinois du voisinage et n'arrête même pas ses entreprises aux portes de l'orphelinat qui est proche ? Il y a déjà bon nombre d'années, des étrangers, visitant le Temple du Ciel, souillèrent d'une manière immonde la salle même où l'Empereur vient s'asseoir avant et après le sacrifice : ils avaient déjà quitté Péking, quand le ministre de leur nationalité les fit poursuivre et ramener pour présenter des excuses au Tsong-li yamen; depuis lors, l'entrée du temple a été strictement interdite. Un vol ayant été commis par des étrangers aux dépens d'un riche Chinois, le représentant de leur pays les fit partir par le premier paquebot pour ne pas avoir, en les châtiant, à humilier la supériorité européenne devant des Asiatiques. Mais le crime impuni d'un seul retombe alors sur toute la communauté. De pareils faits sont rares, il est vrai; les étrangers résidants ne sont pas, et de beaucoup, assez nombreux pour tyranniser les Chinois; mais ce qui frappe l'esprit, ce sont les actes anormaux et blâmables. Différents des Chinois et par le visage et par le costume et par les habitudes, par là même ridicules à leurs yeux, nous devrions veiller d'autant plus sévèrement sur notre conduite, leur montrer que nous sommes des hommes et des civilisés. Il faudrait qu'il n'allât en Chine que des gens capables de comprendre ce qui s'y trouve de respectable et d'enseigner ce que nous avons de bon ; il faudrait bannir cette impudence, ce laisser-aller dont on rougirait en Europe, et cette gaminerie malsaine qui pousse quelques-uns à injurier les indigènes, cet esprit de raillerie qui se moque ouvertement de leurs habitudes et d'eux-mêmes ; et, pour être traités par eux en hommes, il nous faudrait ne pas commencer par voir en eux des brutes.

Laissant ce sujet pénible et rentrant dans la vie régulière, voyons quelles sont avec les Chinois les relations d'un Européen résidant dans un port, d'un commerçant par exemple. Ignorant le chinois et sans employé européen qui le sache, il vit au milieu d'un personnel indigène : d'abord le *comprador*, à la fois caissier, intendant, courtier, négociant même pour son propre compte, associé à la maison en qualité de premier des subalternes, représentant d'un groupe de maisons chinoises qui le garantissent ; ensuite les employés chinois, scribes, *shroffs* et autres ; enfin les *boys* et *coulis*, domestiques privés, garçons de bureau, hommes de peine, habituellement présentés et garantis par le *comprador*. Ce personnel sait plus ou moins le *pidgin english*, jargon mixte, tout juste suffisant pour exprimer les idées les plus simples et traiter les affaires ordinaires, et est l'intermédiaire obligé de toute communication entre la maison européenne et le monde extérieur chinois. Centre d'une association de parasites qui le servent et qui l'exploitent, le négociant étranger est ainsi plus séparé aujourd'hui du monde où il vit, qu'à l'époque où, parqué dans les factoreries, il avait au moins avec les marchands hannistes, véritable aristocratie commerciale, des rapports suivis, souvent cordiaux. Cette solitude ne lui pèse pas, car il a, pour se délasser, pour donner carrière à son esprit, à ses sentiments élevés, à sa philanthropie, une société européenne plus ou moins considérable, avec ses aspirations nobles et sa frivolité, son brillant et ses misères : à l'égard de ses compatriotes ou des étrangers en général, il joue souvent le rôle d'un homme instruit et intelligent, il dépense son argent, il paie de sa personne pour faire le bien. Mais ses sentiments humains s'arrêtent presque toujours au seuil de la cité chinoise, dont, en vingt ans de séjour, il ne franchit pas une fois les portes. Du peuple au milieu duquel il vit, il ne connaît ni les mœurs, ni les idées, ni les besoins : jeune homme, il y prendra peut-être sa maîtresse, mais il sera incapable d'adresser une phrase banale au négociant avec qui il est en affaires quotidiennes, de venir intelligemment en aide à un vieux serviteur dans la détresse. D'habitude (peut-être y a-t-il quelques exceptions), entre étrangers et indigènes, il n'y a que des rapports d'argent : les indigènes, aux yeux des Européens, sont des machines qui doivent produire un certain travail et, par un juste retour, ils nous regardent comme des machines faites pour acquérir et pour amasser l'argent. Le lettré et le mandarin peuvent répéter avec les Japonais des deux derniers siècles : « Ce n'est pas la voie de l'humanité que le barbare recherche avant tout, c'est le gain ; » et l'on a si souvent accepté, en compensation de vies européennes, des indemnités pécuniaires ou territoriales, qu'en vérité ils sont fondés à croire que la vie même de l'homme est tarifée pour une somme d'argent.

Seuls les Japonais et les Russes savent en général que les Chinois sont des hommes : les uns, par l'antiquité du voisinage, les autres, grâce à cette souplesse intellectuelle, à ce sentiment humanitaire qui leur sont innés. Aussi voit-on l'émigrant de la Russie d'Europe témoigner un profond respect au mandarin chinois, se soumettre sans surprise à la juridiction d'un Bouriate ; s'imagine-t-on un Anglais courbant son orgueil ou un Français sa vanité devant un fonctionnaire hindou ou annamite? et a-t-on oublié les clameurs des commerçants européens du Japon, quand il s'est agi de reconnaître à cet Empire la pleine juridiction qu'exercent les pays de chrétienté?

C'est au nom de la civilisation occidentale moderne que l'Europe, au xixᵉ siècle, a proclamé la barbarie de tout le reste de l'univers et assumé la mission de l'éclairer ; c'est le progrès moderne que l'on prétend introduire en Chine. Ce développement industriel et commercial, résultat un peu trouble de siècles de recherches scientifiques et d'aspirations vers la justice, vers le bien de tous, a-t-il par lui-même une vertu éducatrice? Entre deux peuples de civilisation analogue, les échanges commerciaux sont accompagnés d'échange d'idées et de sympathies : il n'en est pas de même là où les esprits n'ont par avance aucun point de contact. Le commerce entre Occidentaux et Chinois pourrait continuer pendant des siècles sur le pied actuel sans que de l'accord des comptes résultât celui des intelligences, sans qu'une pensée commune germât dans le cerveau de ce blanc et de ce jaune qui trafiquent ensemble. Et quand tous les négociants et industriels occidentaux, à l'imitation de quelques-uns d'entre eux, connaîtraient la langue de leurs clients, entreraient en rapports directs avec eux, but qu'il faut atteindre pour développer sainement nos relations avec la Chine, ce ne serait pas encore assez. Nos techniciens, absorbés par leurs affaires, d'esprit plus pratique qu'élevé, donneront des leçons de choses, montreront en

acte notre esprit de justice et d'exactitude, notre probité
morale et intellectuelle, notre dévouement à ce qui est généreux : ce pourrait être assez pour un peuple curieux et
généralisateur, mais ce serait trop peu pour le Chinois,
pratique, au plus analyste. Quand le Céleste Empire achète-
rait chez nous toutes ses cotonnades et toutes ses machines ; quand toutes ses mines seraient ouvertes, ses voies
ferrées exploitées de Péking à Canton, de Ning-po à Si-
ngan ; quand il aurait appris ou surpris tous nos secrets
industriels, sans doute il aurait reçu de nous, avec de nouveaux besoins, le moyen d'y satisfaire ; la sensualité et
l'avidité accrues le pousseraient davantage à ce matéria-
lisme où il penche ; mais, pour avoir perdu l'amour de la
civilisation chinoise, le respect de l'autorité patriarcale, il
ne comprendrait pas davantage l'élan vers le bien qui ai-
guillonne notre civilisation ; nous ne serions pas plus
hommes à ses yeux. L'âme européenne ne se dépense pas
toute en résultats tangibles, et, pour montrer le reste, l'im-
matériel, il faudrait atteindre au cœur même de la civilisation chinoise, agir par l'éducation.

III

Depuis la mort de saint François Xavier dans une île
inhabitée en face de Canton (1552), il s'écoula plus d'un
quart de siècle avant que les missionnaires jésuites, enfer-
més à Macao comme les Portugais, pussent s'établir sur
le sol chinois : le P. Matthieu Ricci, après plusieurs années
de séjour aux portes de la Chine, fut enfin autorisé (1583)
à résider à Tchao-khing, alors capitale de la province. Il avait

mis à profit sa longue attente et il connaissait déjà bien les hommes qu'il allait évangéliser. Il fallait avant tout ne pas choquer un peuple raffiné, infatué de ses coutumes. Les Jésuites ne pouvaient changer leur visage afin de ne pas prêter à rire aux Chinois ; du moins, ils prirent le vêtement du pays, d'abord celui des bonzes, et un peu plus tard, ayant reconnu le peu de cas que l'on fait de ces derniers, celui des lettrés. Alors ayant acquis la respectabilité que donne le costume, ils durent harmoniser leur genre de vie et leur maintien avec leur extérieur, renoncer aux attitudes et aux gestes européens, à cette exubérance occidentale que le Chinois tient pour un signe de mauvaise éducation ; il leur fallut se composer ce masque sérieux et impassible qui est de bon ton, travail de chaque heure, difficile parce qu'il touche aux habitudes corporelles qui traduisent notre caractère même. Se faire Chinois avec les Chinois, telle était la première étape : du jour où il y avait à peu près réussi, le missionnaire pouvait prêcher aux hommes du peuple, âmes simples et d'accès facile. Mais la prédication ouverte n'était guère de mise avec les lettrés, orgueilleux de leur science, rompus aux discussions subtiles ; avec eux il fallait se faire lettré, connaître leurs classiques, être en état d'écouter leurs dissertations et d'y répondre, pouvoir écrire leur langue avec agrément : plusieurs Jésuites y réussirent et leurs ouvrages, lus par tous, trouvèrent accès jusqu'à la bibliothèque impériale. Ce n'était pas assez de traiter de pair avec les gens cultivés ; combattre leurs idées sans préparation eût été maladroit. Les missionnaires travaillèrent à faire sentir la supériorité de la civilisation européenne ; ils furent savants, ils enseignèrent la géographie, l'histoire naturelle, la physique, les mathématiques ; ils furent cartographes, et dressèrent la première carte détaillée de l'Empire ; astronomes, et calculèrent les éclipses, corrigèrent le calendrier ; ingénieurs, et construisirent des canons, des lunettes, des horloges, des machines élévatoires ; ils furent peintres, musiciens, architectes, médecins ; ils furent diplomates, et personne ne contribua plus qu'eux à la signature du traité sino-russe de Nertchinsk (1689). Ils établirent de toutes façons la supériorité intellectuelle des hommes d'Occident ; leurs entretiens étaient recherchés par les lettrés, par les dignitaires, par les Empereurs : on sait quelle fut leur situation à Péking sous les derniers des Ming, à partir de 1600, et comment ils tinrent ensuite une grande place à la Cour de la dynastie mantchoue. Au milieu des recherches scientifiques et du tracas des affaires, ils n'oubliaient jamais l'œuvre de l'évangélisation, prêchant les humbles dans un langage simple et, avec les autres, profitant des conversations scientifiques ou morales pour insinuer la vérité chrétienne, la développer, la faire éclater aux yeux. La civilisation de l'Europe, en effet, est assez imbue de christianisme pour que, aux yeux des penseurs d'Extrême-Orient, l'esprit chrétien se décèle même dans celles de nos idées que nous lui croirions étrangères ou opposées : le Chinois qui avait fréquenté les docteurs européens, qui s'était habitué à leurs vues scientifiques, littéraires, morales, était familiarisé et à demi conquis.

Il y eut des conversions dans toutes les provinces, et le nombre en fut considérable : en 1663, plus de 110.000 chrétiens étaient répartis dans douze des provinces actuelles ; je n'ai pas de chiffres pour les autres. La nouvelle religion avait rencontré des adeptes parmi les plus hauts fonctionnaires, tel le grand secrétaire Siu Koang-khi, et jusque dans la famille impériale. Plusieurs convertis donnèrent d'admi-

rables exemples de vertu et de charité ; d'autres proclamè-
rent leur foi, dans les prisons, dans l'exil, dans les supplices.
Car la politique impériale n'avait pas plus d'unité envers
les missionnaires qu'envers les autres étrangers : le même
souverain qui les protégeait un jour, les bannissait bientôt
après (1665), puis, les rappelant (1671), finissait par leur
accorder la liberté du culte (1692). Il arriva parfois que
les uns devaient continuer leur service d'astronomes impériaux, tandis que les autres étaient poursuivis, soit par
ordre de l'Empereur, soit sur l'initiative des vice-rois. On
vit même l'un de ceux-ci suivre pendant plusieurs années
une politique persécutrice, malgré les injonctions de la
Cour. Ces faits montrent à la fois combien l'autorité des
plus grands Empereurs s'exerçait difficilement dans les
provinces, et qu'à l'égard de la religion chrétienne, il
n'existait aucun sentiment général d'opposition : l'opinion
était flottante. S'il eût été permis aux missionnaires jésuites
de poursuivre l'œuvre commencée, leurs rapides et solides
succès permettent de croire que les chrétiens se fussent
multipliés et que la Chine se fût peu à peu apprivoisée aux
idées européennes.

La querelle des rites ruina l'édifice. Fidèles à leur principe d'accepter des mœurs chinoises tout ce qui n'était pas
directement contraire à la religion, se rappelant peut-être
combien de formes païennes ont été empruntées par la
primitive Église qui les a remplies d'un sens chrétien, les
Jésuites avaient toléré chez leurs néophytes le culte des
ancêtres, celui de Confucius et d'autres rites analogues,
ayant reconnu, après discussion approfondie avec les
lettrés, qu'il y avait là non une adoration païenne ou des
pratiques superstitieuses, mais un hommage rendu aux
morts : cette concession était encore justifiée par les décla-

rations des chrétiens au sujet du sens qu'eux du moins atta-
chaient à ces cérémonies. Vers 1630, des Dominicains espagnols entrèrent au Fou-kien ; en 1684, abordait Mgr Pallu,
des Missions Étrangères. A cette époque, bien qu'il existât
une division rudimentaire en provinces ecclésiastiques, des
Missions d'origines diverses travaillaient le même terrain :
entre les Jésuites de la vice-province de Chine, ceux de la
province du Japon, ceux de la Mission française de Péking
à partir de 1687 ; entre les Dominicains, les membres de
la Société des Missions Étrangères, dont le premier porta
le titre d'Administrateur général des Missions de Chine,
les frontières et les attributions n'étaient pas déterminées.
Cette confusion eut des suites fâcheuses ; dès le lendemain
de leur arrivée, les Dominicains, mal éclairés, dénoncèrent
à Rome la tolérance des Jésuites pour les rites chinois ; la
question fut tranchée en sens contraires, en 1645 et 1656 ;
reprise par Mgr Maigrot, des Missions Étrangères (1693),
elle fut, après de longs débats et des décisions contradictoires, résolue contre les Jésuites par la bulle *Ex quo sin-
gularis* (1742). Désormais les chrétiens devaient s'abstenir
des cérémonies en l'honneur des ancêtres ; renoncer à la
piété filiale qui est la base de la société chinoise ; creuser
entre eux et leurs ancêtres, entre eux et leurs compatriotes, un fossé infranchissable. Or, tant qu'elle n'avait à
lutter que contre le taoïsme et le bouddhisme, la propagande chrétienne pouvait espérer le succès ; dès qu'elle
s'attaquait au principe même de l'édifice social, alors que
ce principe n'est pas intrinsèquement religieux et que
les missionnaires le mieux informés, les chrétiens, l'Empereur même repoussaient toute idée superstitieuse, l'avenir lui semblait fermé. Cependant, malgré bien des pertes
et des persécutions, le christianisme a survécu en Chine,

surtout parmi les classes pauvres, parmi celles qui n'ont pas d'ancêtres ou ne peuvent les vénérer comme il convient.

Cette affaire déplorable eut sans tarder les plus fâcheux résultats. Un premier légat, Mgr de Tournon, reçu en audience par l'Empereur (1705) qui lui expliqua le vrai sens des rites, publia cependant un mandement qui les interdisait (1707) ; un autre, Mgr de Mezzabarba, vint pour aplanir les difficultés (1721) et permit les cérémonies sous certaines conditions. Cette double intervention d'un souverain européen dans les affaires chinoises et le dédain montré par Mgr de Tournon pour la parole impériale irritèrent l'empereur Khang-hi qui bannit immédiatement Mgr Maigrot et deux de ses prêtres, fit bientôt arrêter le légat lui-même et l'envoya à Macao, où les Portugais le gardèrent en prison jusqu'à sa mort (1710). Alors l'appui impérial commença d'être retiré aux missionnaires. Sous les successeurs de Khang-hi, la Cour fut constamment et plus ou moins ouvertement hostile à la propagande chrétienne, tout en gardant à Péking quelques Jésuites pour le service de l'Observatoire. Enfin la suppression de cet ordre, l'arrestation à Macao et l'expulsion par le gouvernement portugais de vingt-quatre de ses membres (1762) furent le coup de grâce pour l'ancienne Mission de Chine. Les Jésuites eurent immédiatement des successeurs, mais peu nombreux, peu instruits des choses de Chine, mal vus des fonctionnaires et des lettrés, ils ne purent soutenir l'œuvre d'éducation entreprise et longtemps prospère. Un fossé plus profond que dans le passé fut creusé entre la Chine et l'Europe.

Aujourd'hui, la situation des Missions catholiques en Chine est bien différente de ce qu'elle était au xviiie siècle. Depuis

les traités et d'après diverses conventions, elles ont en face
du gouvernement chinois une existence officielle et ne dépendent plus de son bon plaisir ; elles se sont multipliées,
s'étendent au delà de la Chine propre ; le nombre des
chrétiens, qui aurait diminué jusque vers 1850, s'est accru
de nouveau, et par suite le nombre de ceux qui dans
l'étranger ne voient pas un barbare et un ennemi. L'autorité pontificale a divisé la Chine en vicariats apostoliques
indépendants les uns des autres, confiés à des Missions
différentes, et a ainsi prévenu le retour des conflits qui ont
amené l'affaire des rites. Un péril vient toutefois aux Missions de leur existence officielle même : les Chinois sont
processifs, et souvent il s'en est trouvé qui, ayant quelque
litige, ont eu l'idée de se faire chrétiens, pour acquérir
l'appui des missionnaires et, par eux, des agents étrangers ;
ils auraient ainsi impliqué la Mission dans leurs débats. Mais
la durée de l'instruction religieuse, les conditions exigées
des catéchumènes, l'enquête minutieuse qui précède l'admission, sont des garanties suffisantes pour écarter le danger des conversions intéressées. En fait, il est bien peu
d'affaires relatives aux chrétiens auxquelles on puisse
attribuer une telle origine. Toujours, quand des actes
graves se sont produits, ç'a été du fait des bandes de pil-
lards qui s'en prennent aux chrétiens comme aux autres,
ou des sociétés secrètes qui en veulent et au gouvernement
et aux étrangers, ç'a été avec la connivence plus ou
moins timide des autorités. Il faut ajouter que le missionnaire n'intervient que rarement et prudemment en faveur
de ses ouailles, cela surtout dans certaines Missions particulièrement bien organisées, où les rapports avec les
mandarins locaux sont réservés à quelques missionnaires
expérimentés. La sagesse montrée par ces hommes dé-

voués a reçu, il y a deux ans, sa récompense officielle, quand un décret impérial a réglé sur le pied d'égalité les rapports entre évêques et hauts fonctionnaires, entre missionnaires et mandarins (15 mars 1899), il s'agit d'ailleurs là de la forme des relations, et non pas d'un pouvoir d'intervention concédé aux Missions.

Depuis que les Missions se sont solidement établies sur le sol chinois, elles ont repris l'œuvre d'éducation de leurs prédécesseurs du xviie et du xviiie siècle. Les moyens ne sont plus les mêmes : les lettrés n'oublient pas que les rites sont encore proscrits ; les mandarins se souviennent de la malveillance qui a longtemps régné à la Cour à l'endroit des chrétiens et qui subsiste chez un bon nombre de grands personnages envers tous les étrangers ; ils se tiennent donc à l'écart, n'ont avec les prêtres catholiques que les relations indispensables et ne viennent plus étudier près d'eux les sciences de l'Europe, qui ne piquent plus leur curiosité, mais qu'ils ignorent encore plus qu'auparavant. Toutefois les Jésuites ont à Zi-ka-wei un muséum et un observatoire qui reçoivent parfois la visite des mandarins ; ils ont aussi fondé un journal illustré qui expose et discute les choses d'Europe ; lu par un certain nombre d'indigènes, il est loin d'avoir la même popularité que les publications analogues trouvent au Japon. C'est en commençant par la jeunesse que l'on tente de transformer l'esprit chinois. Des écoles ont été fondées et sont entretenues en partie par les Missions, en partie grâce à des subventions reçues des municipalités françaises de Chine ou du gouvernement de l'Indo-Chine : elles sont ouvertes aux enfants sans distinction de religion, et il en est où les chrétiens sont beaucoup moins nombreux que les autres. La rétribution demandée est faible ; la gratuité est accordée, s'il y a lieu. La propagande religieuse en est absente : les Missions espèrent que l'habitude des idées européennes préparera naturellement les esprits à la religion d'Occident : cette discrétion est récompensée par le succès des établissements. Une solide instruction élémentaire est donnée, portant principalement sur les sciences exactes, la géographie, la morale, le français qui sert de véhicule à l'enseignement ; on n'a garde de négliger le chinois, les enfants étudient les classiques sous des maîtres indigènes, de manière à pouvoir, s'ils le veulent, se préparer ensuite aux examens. Depuis une quinzaine d'années, plusieurs de ces institutions ont été fondées, à Péking, Thien-tsin, Changhai, Canton, etc., par les Lazaristes, par les Jésuites, par les Missions Étrangères avec l'aide des Frères Maristes ; mais l'argent n'abonde pas, et l'on ne peut faire tout ce que l'on voudrait. C'est là une œuvre toute française, de la plus grande importance pour l'avenir de notre influence en Chine et qui mériterait tous les encouragements.

Des résultats sérieux ont été obtenus ; les élèves ont été placés dans les consulats, dans les postes, dans les télégraphes, chez les commerçants et ingénieurs européens, dans les chemins de fer ; on n'en a pu fournir autant qu'il en était demandé ; après la crise actuelle, limitée d'ailleurs au nord, il y aura des ruines à relever, il faudra encore de l'argent et des dévouements ; mais, si l'Europe, et surtout la France, savent jouer leur rôle, les écoles devront prendre un nouvel essor. L'intérêt n'en est pas de fournir des moyens d'existence à des Chinois, mais de créer un noyau de jeunes gens intelligents, une élite (cette instruction mi-européenne ne pourra jamais s'adresser sous cette forme à la masse) capable de former trait d'union entre les Occidentaux et les indigènes. Ce n'est d'ailleurs pas assez de cette

instruction élémentaire ; il faudra, dès que les circonstances politiques de la Chine et l'état des fonds le permettront, y joindre une culture plus élevée, des études d'agriculture, de sériciculture, de mécanique, de tissage, de
médecine, par exemple : quelques cours de ce genre existent déjà, ainsi ceux que professait à Thien-tsin jusqu'aux
derniers événements un médecin français, le Dr Depasse,
qui vient de mourir. Ce genre d'instruction sera rapidement apprécié des Chinois et commencera de réaliser entre
les deux civilisations le rapprochement auquel il faut parvenir.

Telle est l'œuvre entreprise par les missionnaires catholiques contemporains, et tel est le champ qui s'ouvre à leur
dévouement (1), car, sinon eux, qui pourrait tenter l'éducation de cet Empire, avec la patience, la continuité, l'unité
de direction nécessaires pour assurer le succès ? Reste,
pour qu'ils reconstruisent et agrandissent encore l'édifice
de leurs prédécesseurs, un seul obstacle à écarter : l'interdiction des rites. Mais cette sentence, si souvent modifiée,
est-elle irrévocable ? et n'en peut-on reprendre l'examen
avec les idées plus éclairées et plus largement humaines
qui règnent au Vatican aujourd'hui ?

Je ne veux pas négliger de mentionner les Missions protestantes qui ont paru en Chine en 1807 et qui, aussi bien
que les catholiques, ont profité des traités conclus depuis
1842 ; outre l'évangélisation, elles se sont appliquées surtout, avec les ressources considérables dont elles disposent,
à la fondation de dispensaires et d'écoles, dont quelques-
unes portent le nom ambitieux d'Université. C'est un missionnaire américain, le Rev. Gilbert Reid, qui a récemment

(1) Voir plus bas, p. 266.

lancé l'idée d'un institut international où toutes les nations de bonne volonté concourraient, par leur argent et leurs professeurs, à l'éducation de la Chine, au moyen de conférences, bibliothèques, musées, laboratoires (1) : idée généreuse, mais utopique, car on ne voit pas d'où viendrait la direction. Je n'ai pas a apprécier le succès en Chine des diverses confessions protestantes, presque toutes de langue anglaise ; il est parfois compromis par un zèle peu éclairé, par un emploi indiscret de l'argent, mais il est diminué surtout par l'essence même du protestantisme : l'absence de hiérarchie, le principe de libre examen sont opposés au caractère des Chinois. On ne peut d'ailleurs que s'incliner devant le dévouement des missionnaires.

IV

La Chine n'oppose aux étrangers ni le patriotisme, ni l'esprit militaire, ni le sentiment religieux, qui n'existent pas. La civilisation, dont elle s'enorgueillit à juste titre, mais non sans excès, n'est incompatible ni avec les relations extérieures, ni avec la présence des Occidentaux dans l'Empire : Confucius a recommandé la justice et la bienveillance envers ceux qui viennent de l'extérieur. La morale confucianiste, loin de répugner aux idées chrétiennes, montre avec elles de remarquables coïncidences ; l'édifice social peut s'accommoder du christianisme ; les chrétiens sont les serviteurs les plus fidèles, les sujets les plus obéissants de l'Empereur ; les ressemblances des deux morales

(1) Voir plus bas, p. 260.

éclateraient aux yeux et produiraient leur effet, le jour où
la question des rites serait résolue selon les principes plus
tolérants et plus charitables qui avaient guidé les théolo-
giens du xviie siècle. On peut, au contraire, se demander
si nos importations économiques n'attaquent pas la société
chinoise beaucoup plus que ne le fait la religion chrétienne.
Les grands ateliers de travail pour les femmes, sous une
surveillance masculine plus ou moins directe, sont contraires à la morale reçue; les ingénieurs, qui ne sont guère
aux yeux des Chinois que des docteurs en *fong-choei* d'une
école opposée, bouleversent les tombes, troublent les
esprits des montagnes et les dragons des fleuves; les villes
ouvertes donnent à ceux qui y ont vécu des habitudes d'indépendance qui sapent l'organisation communale et familiale; les chemins de fer, en facilitant les déplacements,
rompent les cadres de la vie patriarcale, intacts depuis
tant de siècles. Faut-il donc fermer les ports et les usines,
abandonner les mines, les voies ferrées? Évidemment non;
mais il faut introduire les nouveautés graduellement, les
présenter aux Chinois par le côté le plus pratique et le
moins choquant pour leurs idées, leur montrer dans leurs
croyances et dans leurs livres ce qui concorde avec nos inventions et ce qui les fait prévoir, gagner par quelque déférence, au moyen d'un peu d'argent bien distribué, la
neutralité, l'appui des lettrés et des géoscopes qui ont
l'oreille du peuple; surtout il faut laisser là cet orgueil
agressif à propos de notre civilisation, orgueil qui n'est
pas toujours justifié et qui est particulièrement offensant
pour des gens civilisés eux-mêmes. Mais ces préparations,
cette patience, peut-on les demander à nos commerçants
ou industriels? Qu'ils s'associent à cette œuvre de rapprochement, fort bien; mais d'autres, des éducateurs, et les

Chinois mêmes formés par ces derniers, en doivent être les principaux ouvriers.

La classe des commerçants, des travailleurs a intérêt à notre présence dans l'Empire. Les lettrés et les mandarins nous sont hostiles : si les idées européennes se répandent, il leur faudra, pour conserver leur place, laisser l'éducation purement morale et littéraire dont ils sont fiers, s'adonner à des études scientifiques spécialisées qu'ils méprisent et dont ils n'ont aucune idée précise. Pour les apprivoiser, il n'est d'autre moyen que la conversation avec des hommes qui connaissent les méthodes occidentales et sachent en montrer adroitement la supériorité, que la lecture d'ouvrages conçus dans le même sens. Les mandarins redoutent encore que des procédés administratifs plus exacts, et dont la douane maritime leur est un exemple, attaquent leur laisser-aller, suppriment les profits illégaux qui forment la majeure partie de leurs ressources; ils sont gênés de trouver dans leurs administrés chrétiens, avec autant ou plus de respect pour les lois et d'exactitude au payement des impôts, un plus vif sentiment de leurs droits, une personnalité déve-loppée sous l'influence du christianisme. Si nous pouvons comprendre ces craintes, nous ne saurions que nous réjouir le jour où nous verrions, à la suite de la prédication reli-gieuse, s'effacer quelques abus, se réaliser plus de justice et d'honnêteté.

Tout cela est encore œuvre d'éducation. Maintenir la Chine ouverte au commerce et à l'industrie, l'ouvrir plus largement et compter sur la vertu civilisatrice du télégraphe et du chemin de fer pour procurer « les réformes intérieures indispensables », c'est se méprendre. La Chine pourra être ouverte de force comme aujourd'hui, accepter l'inévitable, ou se servir contre nous de nos enseignements; il faudra alors que l'Europe à perpétuité monte la garde sur les côtes du grand Empire. Mais les « réformes intérieures indispensables », l' « efficace protection du commerce étranger honnête » résulteront surtout d'un changement d'esprit. C'est l'esprit chinois qu'il nous faut comprendre; c'est lui qu'il nous faut modifier. Pour le comprendre, l'Europe doit étudier les choses de Chine; pour le modifier, si cela est possible, il n'y a que l'éducation, l'œuvre des Jésuites du xviie siècle reprise et transformée par les missionnaires contemporains.

LES COURS DE CHINOIS A LYON [1]

I

Lorsque, après la guerre de l'opium, l'Angleterre établit des rapports diplomatiques réguliers avec la Chine par le traité de Nanking (1842), les États-Unis, suivant immédiatement cet exemple, envoyèrent en Extrême-Orient une mission qui arriva à Macao en février 1844 et signa bientôt un traité à Wanghia (juillet 1844). La France ne voulut pas rester en arrière; elle avait dans le Céleste Empire des intérêts commerciaux et des intérêts relatifs au protectorat des Missions; notre consulat de Canton, fondé en 1776, rétabli en 1829, était chargé de défendre les uns et les autres; mais il était nécessaire qu'un instrument diplomatique intervînt pour régler une situation de fait. M. de Lagrené fut chargé de la négociation; la mission qui l'accompagnait se composait de onze personnes attachées à différents titres et de quatre délégués du Ministère du Commerce, désignés par les Chambres de commerce de Lyon, Mulhouse, Paris,

(1) Leçon d'ouverture faite à Lyon, au Palais du Commerce, le 25 janvier 1900; publiée et mise à jour ultérieurement.

Reims et Saint-Étienne ; parmi ces derniers était Natalis Rondot, un Lyonnais d'adoption qui a rapporté de Chine des observations nombreuses et s'est fait connaître par plusieurs ouvrages de valeur ; dernier survivant, je crois, de la mission Lagrené, il vient de mourir l'été dernier, après une carrière longue et bien remplie. Outre le traité même, dont les principales clauses furent l'ouverture au commerce français des cinq ports (Canton, Emoui, Foutcheou, Ning-po, Chang-haï) et la reconnaissance du protectorat de la France sur tous les missionnaires catholiques et sur leurs ouailles chinoises, la mission Lagrené eut à établir des tarifs de douane, à étudier les rapports des poids, mesures, monnaies de la Chine avec les nôtres ; à ces travaux, elle joignit diverses négociations accessoires qui sont fort peu connues et qui mériteraient de l'être. Le traité fut mené à bien et signé à Whampoa, le 24 octobre 1844. La France était ainsi la quatrième puissance chrétienne qui entrait en rapports officiels avec la Chine ; la Russie, en effet, par le traité de Nertchinsk conclu au xviie siècle (1689), avait de longtemps prévenu l'Angleterre.

Il faut remarquer la part indirecte, mais non sans importance, prise à la mission officielle française par les Chambres de commerce de Lyon et de Saint-Étienne. Il n'était pas possible que le pays de la soie parût indifférent aux représentants de l'industrie de la soie en France. Toutefois il n'était pas encore question à cette époque d'importer la matière première chinoise ; ce n'est qu'entre 1855 et 1860 que la maladie des vers à soie fit chercher de nouvelles régions productrices et mit diverses maisons de la région lyonnaise en relations directes avec la Chine, avec le Japon nouvellement ouvert ; ainsi Lyon entrait en contact avec l'Extrême-Orient et ce contact ne devait plus cesser. Pendant une période d'une trentaine d'années, les maisons lyonnaises se multiplièrent, étendirent leurs affaires, maintenant avec persévérance le commerce français à travers les vicissitudes de notre fortune nationale tant en Europe qu'en Extrême-Orient. Lorsque l'acquisition du Tonkin, l'établissement du protectorat sur l'Annam, la paix avec la Chine eurent complété et affermi notre empire indo-chinois, dont la Cochinchine avait été la base, le commerce lyonnais était prêt; il s'intéressa activement aux entreprises coloniales et prit dans les nouveaux débouchés ouverts, à Haïphong par exemple ainsi qu'au Yun-nan, la place qui lui revenait de droit. Les derniers événements de l'Asie orientale, guerre sino-japonaise, intervention de la France, de la Russie, de l'Allemagne après Simonoséki, concession de voies ferrées de pénétration vers Long-tcheou et le Koang-si, vers Yun-nan-tchheng en remontant le fleuve Rouge, régularisation de notre situation au Laos, ont rendu plus intimes les liens qui nous unissent à la Chine et ouvert les marchés méridionaux de cet Empire aux entreprises de nos négociants. Les désordres qui bouleversent aujourd'hui les provinces du nord et la capitale sont-ils de nature à interrompre ces relations? on ne saurait le croire, car ils sont le fait d'un nombre relativement peu important de rebelles, soulevés par la disette et encadrés par les sociétés secrètes; ils ont trouvé un appui sérieux près d'un parti animé d'une haine farouche contre l'étranger, poussé aussi par l'ambition; mais le plus grand nombre des mandarins dirigeants se rend trop bien compte de la faiblesse de la Chine contre les Puissances pour avoir escompté le succès de pareilles violences, au plus quelques-uns d'entre eux auront-ils eu l'idée de nous effrayer et de nous rendre plus maniables, prêts à répudier toute compromission avec les Boxeurs, dès que notre force aurait commencé de se manifester. Quant à un soulèvement national des marchands et des travailleurs contre l'intrus d'outre-mer, il est trop contraire à leurs intérêts privés et corporatifs, à leur indifférence politique, pour qu'on le puisse admettre ; les Boxeurs n'ont trouvé dans le peuple que ces sympathies qui naissent de la terreur. Si l'union des alliés s'affirmait, elle ne tarderait pas à venir à bout des mandarins, de la Cour que l'on a malheureusement laissé échapper ; l'ordre renaissant, il faudra songer à l'organiser de façon durable en tenant compte du tempérament chinois ; les entreprises commerciales et industrielles, un moment interrompues, prendront, après cette convulsion d'un moment, un nouvel essor.

La France a aujourd'hui en Extrême-Orient une situation unique : protectrices des Missions catholiques, représentant de considérables intérêts commerciaux, elle a de plus pour sujets et protégés des millions d'hommes de race jaune, elle est limitrophe du Céleste Empire sur une frontière plus étendue que nulle autre puissance, la Russie exceptée. Elle a immédiatement compris les exigences de cette posi- tion privilégiée, et ici encore je trouve au premier rang la ville de Lyon. Avant même que les événements récents que je viens de rappeler fussent tous accomplis, la Chambre de commerce de Lyon, montrant une fois de plus son esprit d'entreprise, se mit d'accord avec les Chambres de commerce de Bordeaux, Lille, Marseille, Roanne et Roubaix et fit partir une Mission dirigée par M. Rocher, consul de France, puis par M. Brenier ; cette délégation était chargée d'étudier les industries, le commerce, la si- tuation économique du Tonkin, du sud de la Chine, de la vallée du Yang-tseu ; on sait quelle abondante moisson de documents, d'observations précises a été recueillie par ces missionnaires d'un nouveau genre. Une partie en a été publiée dans un ouvrage qui fait date pour la connaissance pratique de la Chine (1) ; et déjà plusieurs des membres de la Mission sont retournés dans les régions qu'ils avaient explorées, et y ont fondé de nouvelles maisons françaises.

II

Mais, ainsi qu'on peut le prévoir et qu'on le sait déjà, ainsi que la Mission lyonnaise en a fait plus d'une fois la remarque, il ne suffit pas, pour faire des affaires avec les Chinois, de vivre dans leur pays et de se présenter à eux. Les préjugés contre les Européens, contre leurs idées et leurs méthodes, sont tenaces partout en Chine, et surtout dans les régions le plus récemment ouvertes ; si peut-être dans les plus anciens ports les préjugés sont moindres, ils se doublent d'une antipathie profonde, explicable en partie par l'attitude de quelques-uns des étrangers, beaucoup par les excitations des mandarins et des lettrés. Ces sentiments plus ou moins hostiles règnent, bien qu'atténués, même dans la classe commerçante, celle dont l'esprit est le moins fermé et qui n'a qu'à gagner à l'ouverture du pays. Le Chinois ressent toujours une pitié méprisante pour celui qui n'a pas le bonheur d'avoir part à sa civilisation : ses

(1) *La Mission lyonnaise d'exploration commerciale en Chine,* 1895-1897 (1 vol. gr. in-8, Lyon, 1898).

institutions familiales, fortes et respectables, ses associations communales et commerciales, les théories de ses anciens sages qui, à ses yeux, ont assez connu la nature humaine pour que leurs œuvres dûment interprétées contiennent la réponse à tous les problèmes qui se sont posés et se poseront à l'humanité, tout cela forme pour lui un corps de dogmes intangibles, en dehors desquels il ne conçoit que barbarie. A combattre ses idées, l'étranger risque d'accroître le mépris dont il est l'objet ; à les dédaigner ouvertement, il ne réussira qu'à s'attirer une hostilité plus vive. Quelle que soit la valeur de la civilisation chinoise, il faut et il faudra longtemps encore la prendre telle qu'elle est ; si l'on veut faire des transactions avec les indigènes, il faut s'accommoder à leurs coutumes et à leurs goûts, ne chercher à innover qu'avec une extrême prudence, quand on est dix fois sûr du terrain acquis, quand on peut faire toucher du doigt la supériorité des procédés d'outre-mer. Il ne suffit donc pas de vivre, fût-ce pendant vingt ans, au milieu des Chinois : il faut les comprendre, connaître leurs mœurs pour pénétrer leurs goûts, savoir quels sont leurs besoins et leurs ressources, profiter de l'heure où ils sont disposés à acheter et en mesure de le faire, deviner la forme sous laquelle ils accepteront telle entreprise industrielle et voudront la seconder, gagner par quelques marques de déférence l'appui de ceux qui dirigent l'esprit du peuple. La sédition chinoise qui a déjà fait trop de victimes et causé trop d'inquiétudes, est due pour une certaine part à l'oubli de quelques-uns de ces principes. On a trop affiché le mépris des Chinois, on a voulu brusquer leur transformation ; ils protestent et ils regimbent. L'Europe, par ses compétitions et par son esprit mercantile, s'est montrée désunie, et inférieure à la civilisation qu'elle prêche ; les

Chinois qui pensent, ne voient en nous que des adorateurs de l'or, gens sans foi ni loi, dépourvus de tout principe élevé, tandis que leurs politiques ont pu espérer venir à bout de nous par nos divisions. Si le nombre des hommes qui connaissent la Chine avait été plus grand, peut-être ces écueils auraient-ils été évités, quelques-uns du moins; peut-être les troubles, prévus par les missionnaires seuls, n'auraient-ils pas trop longtemps échappé à la vue des autres, et peut-être y aurait-on obvié d'avance. C'est donc à répandre la connaissance des Chinois que doivent tendre les efforts.

Pour connaître un peuple étranger avec qui l'on doit entretenir des rapports suivis, il ne suffit pas d'être au fait théoriquement de sa vie quotidienne, des idées qui forment la trame de son esprit, il faut savoir sa langue, puisque c'est la langue qui nous permet de pénétrer ces formes de pensée différentes des nôtres, qui fait saisir sur le vif les mille détails de ces manières de sentir; puisque, en un mot, c'est la langue qui nous met directement en contact avec lui. Mais, dira-t-on, il existe de nombreux Chinois qui parlent soit le français, soit le russe, ou surtout l'anglais; outre les interprètes, il y a les *compradors*, ces personnages mi-interprètes, mi-négociants, qui servent partout d'intermédiaires entre les maisons européennes et les maisons chinoises. Il faut remarquer d'abord qu'assez nombreux dans les grands ports, les interprètes, les *compradors*, d'une façon plus générale, les Chinois qui parlent une langue européenne, sont rares dans les places ouvertes d'importance inférieure et n'existent pas dans l'intérieur où il faut les faire venir de la côte; attendre pour multiplier en Chine nos entreprises commerciales et autres, que l'on puisse avoir partout des Chinois parlant le français, l'anglais ou le *pidgin english*, n'est-ce pas renoncer provisoirement aux marchés nouveaux qui nous sont ouverts, nous déclarer contents de notre situation présente, ne pas chercher à étendre nos débouchés, laisser la place libre à nos concurrents? Mais bien plus, ces intermédiaires, toujours coûteux, se trouvent dans une position glissante entre deux chefs de maison, l'un Chinois, l'autre étranger, qui sont incapables de se comprendre; il est facile au *comprador* de faire ses affaires personnelles aux dépens de l'un et de l'autre, de favoriser l'une des parties, de toucher des deux mains; dans le sud, on le voit fréquemment entrer, à côté des commerçants chinois et des mandarins, dans les syndicats qui afferment la perception du *li-kin*, il se trouve ainsi dans une position encore plus fausse, et son honnêteté ne saurait qu'en souffrir. En fait, l'extension du commerce étranger n'a pas de pires ennemis que ces auxiliaires traditionnels. Je ne parle pas de faux pas plus graves, qui sont assez rares et que l'intérêt bien entendu déconseille au *comprador*. De toutes façons, les négociants étrangers ont avantage à ne pas être livrés pieds et poings liés à des indigènes, si honnêtes soient-ils, à pouvoir les surveiller, saisir une conversation, relire une lettre ou une facture, à entrer en rapports directs avec les mandarins pour les fournitures officielles, avec les marchands ou les producteurs des centres importants ou secondaires de l'intérieur : c'est dire que, sinon les chefs de maison, au moins quelques employés, doivent connaître les Chinois, leurs usages et leur langue. L'intelligence de cette situation, l'énergie déployée à acquérir ces notions nécessaires malgré des circonstances rebutantes, ont fait la force et la fortune de quelques négociants allemands.

Faut-il encore énumérer les services que sera capable de

rendre dans les chemins de fer, les mines, les usines, la poste qui doit être réorganisée, celui qui sera familier avec les idées et le langage des indigènes? Quelques jeunes Français sachant le chinois ont été engagés pour la ligne de Péking à Han-kheou : à brève échéance, il en faudra d'autres de tous côtés. Dans un ordre d'idées bien différent, ne serait-il pas utile aux missionnaires catholiques qui sont en majorité français, qui sont soutenus par l'œuvre française de la Propagation de la Foi, ne leur serait-il pas utile d'étudier avant de partir, et la langue, et les idées religieuses, et la coutume avec la loi, du pays qu'ils vont évangéliser? Et encore, au point de vue de la science pure, ne faut-il pas développer l'étude de la langue chinoise, alors que la civilisation de la Chine nous offre des faits sociaux si curieux? Nous ne sommes plus dans les jours des invasions mongoles, mais les conséquences économiques de la crise actuelle, les moyens qui devront être employés pour en empêcher le retour, préoccupent toutes les Puissances. Il faudra prévoir, il faudra agir; c'est dire que, plus que jamais, on aura besoin d'hommes connaissant le pays, les mœurs, la langue, capables comme fonctionnaires, ingénieurs, négociants, de servir de trait d'union entre le monde de civilisation chrétienne et le monde de civilisation chinoise.

III

Jusque vers la fin de 1899, les études relatives à l'Extrême-Orient étaient en France l'apanage de trois établissements, le Collège de France, l'École des Langues orientales vivantes, l'École coloniale. Sur le premier, consacré à des recherches de science pure et où ont brillé nos plus grands sinologues, il n'y a pas lieu d'insister ici. Le dernier, le plus jeune, est principalement consacré à la formation des commissaires, magistrats, administrateurs du service colonial ; d'ailleurs, si une grande place y est faite à l'Indo-Chine, les études chinoises y sont dans une situation effacée : ce qui s'explique, puisque la Chine n'est pas une colonie. A l'École des Langues orientales, non seulement les langues chinoise, annamite, mais aussi l'histoire et la géographie de l'Extrême-Orient sont professées par des hommes compétents ; fondée en 1795, cette École a été réorganisée entre 1869 et 1872 et s'est dès lors rapidement développée, sous l'impulsion d'un administrateur, qui, pendant plus d'un quart de siècle à partir de 1867, en a fait un modèle pour les établissements similaires, une pépinière d'orientalistes. C'est depuis cette réorganisation que l'étude pratique des langues orientales a pris en France un nouvel essor. Le cours de chinois pratique date en réalité de 1871, quand le comte Kleczkowski, précédemment interprète de la Légation de France à Péking, fut chargé de cet enseignement ; malgré l'éclat des noms de Bazin et surtout de Stanislas Julien qui l'avaient précédé, leurs leçons de langue vivante ne pouvaient avoir une valeur sérieuse, puisque ni l'un ni l'autre n'étaient allés en Chine, puisqu'ils n'étaient familiers qu'avec le style littéraire et avec celui des romans. Devéria, titulaire de cette chaire en 1889, ayant résidé longtemps à Péking, joignait à la connaissance des mœurs et du langage parlé une information étendue sur l'histoire et la littérature chinoises ; à la fois érudit et homme pratique, il avait ainsi les principales qualités nécessaires pour donner du recul aux faits exposés sans perdre contact avec la réalité actuelle. Mais, malgré la valeur de la discipline qui a formé presque tous les sinologues français contemporains, il ne faut pas oublier que, située à Paris, l'École des Langues orientales est avant tout destinée à préparer des interprètes officiels, que les études n'y sauraient donc être les plus propres à l'éducation de futurs commerçants devant résider en Chine et y être en relations journalières avec des marchands, des artisans et des ouvriers chinois. La ville de Lyon, malgré ses intérêts immenses en Extrême-Orient, malgré son esprit colonisateur à la fois tenace et hardi, ne donnait aucune préparation spéciale à ceux de ses enfants qui allaient la représenter sur les bords de la mer de Chine, dans la vallée du Yang-tseu, dans les îles japonaises.

Cependant, à Lyon même, on avait déjà tenté d'acclimater l'étude de la langue japonaise ; depuis une dizaine d'années, des esprits perspicaces veillaient ; dans divers milieux, l'idée était née et mûrissait d'un enseignement colonial adapté aux besoins de la région, on cherchait quelle était la meilleure forme à donner à cette création. Finalement la Chambre de commerce de Lyon, au mois de novembre 1899, a inauguré divers cours coloniaux et, plus récemment, grâce à l'appui du gouvernement général de l'Indo-Chine, a pu y ajouter un enseignement portant sur les mœurs et la langue chinoises.

Cette création, suite naturelle de la Mission lyonnaise d'Extrême-Orient, vient à son heure, quand les entreprises en Chine sortent de cette période de fièvre qui avait suivi la guerre sino-japonaise et la prise à bail de Kiao-tcheou, quand l'on arrive à une époque d'études, d'efforts sérieux et de premiers résultats, que ne saurait interrompre l'anarchie des provinces septentrionales ; elle vient à son heure à tel point qu'au delà des frontières on a songé déjà à l'imiter. Peu après le départ de la Mission lyonnaise, l'Angleterre chargeait officiellement d'une tournée dans les ports de Chine et de Corée M. Byron Brenan, tandis que M. Bourne avec deux collaborateurs allait étudier sur place la question des cotonnades et celle des *li-kin*. Aujourd'hui il est question d'organiser à Londres, au point de vue commercial, des cours de chinois avec un professeur anglais et deux répétiteurs indigènes. L'Allemagne, qui a copié il y a une quinzaine d'années notre École des Langues orientales, qui, après Simonoséki, a envoyé une mission commerciale dans les ports de la côte et du bas Yang-tseu, ne se contente pas des cours de chinois de Berlin, de ceux de l'École de commerce de Leipzig, et quelques Allemands se préoccupent de la pousser plus avant dans cette voie. Ces imitations, ces tendances prouvent avec quelle justesse l'initiative s'est appliquée au point où l'effort est nécessaire, où il doit être fructueux ; elles indiquent aussi avec quelle vigilance il faut développer ce germe pour lui faire porter sans retard toute la récolte qu'on est en droit d'attendre. Nous avons l'avance sur ce point, il faut la conserver ; d'autant que les événements de ces derniers mois ont brutalement imposé le problème chinois à l'attention des Puissances et que partout l'intérêt pris aux choses de l'Extrême-Orient a redoublé, en Allemagne comme aux États-Unis, en Russie et au Japon.

IV

Aussi bien le terrain est chez nous mieux préparé qu'en Angleterre pour une fondation de ce genre ; l'orgueil bri-

tannique tient toujours les indigènes pour des êtres inférieurs, les écarte et dédaigne d'apprendre leur langage, de
comprendre leurs mœurs; il méprise tout ce qui n'est pas
anglais. Si vous avez affaire à un commerçant anglais,
force vous est de parler sa langue, il n'en sait pas d'autre :
et de là l'extension dans les grands ports d'Extrême-Orient
du *pidgin english*, mélange bâtard d'anglais et de chinois,
jargon qui n'est parlé que dans les ports, et dans ceux-ci
seulement par les gens qui sont en rapports avec les Européens, *compradors*, interprètes et *boys*. Mais, dans les ports
mêmes, un bon nombre de Chinois l'ignorent; dans l'intérieur, personne n'en a connaissance; enfin si un contrat,
si une pièce quelconque doit être rédigée, jamais elle n'est
écrite en *pidgin*. Cette sorte de langue franque est une barrière entre l'Européen et l'indigène; elle est le retranche-
ment le plus fort de ces interprètes et *compradors* qu'il faudrait au moins surveiller. Si les Anglais se contentent du
pidgin english, nous, dont le caractère est moins raide,
dont l'oreille est moins rebelle, nous devons tirer avantage
de notre souplesse : et comme le petit marchand, l'artisan,
l'homme de l'intérieur n'apprendront pas de longtemps
une langue européenne, c'est à nous, qui voulons trafiquer
avec eux, d'apprendre le chinois.

Mais, dira-t-on, la langue chinoise a un grand nombre
de dialectes dont quelques-uns sont presque des langues à
part. Cela est vrai; mais il y a la langue commune, que
parlent partout les personnages officiels et leur entourage,
qui, sous diverses formes très voisines, est la langue des trois
quarts de la Chine et spécialement d'une partie du Koang-si,
du Yun-nan, du Seu-tchhoan, les provinces les plus proches
du Tonkin, celles qui sont naturellement ouvertes au développement de notre commerce, de notre industrie; et si celui

qui sait la langue commune ne comprend pas le cantonais par exemple, du moins les deux idiomes sont assez voisins pour qu'en peu de mois il puisse se mettre au courant du second. Il faut ajouter que partout la langue écrite est la même. Mais, dira-t-on encore, le chinois, la langue écrite surtout, ne se peut apprendre, il y faut la vie d'un homme; le lettré qui se présente aux examens à soixante-dix ans, ne la connait pas encore à fond. Peut-être ce lettré que l'on me cite n'est-il pas des plus forts parmi ses pareils, car on voit des candidats heureux de vingt ans et même moins. D'ailleurs il ne s'agit pas de passer les examens en Chine, et la multitude de connaissances historiques, littéraires, prosodiques, philosophiques qu'il y faut montrer, ne serviraient de rien à nos commerçants et à nos ingénieurs; les marchands, les artisans, le peuple chinois n'en ont qu'une teinture superficielle et ils parlent, ils écrivent dans une langue simple, nette, qui est aussi celle des lettrés et des mandarins dans la vie habituelle, dans les questions d'affaires. Cette langue pratique, on en peut en deux ans de travail, à raison de peu d'heures par se-maine, acquérir une connaissance suffisante. Il ne faut donc pas que l'étude du chinois soit un épouvantail; bien des gens l'ont appris, et qui n'étaient pas exceptionnelle-ment doués; c'est par suite d'un malentendu que l'on parle ici d'impossibilité, il n'y a qu'une certaine difficulté. Le mot impossible n'est pas français ici, pas plus qu'ailleurs. Il ne faut pas qu'un pareil malentendu subsiste : car de telles erreurs paralysent les bonnes volontés et rendent plus difficiles et plus rares les initiatives fécondes comme celle dont je viens d'entretenir le lecteur.

L'ÉDUCATION DE LA CHINE
ET LE ROLE QUE LA FRANCE Y DOIT JOUER

(PUBLIÉ EN JUIN 1899)

Si depuis le xviiie siècle quelque chose a changé dans la Chine à l'égard des étrangers, c'est la méfiance qui s'est accrue; mais ne pourrait-on essayer de lui montrer qu'il y a en Occident autre chose que des missionnaires, des diplomates et des cuirassés? Les esprits curieux ne manquent sans doute pas à Péking plus aujourd'hui qu'au xviiie siècle: sur le terrain de la science désintéressée, le rapprochement demeure possible; non pas que les Chinois soient directement accessibles à la science pure; mais les résultats des méthodes scientifiques, qu'il s'agisse des découvertes d'un Pasteur ou des applications d'un Edison, sont assez frappants pour s'imposer aux esprits subtils et naïfs des mandarins. Un missionnaire américain, le Rev. G. Reid, s'efforce de fonder à Péking un Institut international, où chaque nation entretiendrait, de ses deniers et avec ses professeurs, un établissement scientifique, musée, bibliothèque, laboratoire, école; la direction générale, donnée par un Conseil où chaque établissement serait représenté, aurait à maintenir la neutralité nationale et confessionnelle de l'Institut. Il faut louer le Rev. Reid de reprendre l'idée des Jésuites d'antan et d'avoir compris comme eux la nécessité, pour atteindre les hautes classes chinoises, de créer un terrain neutre d'où soit bannie toute compétition, où puisse se rencontrer une élite de Chinois et d'étrangers pour y faire connaissance, pour s'étudier et se pénétrer sans arrière-pensée. Et l'on peut espérer que, après avoir pris contact avec la science occidentale, les Chinois se rapprocheront aussi de ce qu'il y a de moral et d'intellectuel dans notre civilisation, seront à la longue pénétrés par un peu de ce qu'elle contient d'humanisme et de christianisme; c'est ce que nous voyons se faire au Japon; c'est sans doute l'avenir que M. Reid escompte déjà, bien que l'exposé tout pratique de son plan insiste uniquement sur le côté technique et scientifique de l'Institut.

En Chine même, il est quelques hommes d'État qui commencent à se rendre compte de la situation présente faite à leur pays; ils sentent ce qu'il y a de factice dans l'isolement moral où il est resté, alors que la vapeur, le canal de Suez, le télégraphe ont mis l'étranger à ses portes et dans son sein. L'Empereur même, l'an dernier, cherchait avec ardeur un remède et, pour centre de ses réformes, il prenait la création d'une Université, la refonte de l'instruction publique; les langues vivantes, les sciences mathématiques, physiques et naturelles, historiques et politiques de l'Occident étaient mises dans les programmes auprès de la philosophie, de l'histoire, de la littérature nationales. On sait que, malgré l'échec des radicaux chinois et de l'Empereur à leur tête, l'Université a été ouverte, qu'elle est au moins tolérée par le nouveau gouvernement; il faut aussi, en vérité, que les dispositions officielles à l'égard des sciences européennes ne soient pas trop défavorables pour que le Rev. Reid ait reçu du Tsong-li yamen une lettre où les ministres chinois disent : « Nous assurons ce missionnaire que, si son plan s'exécute, si la réalisation correspond au projet, en sorte qu'il en résulte du bien et non du mal, ce Conseil, après avoir dûment examiné les choses, lui donnera de nouveaux témoignages d'approbation. » On ne pouvait attendre davantage d'un corps officiel chinois. D'autre part, il ne faut pas oublier que, depuis cinq ou six ans, il s'est formé dans diverses provinces, au Hou-nan même, la région la plus conservatrice, un parti comprenant des commerçants avec des lettrés et qui veut introduire l'étude des sciences étrangères. Parmi les adhérents de ces nouvelles idées, on compte plusieurs hauts mandarins en charge, et leur adhésion, pour être purement privée, n'en a pas moins de signification ; c'est ainsi, par exemple, que le vice-roi Tchang Tchi-tong a écrit et répandu partout un court traité où il exhorte ses compatriotes à voyager et à s'instruire dans toutes les connaissances pratiques. Or, le vice-roi Tchang, plusieurs autres vice-rois, un gouverneur, plusieurs intendants de cercle ont déjà prouvé l'intérêt actif qu'ils prennent au projet d'Institut, en souscrivant une somme de 50.000 francs. On peut croire que beaucoup d'autres, à l'imitation du Tsong-li yamen, restent momentanément sur la réserve et attendent, pour se prononcer, qu'il y ait un commencement d'exécution et de succès. Aussi, bien que ce soit à la Chine, principale intéressée, que doivent, en bonne justice, incomber les frais de la fondation, le Rev. Reid a compris qu'il serait imprudent, pour les débuts, de compter uniquement sur elle et qu'il est indispensable que les étrangers apportent leur concours. Les résidants de Chine ont donc formé des comités et souscrit 25.000 francs ; hors de Chine, plus de 250.000 francs sont déjà assurés.

Quel intérêt peut engager les Occidentaux dans des dépenses considérables pour instruire la Chine ? Je tiens à poser nettement d'abord qu'il s'agit de diminuer la distance entre la Chine et l'Europe, non pas de la supprimer ; l'assimilation, même prévue à longue échéance, est un rêve qui ne tient pas compte des différences réelles des races et, en face des dimensions énormes de l'Empire Chinois, il faut plus que partout ailleurs écarter de pareilles illusions. Les anciens missionnaires, au moyen des sciences, cherchaient à étendre et faire accepter le christianisme ; aujourd'hui, il s'agit de faire pénétrer discrètement quelques-unes des notions principales de notre civilisation. Les seuls qui aient songé à cela dans une période récente, ce sont encore des missionnaires ; en dehors d'eux, depuis plus de cinquante ans, tantôt on a tenu les Chinois pour des brigands sans foi ni loi et l'on a traité avec eux par prises de gages ou à coups de canon ; et après ces heures de crise, on a admis que la Chine est un État civilisé, acceptant de bon cœur des conventions imposées, tout prêt à se soumettre à notre droit international, dont il connaît peut-être la lettre, mais que beaucoup, au Tsong-li yamen même, tiennent pour « un livre européen » ; ce n'est pas en quelques dizaines d'années que des esprits non préparés par une longue hérédité peuvent saisir le sens de nos principes abstraits, résultat de toute une évolution ; mais le Chinois étant un homme, il fallait qu'il comprît, de par le postulat de la raison universelle ; s'il ne se soumettait pas à *notre* évidence, c'était mauvaise volonté ou mauvaise foi. On n'a pas eu l'idée que, pour l'acheminer à agir selon nos principes, il fallait patiemment, et en débutant par ce

qui est vraiment universel, par les vérités mathématiques
et les faits physiques, l'accoutumer d'abord à nos méthodes,
puis lui faire apprécier les résultats. Toutefois, les concessions de tous genres arrachées par les menaces ou prises
les armes à la main, ces violences ou ces pressions morales
qui se succèdent naissant l'une de l'autre depuis quelques
années, le règne de la force en un mot, tout cela n'est pas
de tous points satisfaisant. Jusqu'ici on n'a eu affaire qu'à
un gouvernement assez faible, aux rouages mal emboîtés,
dépourvus de précision et de rapidité; mais ce gouvernement s'affaiblit encore par les succès mêmes que l'on remporte sur lui, et, le jour où il disparaîtrait, que trouverait-
on? Des associations de toutes sortes, puissantes ou fai-
bles, partout présentes, avec qui le contact ne tarderait
pas à devenir froissement ; des populations qui ont plus
d'union locale et provinciale que d'unité nationale, et
dont quelques-unes, au Fou-kien, au Koang-tong, au
Hou-nan, au Seu-tchhoan, sont énergiques et n'ont qu'antipathie à l'égard des étrangers. Le jour où l'on en viendrait à ce partage de la Chine, dont les journaux japonais
ont été, je crois, les premiers à parler, quelles difficultés
ne trouverait-on pas à conquérir et à garder des régions
montagneuses, peuplées de millions d'hommes, situées à
des milliers de kilomètres des côtes ? Il est douteux que
l'Occident puisse faire en Chine ce que les Anglais font
dans l'Inde, non pas que les Chinois, instruits et encadrés
par les Européens, ne puissent faire de bons soldats; mais
parce que, avec de réelles diversités de race, ils sont cependant trop unifiés par deux mille ans de civilisation commune pour qu'on les puisse garder les uns par les autres.
Combien alors faudrait-il d'hommes et de millions pour
maintenir l'autorité occidentale ? N'y eût-il pas d'autre

motif et ne fût-on pas fondé à redouter les complications européennes qui naîtraient d'une conquête et d'un partage aussi gigantesques, que cela devrait être suffisant pour engager l'Europe à venir en aide à la Chine plutôt qu'à la dépecer. Sans doute il sera difficile de la guider avec tact et fermeté dans des voies nouvelles, de lui apprendre à garder ses institutions fondamentales, tout en s'accommodant aux relations qu'elle doit entretenir avec l'étranger; mais ne serait-il pas encore plus difficile d'établir et d'assurer l'ordre dans une société construite à neuf, après avoir détruit celle qu'ont édifiée trente siècles de civilisation ? Et si cette tâche ardue n'est pas sans utilité, elle ne sera pas sans gloire; elle ne sera pas sans profits non plus pour les nations qui l'entreprendront, profits qui seront d'abord une augmentation d'influence, qui se présenteront ensuite sous forme d'avantages commerciaux et industriels non moins appréciables.

Maîtres de la plus grosse partie du commerce de Chine, les Anglais occupent ainsi une situation prépondérante qui, de longtemps, ne saurait leur être enlevée; mais ils s'appuient, d'autre part, sur des missionnaires dont l'influence n'est pas à négliger non plus. Les Missions protestantes, à l'apostolat, joignent toutes des œuvres médicales qui accroissent le nombre de leurs clients; dans les ports, elles ont des écoles où l'anglais est enseigné autant et plus que le chinois; depuis quelques années, elles ont fondé à Péking, à Thien-tsin, à Nanking des établissements d'instruction supérieure qu'elles nomment Universités: la langue anglaise, les sciences exposées en anglais et à l'anglaise, établissent entre Anglais et Chinois des liens sur lesquels on ne saurait trop insister et qui compensent les dépenses considérables que l'Angleterre fait pour ses Missions.

La France, par ses aumônes, est le principal soutien de l'Œuvre de la Propagation de la Foi; elle exerce, en Chine comme en Orient, son protectorat sur les Missions catholiques. Qu'a-t-elle à mettre en face des institutions créées par les Missions protestantes? Il est d'abord quelques remarques générales à faire : c'est le bon marché de la propagande catholique (en toutes matières, et quoi que l'on en ait, on rencontre la question d'argent); là où un missionnaire catholique, vivant pauvrement à la manière des indigènes, coûte 600 francs par an, un missionnaire protestant, avec femme et enfants, en coûte 6.000. C'est aussi la facilité que le prêtre catholique, célibataire, a de pénétrer dans l'intérieur, et c'est la répulsion que le Chinois ressent toujours pour un prêtre marié, bien plus, et sans aucune juste raison, pour ces missionnaires qui vivent côte à côte avec de nombreuses dames missionnaires, parfois sous le même toit; c'est, enfin, l'aptitude supérieure du prêtre catholique pour l'apostolat et pour l'instruction, auxquels il se voue tout entier, sans arrière-pensée, sans soucis domestiques. Le fait est reconnu même dans les colonies anglaises.

Ces remarques ne sont pas neuves ; mais elles dominent toute la question : mieux douées que les Missions protestantes malgré des ressources moindres, les Missions catholiques obtiennent plus de résultats. Elles ont compris dans ce siècle, comme il y a deux cents ans, l'importance de l'instruction pour l'influence religieuse et nationale ; lorsque les églises de Péking furent rendues aux Lazaristes en 1860, Mgr Mouly, vicaire apostolique, conçut l'idée d'établir un collège franco-chinois où l'on instruirait des jeunes gens dans la langue française et dans les sciences occidentales; se trouvant à Paris en 1861, il essaya, sans succès, d'obtenir un appui pécuniaire du gouvernement ; poursuivant, cependant, l'exécution de son plan, il se fit envoyer (1862) deux professeurs spéciaux, dont l'un, l'abbé David, s'est fait, depuis, un nom par ses travaux d'histoire naturelle. Cette tentative ne fut pas goûtée : au bout de quelques années, le cours de français du Nan-thang disparut, quelques-uns de ses élèves passèrent au Thong-oen koan, école dépendant du Tsong-li yamen : parmi eux se trouvait un jeune homme qui, devenu représentant de la Chine dans divers pays étrangers, est bien connu aujourd'hui et apprécié parmi nous.

Quelques années plus tard, après 1870, Mgr Delaplace reprit le projet de son prédécesseur : il fit construire des dortoirs, des salles d'étude et de classe ; il fit venir des livres classiques, des cartes murales ; mais, faute d'appui extérieur, l'œuvre ne put se développer, et ce fut encore un échec. Ces efforts réitérés étaient faits uniquement aux frais de la Mission ; or, si la Congrégation des Lazaristes est française, il ne faut pas oublier qu'elle compte dans son sein des Allemands, des Italiens, des Hollandais ; tous s'associaient, cependant, à l'œuvre conçue par les évêques, ne se souvenant que de leur sympathie pour la France et de la protection donnée aux intérêts catholiques.

C'est encore à la Mission seule qu'est due une troisième tentative : à la fin de 1888, Mgr Tagliabue, qui avait une expérience personnelle des écoles chinoises, désireux, pour le collège du Nan-thang, de substituer aux vieilles routines chinoises un enseignement intelligent, s'adressa à l'un de ses missionnaires, récemment arrivé de Smyrne, et lui confia la réorganisation du collège. Ce modeste prêtre, l'abbé Capy, doué d'un zèle religieux intense et d'un patriotisme non moins ardent, se mit aussitôt à l'œuvre avec

la discrétion nécessaire pour ne pas effaroucher les parents
par des innovations brusques; au mois de février 1889, il
commença d'enseigner aux élèves quelques mots de français pendant les récréations ; quelques jours plus tard, un
peu de temps fut prélevé sur les études; puis on distribua
des cahiers, des plumes; un professeur, puis deux furent
adjoints au directeur. Si bien que, au mois de juin 1890,
celui-ci pouvait annoncer l'existence de trois cours ayant
une centaine d'élèves qui, chaque jour, ceux des cours
moyen et supérieur du moins, consacraient la moitié de
leur temps au français et la moitié au chinois. Le français,
étudié comme langue, servait de plus à l'enseignement de
l'arithmétique, de la géographie, des éléments des sciences
occidentales ; les élèves en recevaient ainsi des notions
plus pratiques; ils en venaient naturellement à le considérer comme la langue même de la civilisation européenne et, par l'habitude journalière, acquéraient, avec
les phrases, quelque chose de la tournure d'esprit et de la
méthode occidentales. Aux études chinoises, s'adressant
purement à la mémoire suivant la routine habituelle, on
avait ajouté quelques exercices d'explication, dont on re-
connut bientôt les bons résultats ; il avait, en effet, semblé
important que les jeunes Chinois apprissent à fond leur
langue naturelle, afin de ne pas devenir des étrangers pour
leurs compatriotes et d'être capables de rendre des services là où la vie les placerait : trop souvent on a vu des
Chinois fiers de leur connaissance des langues étrangères
négliger totalement leur idiome et leur littérature d'origine
et, sans acquérir les qualités des Occidentaux, perdre les
vertus de leur propre race. La direction imprimée dès le
début aux études montrait ainsi, dans celui qui la donnait,
les qualités d'un psychologue avisé et d'un homme qui con-

naît les Orientaux. On reconnaissait le même sens de la réalité dans la décision prise, contrairement à une coutume assez répandue en Chine, de ne pas donner un enseignement gratuit : là-bas, plus qu'ailleurs peut-être, on estime doublement ce que l'on achète et les élèves payants travaillent toujours mieux. D'ailleurs, des remises totales ou partielles, accordées sous forme de pensions payées par des bienfaiteurs (l'évêque et la Mission prirent à leur charge plusieurs de ces pensions), corrigeaient la rigueur du principe en faveur d'enfants bien doués et dignes d'intérêt. Enfin, l'admission d'élèves non chrétiens en grand nombre montrait la largeur de vues de la Mission qui comprenait que l'instruction et l'éducation morale distribuées par elle, en dehors de toute prédication religieuse, ne pouvaient qu'amener des prosélytes à la foi chrétienne et des amis à la France.

La rentrée de 1890-1891 fut brillante, avec plus de demandes d'admission qu'il n'y avait de places. Pour assurer son œuvre et ne pouvant distraire de l'apostolat un grand nombre de ses membres, la Mission, agissant toujours seule et sans aide, avait résolu de faire appel aux Frères Maristes comme professeurs. Les pourparlers aboutirent et, en mai 1891, le collège, dont j'ai raconté la fondation, fut remis à ces nouveaux maîtres qui y ont aujourd'hui cent cinquante élèves. A la suite de ce premier succès, la Mission fonda à Thien-tsin, en 1895, une petite école franco-chinoise qui vient d'être agrandie en obtenant le patronage officiel de la Municipalité française : les cinquante places disponibles ont été prises dès le premier jour. Thien-tsin a aussi un collège européen où professent les Frères Maristes. A Changhai, ce sont encore eux qui dirigent et le collège européen et l'école municipale française; celle-ci compte cent quarante élèves, et le Conseil municipal projette de la reconstruire, de l'étendre, d'y installer des cours destinés à former des interprètes connaissant à fond la langue officielle, capables de rendre des services et à nos consuls en Chine et à nos résidents au Tonkin. A Canton, enfin, une école analogue va être fondée, si elle n'est déjà ouverte (1).

On le voit, si les Anglais avaient et ont encore une avance considérable, cependant, depuis dix ans, les missionnaires que nous protégeons ont travaillé sans bruit, non sans succès; il existe aujourd'hui, en Chine, un enseignement primaire et secondaire donné en français. Les écoles, peu nombreuses, ont déjà produit des résultats, elles ne demandent qu'à vivre; trop longtemps, elles n'ont rencontré de la part de beaucoup de nos compatriotes d'Extrême-Orient qu'indifférence et railleries; heureusement, il n'en est plus ainsi ; les représentants de la France aussi bien que les corps élus des concessions françaises comprennent quelle œuvre patriotique la Mission des Lazaristes a inaugurée, et montrent pour les collèges franco-chinois un intérêt actif. Mais ce qu'il faut de plus aujourd'hui, à l'heure où la concurrence anglaise est plus vive que jamais, à l'heure où nous voyons les Russes, qui ne s'intéressaient pas jusqu'ici en Chine à la propagande religieuse ou nationale, faire établir par le Tsong-li yamen un collège russo-chinois où l'on formera des interprètes, des employés pour les chemins de fer du nord, des agents et des amis de la Russie ; ce qu'il faut, c'est fournir aux collèges existants des ressources leur permettant de se développer, d'augmenter le nombre de leurs élèves, d'appeler plus de

(1) Il en existe aujourd'hui dans d'autres provinces méridionales. Voir sur cette question la *Revue internationale de l'Enseignement* du 15 mai 1901.

professeurs français ; c'est aussi fonder de nouvelles écoles. Les jeunes gens qui sont sortis des collèges franco-chinois ont tous trouvé place auprès des ingénieurs étrangers, dans les municipalités, dans les maisons de commerce non seulement françaises, mais même anglaises : les postes impériales qui devront être sous l'influence de la France, les télégraphes qui ne sont pas anglais, mais chinois, les chemins de fer où la France, la Belgique ont une large part, la frontière du Tonkin avec les relations croissantes entre Français et Chinois, leur fourniront de larges débouchés ; on peut croire que pendant des années la demande sera supérieure à l'offre. Il est donc temps qu'en France nous apprenions à connaître et à apprécier, que nous nous décidions à soutenir l'œuvre d'éducation entreprise par nos compatriotes, au moyen de notre langue, dans l'intérêt de la grandeur nationale ; il serait digne de ceux qui comprennent l'importance de la question de Chine, et qui veulent que la France y joue le rôle qui lui revient de droit, de se réunir et de concerter une action énergique en ce sens.

Mais ce n'est pas tout, et j'arrive maintenant à l'instruction supérieure, complément indispensable de l'instruction primaire et secondaire. On n'ignore pas ce que des missionnaires français ont fait depuis quinze ans à Beyrouth ; comment, à côté d'une Faculté de médecine américaine de nom, anglaise de tendances, ils en ont fondé une française, qui délivre des diplômes admis en France et dans l'Empire Ottoman, et dont les élèves diplômés, déjà au nombre de plus de cent, sont allés répéter le nom de la France dans tous les coins de l'Orient musulman. La médecine est, en effet, l'une des sciences qui présentent le plus d'utilité immédiate et qui, soulageant les misères humaines, frappent le plus les imaginations ; en Chine comme en Syrie, les Missions protestantes se sont fait une importante clientèle par leurs œuvres médicales. Mais il s'en faut, en Extrême-Orient du moins, que la valeur professionnelle des médecins anglais soit souvent à la hauteur de leur zèle. Pourquoi quelques-uns de nos jeunes docteurs, si nombreux et à qui il ne manque en France que l'occasion d'employer leur activité, n'iraient-ils pas dans quelques centres chinois mettre en œuvre leur science, bien supérieure à celle de leurs confrères anglais, et répandre en même temps l'influence française ? Il ne s'agit pas, sans doute, pour un médecin français, d'aller tout simplement chez les Chinois chercher une clientèle qui serait peu nombreuse et surtout trop pauvre ; il faudrait qu'une certaine organisation intervînt, et comme les Missions catholiques, à la différence des Missions américaines et anglaises, n'ont pas les ressources nécessaires pour s'attacher des médecins à leurs frais, il faudrait que l'impulsion vînt en France de ceux qu'intéresse à un titre quelconque notre rôle en Extrême-Orient. Je ne prétends certes pas tracer un plan, mais indiquer un ordre d'idées réalisables et fructueuses. Sans doute, les choses ne se passeraient pas du tout comme à Beyrouth. Peut-être les autorités provinciales chinoises fourniraient-elles quelque appui : dès le commencement de la guerre sino-japonaise, le vice-roi Li Hong-tchang créa à Thien-tsin un hôpital auquel étaient adjoints quelques cours faits par un médecin cantonais, un anglais et un américain ; aucun médecin français ne se trouvait dès le début prêt à accepter une situation de ce genre. En 1895, un de nos compatriotes, le Dr Depasse, fut attaché à l'hôpital ; par sa science approfondie, par son habileté à s'entendre avec les Chinois, par l'aménité de ses manières, il sut rapidement se faire une situation exceptionnelle dans le monde officiel de Thien-tsin et même de Péking, tandis que ses collègues américain et anglais ont perdu tout crédit par leur insuffisance médicale autant que par leur raideur tout anglo-saxonne ; je crois même que, depuis plus d'un an, ils ont disparu de l'hôpital du vice-roi. N'y a-t-il pas là un germe d'enseignement supérieur français que l'on pourrait avec quelque adresse faire fructifier ? D'autre part, les Jésuites, qui ont fondé la Faculté de Beyrouth, ont aussi, dans leurs Missions de Chine, des médecins de valeur, et ils ne refuseraient pas là-bas le concours qu'ils ont si efficacement donné ici à l'influence française.

Je n'ai parlé de la médecine qu'à titre d'exemple et parce qu'il existe des précédents. Mais l'aménagement des cours d'eau et des mines, la construction des chemins de fer et des ponts exigeront un personnel considérable, qui pourrait être en partie formé parmi les Chinois, sinon pour la direction, tout au moins pour l'exécution et les postes subalternes. Le développement de l'instruction supérieure et technique en Chine sera, pour qui l'entreprendra, une source assurée d'influence ; nous devons nous en préoccuper sans tarder, puisque nous avons entre les mains des agents aussi dévoués, et qui ont déjà tant fait par eux-mêmes. Ce n'est pas, on peut le croire, du gouvernement chinois que viendra l'opposition contre le rôle nouveau qui serait ainsi attribué aux Missions catholiques ; il faudrait, bien entendu, que les écoles ne mêlassent pas le prosélytisme à l'enseignement ; les Missions ont déjà compris la nécessité de cette distinction. Dans ces conditions, le gouvernement de Péking donnerait sans doute volontiers une place officielle aux missionnaires protégés français, ne serait-ce que pour contrebalancer d'autres influences de plus en plus pesantes ; peut-être ne faut-il pas chercher d'autre raison que celle-ci au décret impérial récemment parvenu en Europe et qui établit une assimilation de rang, règle avec une précision nouvelle les relations entre les mandarins, d'une part, les évêques et les missionnaires, de l'autre.

Tels sont les faits acquis. Ils ne sauraient être oubliés par les hommes qui sont déjà entrés ou qui entreront dans le comité national d'initiative formé pour donner suite, en France, au projet du Rev. Reid dont j'ai déjà parlé. C'est à affermir et étendre ce que nous avons déjà, que doivent, avant tout, être consacrés notre activité et notre argent, si, comme il est à souhaiter, nous en trouvons à dépenser pour l'éducation de la Chine. Devons-nous, pour cela, nous tenir à l'écart de l'Institut international ? Ce serait, je crois, une erreur ; le plan n'en est ni national, ni confessionnel : il y a place pour tous dans une œuvre aussi grande, et l'influence de chacun s'exercera en raison des services qu'il rendra, de la hauteur de vues, du désintéressement même dont il fera preuve. Loin d'être en opposition avec les établissements français dont j'ai parlé, l'Institut projeté en est en quelque mesure le complément : les Écoles ne s'adressent qu'aux étudiants, l'Institut, sorte d'extension universitaire, veut atteindre et atteindra sans doute ceux qui n'étudient plus, les mandarins, ceux qui se bornent à des études élémentaires, les marchands ; le flot de provinciaux qui traverse sans cesse la capitale, prendra quelque teinture des idées européennes dans les musées de l'Institut, dans ses bibliothèques, à ses conférences et les répandra dans tout l'Empire. On réclame le concours de la science française ; la France, soucieuse de son rôle intellectuel, de ses intérêts aussi, ne saurait le marchander. Mais, elle ne saurait non plus oublier que son premier devoir et son premier intérêt, c'est de sauvegarder les écoles franco-chinoises, de donner tout leur développement aux œuvres fondées avec tant de patience et de dévouement par le patriotisme de quelques-uns de ses enfants.

FIN

FÉLIX ALCAN, Éditeur, 108, Boulevard Saint-Germain.

BIBLIOTHÈQUE
D'HISTOIRE CONTEMPORAINE

Volumes in-12 brochés à 3 fr. 50
Volumes in-8 brochés de divers prix

EUROPE

SYBEL (H. de). **Histoire de l'Europe pendant la Révolution française**, traduit de l'allemand par Mlle Dosquet. Ouvrage complet en 6 vol. in-8. 42 fr.

DEBIDOUR, inspecteur général de l'Instruction publique. **Histoire diplomatique de l'Europe, de 1815 à 1878.** 2 vol. in-8. (Ouvrage couronné par l'Institut.) 18 fr.

FRANCE

AULARD, professeur à la Sorbonne. *Le Culte de la Raison et le Culte de l'Être suprême, étude historique (1793-1794). 1 vol. in-12.* 3 fr. 50

— **Études et leçons sur la Révolution française.** 2 vol. in-12. Chacun. 3 fr. 50

DESPOIS (Eug.). **Le Vandalisme révolutionnaire.** Fondations littéraires, scientifiques et artistiques de la Convention, 4e éd. 1 vol. in-12 3 fr. 50

DEBIDOUR, inspecteur général de l'Instruction publique. **Histoire des rapports de l'Église et de l'État en France (1789-1870).** 1 fort vol. in-8. 1898. (Couronné par l'Institut.) 12 fr.

ISAMBERT (G.). *La Vie à Paris pendant une année de la Révolution (1791-1792). 1 vol. in-12. 1896.* 3 fr. 50

MARCELLIN PELLET, ancien député. **Variétés révolutionnaires.** 3 vol. in-12, précédés d'une préface de A. Ranc. Chaque vol. séparém. 3 fr. 50

BONDOIS (P.), agrégé de l'Université. **Napoléon et la Société de son temps (1793-1821). 1 vol. in-8.** 7 fr.

CARNOT (H.), sénateur. *La Révolution française, résumé historique. 1 volume in-12. Nouvelle édit.* 3 fr. 50

WEILL (G.), docteur ès lettres, agrégé de l'Université. **Histoire du parti républicain en France, de 1814 à 1870. 1 vol. in-8. 1900.** 10 fr.

BLANC (Louis). **Histoire de dix ans (1830-1840),** 5 vol. in-8. 25 fr.

— 25 pl. en taille-douce. Illustrations pour l'*Histoire de dix ans*. 6 fr.

GAFFAREL (P.), professeur à l'Université de Dijon. * **Les Colonies françaises**. 1 vol. in-8. 6e édition revue et augmentée.   5 fr.

LAUGEL (A.). **La France politique et sociale**. 1 vol.   5 fr.

SAULIER (E.), ancien ministre de l'Instruction publique. * **Figures disparues**, portraits, littér. et politiq. 3 vol. in-12. Chacun.   3 fr. 50

— **Histoire parlementaire de la deuxième République**. 1 vol. in-12. 2e édit.   3 fr. 50

— **Hommes et Choses de la Révolution**. 1 vol. in-12. 1896   3 fr. 50

TAXILE DELORD. **Histoire du second Empire** (1848-1870). 6 vol. in-8.   42 fr.

VALLAUX (C.). **Les Campagnes des armées françaises (1792-1815)**. 1 vol. in-12, avec 17 cartes dans le texte.   3 fr. 50

ZEVORT (E.), recteur de l'Académie de Caen. **Histoire de la troisième République** :

    Tome I   **La présidence de M. Thiers**. 1 vol. in-8. 2e édit. 7 fr.
    Tome II. **La présidence du Maréchal**. 1 vol. in-8. 2e édit. 7 fr.
    Tome III. **La présidence de Jules Grévy**. 1 vol. in-8.   7 fr.
    Tome IV. **La présidence de Sadi Carnot**. 1 vol. in-8.   7 fr.

WAHL, inspecteur général honoraire de l'Instruction aux colonies. **L'Algérie**. 1 vol. in-8. 3e édit. refondue, 1898. (Ouvrage couronné par l'Institut.)   5 fr.

LANESSAN (J.-L. de). **L'Indo-Chine française**. Étude économique, politique et administrative sur *la Cochinchine, le Cambodge, l'Annam et le Tonkin*. (Ouvrage couronné par la Société de géographie commerciale de Paris, médaille Dupleix.) 1 vol. in-8, avec 5 cartes en couleurs hors texte.   15 fr.

PIOLET (J.-B.). **La France hors de France**, notre émigration, sa nécessité. 1 vol. in-8. 1900.   10 fr.

LAPIE (P.), maître de conférences à l'Université de Rennes. * **Les Civilisations tunisiennes** (Musulmans, Israélites, Européens). 1 vol. in-12. 1898. (Couronné par l'Académie française.)   3 fr. 50

WEILL (Georges), agrégé de l'Université, docteur ès lettres. **L'École saint-simonienne**, son histoire, son influence jusqu'à nos jours. 1 vol. in-12.   3 fr. 50

ANGLETERRE

LAUGEL (Aug.). **Lord Palmerston et lord Russell**. 1 vol. in-12.   3 fr. 50

SIR CORNEWALL LEWIS. **Histoire gouvernementale de l'Angleterre depuis 1770 jusqu'à 1830**. Traduit de l'anglais. 1 vol. in-8.   7 fr.

REYNALD (H.), doyen de la Faculté des lettres d'Aix. * **Histoire de l'Angleterre**, depuis la reine Anne jusqu'à nos jours. 1 vol. in-12. 2e éd. 3 fr. 50

MÉTIN (Albert). **Le Socialisme en Angleterre.** 1 vol. in-12. 1890. 3 fr. 75

ALLEMAGNE

VÉRON (Eug.). **Histoire de la Prusse**, depuis la mort de Frédéric II jusqu'à la bataille de Sadowa. 1 vol. in-12. 6e édit., augmentée d'un chapitre nouveau contenant le résumé des événements jusqu'à nos jours, par P. Bondois, professeur agrégé d'histoire au lycée Buffon. 3 fr. 50

— **Histoire de l'Allemagne**, depuis la bataille de Sadowa jusqu'à nos jours. 1 vol. in-12. 3e éd., mise au courant des événements par P. Bondois. 3 fr. 50

ANDLER (Ch.), maître de conférences à l'École normale. **Les Origines du socialisme d'État en Allemagne.** 1 vol. in-8. 1897. 7 fr.

GUILLAND (A.), professeur d'histoire à l'École polytechnique suisse. **L'Allemagne nouvelle et ses Historiens.** Niebuhr, Ranke, Mommsen, Sybel, Treitschke. 1 vol. in-8, 1899. 5 fr.

AUTRICHE-HONGRIE

ASSELINE (L.). **Histoire de l'Autriche**, depuis la mort de Marie-Thérèse jusqu'à nos jours. 1 vol. in-12. 3e édit. 3 fr. 50

BOURLIER (J.). * **Les Tchèques et la Bohême contemporaine**, avec préface de M. Flourens, ancien ministre des Affaires étrangères. 1 vol. in-12. 1897. 3 fr. 50

AUERBACH, professeur à la Faculté des lettres de Nancy. **Les Races et les Nationalités en Autriche-Hongrie.** In-8, 1898. 5 fr.

SAYOUS (Éd.), professeur à la Faculté des lettres de Besançon. **Histoire des Hongrois et de leur littérature politique, de 1790 à 1815.** 1 vol. in-12. 3 fr. 50

ITALIE

SORIN (Élie). **Histoire de l'Italie**, depuis 1815 jusqu'à la mort de Victor-Emmanuel, 1 vol. in-12. 1888. 3 fr. 50

GAFFAREL (P.), professeur à la Faculté des lettres de Dijon. **Bonaparte et les Républiques italiennes (1796-1799).** 1895. 1 vol. in-8.

BOLTON KING (M. A.). **Histoire de l'unité italienne.** Histoire politique de l'Italie, de 1814 à 1871, traduit de l'anglais, par M. Macquart, introduction de M. Yves Guyot, 1900. 2 vol. in-8. 15 fr.